序|伦|财|经|文|库

环境规制、贸易效应与中国外贸
发展方式转变

李秀珍◎著

中国社会科学出版社

图书在版编目(CIP)数据

环境规制、贸易效应与中国外贸发展方式转变/李秀珍著.
—北京:中国社会科学出版社,2019.12
(序伦财经文库)
ISBN 978-7-5203-5474-5

Ⅰ.①环… Ⅱ.①李… Ⅲ.①对外贸易—研究—中国
Ⅳ.①F752

中国版本图书馆 CIP 数据核字(2019)第 232551 号

出 版 人　赵剑英
责任编辑　王　曦
责任校对　周晓东
责任印制　戴　宽

出　　　版　中国社会科学出版社
社　　　址　北京鼓楼西大街甲 158 号
邮　　　编　100720
网　　　址　http://www.csspw.cn
发 行 部　010-84083685
门 市 部　010-84029450
经　　　销　新华书店及其他书店

印刷装订　北京君升印刷有限公司
版　　　次　2019 年 12 月第 1 版
印　　　次　2019 年 12 月第 1 次印刷

开　　　本　710×1000　1/16
印　　　张　15.5
插　　　页　2
字　　　数　201 千字
定　　　价　86.00 元

内容摘要

　　改革开放以来，我国对外贸易为经济发展提供了资本、技术、就业、人力资本等多方面的支持，但是外贸快速增长也消耗了我国大量资源和能源，排放了大量污染物，严重影响我国生态环境。面对严峻的环境问题和迫切的环保要求，我国政府提出需要加快经济发展方式转变的步伐，对我国外贸发展方式转变也提出了明确要求。新时期要不断完善环境规制政策，合理评估环境规制的贸易效应，转变原有经济贸易发展方式，己经成为我国社会各界的共识。国际社会也高度关注经济发展与生态环境问题，贸易自由化与环境保护相互协调是当今世界经济贸易发展的趋势，同时也是自然环境承受巨大压力、贸易与环境问题步入人们视野的真实写照。虽然各国在经济和政治利益需求下，环保合作充满了博弈和斗争，但是世界各国转变经济发展方式已在路上，在保护环境和绿色发展要求下，如何推动外贸发展方式的转变是世界各国参与国际经贸合作与竞争需要考虑的关键问题。如何评判环境规制强度的提高对本国外贸发展的影响，以及如何合理转变外贸发展方式，已经成为中国等发展中国家参与国际经济需要解决的难题。

　　本书尝试依据提出问题—分析问题—解决问题的研究框架展开研究。提出问题部分主要是阐述研究背景和意义，基于相关文献归纳环境规制三类贸易效应的实证观点和理论基础，针对问题设计研究改进计划。具体内容包括：第一章分析国内加强环境保护、转变外贸发展方式成为共识，国际上经贸和环境的合作与竞争并存，从理论和应用两个角度阐述研究意义；第二章进行环境规制影响贸易发展相关文献综述，总结已有相关文献研究结论和观点，归纳和分析环境规制负面贸易效应、正面贸易效应和不定贸易效应的实证结果和理论基础，并立足于三类贸易效应及影响改进思路。

分析问题部分主要是针对环境规制三类贸易效应，遵循理论解析—统计描述—实证检验（或模拟分析）—政策启示的研究路径，分别开展理论和实证研究，并综合不同贸易效应构建环境规制下中国外贸发展方式转变评估指标体系测度分析。具体内容为：第三章根据环境规制负面贸易效应，分析要素禀赋理论下环境规制的贸易效应，包括理论解析纳入环境要素的李嘉图模型和 H－O 模型理论，描述性统计分析中国贸易比较优势，实证检验细分行业以及污染密集型行业的环境规制与贸易比较优势之间的关系。第四章根据环境规制正面贸易效应，分析技术创新影响下环境规制的贸易效应，包括构建理论模型来推导分析环境规制强度的提高，可以激发企业科技创新和提升在全球价值链中的地位，描述性统计分析我国技术创新和出口结构优化趋势，实证检验环境规制和科技创新（自主创新和技术引进）与出口结构的关系。第五章根据环境规制不定贸易效应，分析要素流动视角下环境规制的贸易效应，包括构建理论模型来推导分析环境税变动对产品竞争力的影响与要素产出弹性系数存在密切联系，模拟分析环境税通过要素回报率变动影响总成本构成和产品竞争力，计算分析对我国碳税敏感行业及其碳税实施意义。第六章以环境规制三类贸易效应为基础，结合外贸发展影响环境规制，构建包括 4 个一级指标体系、15 个二级指标和 35 个三级指标的中国对外贸易发展方式转变评估指标体系，基于主成分分析法（PCA）进行测度与分析。

　　解决问题部分主要是总结研究结论，在此基础上从转变意识、战略规划、具体措施三个维度提出政策建议。第七章研究结论和政策建议，提出从需求和供给角度深刻认识环境规制要求下中国对外贸易发展方式的转变，合理设计环境规制下中国外贸发展方式转变的战略规划，科学选择环境规制下中国外贸发展方式转变的具体措施。

　　本书尝试利用计量经济学方法、比较分析法、数学模型推导法、数值模拟法、投入产出法等进行理论和实证研究，可能创新之处在于：一是环境规制分类贸易效应系统研究与综合效应评估相结合，首先系统地研究环境规制影响外贸发展的三类效应，然后综合环境规制贸易效应，构建环境规制下中国外贸发展方式转变评估指标体系并测量分析；二是引入要素流动新视角，通过数学模型推导和模拟分析环境规制贸易影响效应，突破已有从政府主导收入再分配或技术创新角度论证环境规制正面影响竞争力的研究框架，从环境规制影响要素的静态效应延展至分析环境规制影响要素分配的动态效应；三是通过细分行业检验与不同指标对比研究提高研究结论的可靠性和政策建议的有效性，充分考虑中国行业齐全且结构差异较大的实际情况，采用对比性指标和细分化行业进行多维对比研究，针对高碳行业等污染密集型行业进行专门研究。

ABSTRACT

Since the reform and opening up, China's foreign trade has provided capital, technology, employment position and human capital for economic development. However, the rapid growth of foreign trade also consumes a lot of energy and resources in China, causing a lot of pollution and seriously affecting our country ecosystem. In the face of severe environmental problems and urgent environmental requirements, Chinese government has made clear the need to speed up the transformation of economic development mode, and made a request for transformation of foreign trade development mode too. In new era, continuously improving environmental regulatory policies, strengthening the intensity of environmental regulation, reasonable assessing trade effects of environmental regulatory and changing the original economic and trade development mode have become China's social consensus. The international community is also highly concerned about the economic development and ecological environment, and coordination between trade liberalization and environmental protection is the mainstream of the world economic and trade development, but it is also clear that the natural environment bears the pressure and trade and environmental problems enter people's vision. While facing games and struggles in environmental cooperation with economic and political interests, all countries trying their best to change economic development mode have been on the road, and to improve environmental regulation intensity and to change the development mode of foreign trade are the request for governments and enterprises to participate in cooperation and competition of international economic and trade. How to judge the impact of environmental regulation on foreign trade and how to rationally change the mode of foreign trade development have become the inevitable choice for China and other developing countries to participate in the international economy.

This book attempts to study the problem based on the research framework, asking problems-analyzing problems-solving problems. The part of asking problems is to elaborate the research background and significance, to summarize the empirical view and theoretical basis of three kinds of trade effects of environmental regulation, and to design study improvement plan for the problem. The details are: the first chapter analyzes that domestic strengthening environmental protection and changing foreign trade development mode have become a consensus, and cooperation and competition of international economic and trade coexist, and explains study significance from two aspects of theory and application. The second chapter reviews related literatures about the influences of environmental regulation on trade development, summarizes the conclusions and views of relevant literatures, analyzes the empirical results and theoretical basis of environmental regulation's negative trade effects, positive trade effects and indefinite trade effects, and based on three types of trade effects designs study improvement plan.

The part of analyzing problems is to carry out theoretical and empirical research respectively about three types of trade effects of environmental regulation, following the research path, theoretical analysis-statistical description-empirical test (or simulation analysis) -policy revelation, and to build an evaluation index system of China's foreign trade development mode trans- formaiton under environmental regulation combined with different trade effects and take measurement and analysis. The details are: The third chap- ter, based on the negative trade effect of environmental regulation, analyzes the trade effect of environmental regulation under the factor endowment theo- ry, including theoretical analysis of the Ricardo model and H − O model with environmental elements included, descriptive statistical analysis of China's trade comparative advantage, and empirical testing the relationship between environmental regulation and trade comparative advantage in polluting-inten- sive industries and sub-sectors. The fourth chapter, based on the positive trade effect of environmental regulation, analyzes the trade effect of environ- mental regulation under technological innovation influence, including deriva- tion analysis about enhancement of environmental regulation promoting enter- prises to scientific and technological innovation and enhancing the status of the global value chain by constructing theoretical models, descriptive statis- tical analysis of China's technological innovation and export structure optimi- zation trends, and empirical testing the relationship between environmental regulation and technological innovation (independent innovation and tech- nology introduction) or exports Industrial structure. The fifth chapter, based on the uncertain trade effects of environmental regulation, analyzes the trade effect of environmental regulation under the perspective of factor flowing, in- cluding derivation analysis of close relationship between the impact of envi- ronmental tax changes on product competitiveness and factor yield elasticity- coefficient, simulation analysis on environmental tax affecting total cost structure and product competitiveness by the change of factor return, and the descriptive statistical analysis of China's carbon tax sensitive industries and- carbon tax implementation significance. The sixth chapter, based on the three types of trade effects of environmental regulation and environmental effect of foreign trade development, constructs one evaluation index system of China's foreign trade development mode transformation, including 4 primary indicators sub-systems, 15 second-level indicators and 35 third-level indicators, and then calculates and assesses China's foreign trade development mode transformation based on PCA.

The part of solving problems is to summarize the research conclusion and on this basis put forward policy suggestions from three dimensions of changing consciousness, strategic planning and specific path. The seventh chapter summarizes research conclusion and puts forward that China should understand deeply China's foreign trade development mode transformation under environmental regulatory requirements from the perspective of demand and supply, design reasonably the strategic planning of China's foreign trade development mode transformation under environmental regulation, and choosescientifically the specific path of China's foreign trade development mode transformation under environmental regulation.

This book attempts to conduct theoretical and empirical research, using the econometrics, comparative analysis, mathematical model derivation, numerical simulation, input-output method and other methods. There are some possible innovations. Firstly, this book conmbines the systematic research on classification trade effects and comprehensive effects assessment of environmental regulation, systematically studying three effects of environmental regulation on the foreign trade development mode transformation and then integrating trade effects of environmental regulation to construct the evaluation index system of China's foreign trade development mode transformation under environmental regulation and take measurement the analysis. Secondly, this book introduces the new perspective of factor flowing and deduces and analyzes trade effects of environmental regulation through mathematical models, breaking through the research framework of demonstrating the positive impact of environmental regulation on the competitiveness from the view of government-led income redistribution or technical innovation, from the static effects of environmental regulation on factors to the dynamic effects of environmental regulation affecting the distribution off actors. Thirdly this book improves the reliability of the conclusions and the effectiveness of policy recommendations by subdivision industry inspection and comparative research of different indicators, taking multidimensional comparative studies by comparative indicators and segmented industries with full consideration of China's complete industries and large structural differences and carrying out special studies for high-carbon industry and other pollution-intensive industries.

目　录

第一章　引言

第一节　研究背景和意义

一　研究背景

（一）国内：外贸规模和环境问题同时增长，加强环境保护、转变发展方式成为共识

改革开放以来，我国经济总量和进出口贸易总额快速增长。2016 年 GDP 为 744127.2 亿元，是 1978 年 3678.7 亿元的 202 倍，人均 GDP 从 385 元增长至 53980 元；2016 年进出口贸易总额为 243344.21 亿元，是 1978 年的 355 亿元的 685 倍；进出口贸易差额从 1978 年的 19.80 亿元，增长至 2016 年的 33473.12 亿元[①]。以"十二五"为例，"十二五"期间世界经济受到金融危机影响而处于缓慢复苏的情况下，我国对外贸易保持稳定增长，进出口贸易总额累计达到 19.9 万亿美元，与"十一五"相比年进出口总额从近 3 万亿美元快速增长，超过 4 万亿美元，年平均增长率达到 5.9%。而且中国进出口贸易的国际市场份额持续提升，我国进出口贸易规模在 2013 年就达到 4.16 万亿美元，

---

① 相关数据来自 Wind 数据库。

超过原世界第一的美国，成为全球最大货物贸易国。不难看出，进出口贸易是我国近年来经济发展的主要动力之一，为经济发展提供资本、技术、就业、人力资本等方面的支持；但是，对外贸易的快速和大规模增长，也消耗了我国大量的能源和资源，排放大量污染物，严重影响我国生态环境。有学者指出我国承担了大量其他国家的高污染、高排放和高能耗产业，因此长期以来我国外贸发展出现经济上顺差而资源环境上逆差的情况，这对我国经济可持续发展是严重的挑战（唐剑、周雪莲，2017）。

我国对外贸易规模取得了长足进步，但外贸产品附加值相对较低；进出口贸易结构中"两高一资"产品（高耗能、高污染和资源性产品）出口比重较大，同时，我国加工贸易持续扩张，推动中国成为"世界工厂"，加重了我国国内资源、环境的压力。国际能源署统计数据显示我国自 2005 年开始成为全球第一大碳排放国，虽然单位 GDP 碳排放指标可以作为重要评价指标和国际谈判依据，但是考虑到我国 GDP 快速增长因素，我国温室气体排放飙升是不争事实。近年来我国很多城市 PM2.5 屡创新高，AQI 指数（空气质量指数）"爆表"成常态，可以反映出环境问题的严重性。耶鲁大学环境法律与政策中心等近年来发布的世界环境绩效指数（Environmental Performance Index，简称 EPI）评估报告显示，我国环境绩效指数（EPI）得分在 2006 年、2008 年、2010 年、2012 年、2014 年的全球排名分别为第 94 位（133个参评）、第 105 位（149 个参评）、第 121 位（163 个参评）、第 116位（132 个参评）、第 118 位（178 个参评），这一较低排位也充分反映了我国环境质量在全球范围内相对较差的现状。

面对日益严峻的环境问题，我国政府明确提出了加快经济发展方式的转变，外贸发展方式的转变也提上了日程。党的十七大报告曾明确提出"加快转变经济发展方式，实现国民经济又好又快发展"，科学发展观强调了现有经济发展方式的不可持续性，以及加快经济发展方式转变的迫切性。2012 年商务部等十部委联合发布《关于加快转变外贸发展方式的指导意见》，指出依靠资源能源、劳动力等有形要素投入的传统外贸发展模式已经难以持续，外贸发展方式必须要适应经济转型推动适应性转变。党的十八大特别强调了生态文明建设的重要性，生态文明建设需要融入经济建设、政治建设、文化建设、社会建设的全过程；党的十八届三中全会创新性地提出我国要建立系统完整的生态文明制度体系，党的十八届四中全会又提出要用严格的法律制度来保护生态环境，党的十八届五中全会阐述了"五大发展理念"，绿色发展就是其中重要的长期发展理念之一。2014 年的我国中央经济工作会议总结并阐释了经济"新常态"九大特征，并指出我国环境承载能力已达到或接近上限，必须推动形成绿色低碳循环发展新方式。党的十八大以来党中央从中国特色社会主义事业"五位一体"总布局的战略高度，强力推进生态文明建设，"我们既要绿水青山，也要金山银山"，"绿水青山就是金山银山"。党的十九大报告指出，坚持节约资源和保护环境的基本国策，像对待生命一样对待生态环境，统筹山水林田湖草系统治理，实行最严格的生态环境保护制度，形成绿色发展方式和生活方式，坚定走生产发展、生活富裕、生态良好的文明发展道路，建设美丽中国，为人民创造良好的生产生活环境，为全球生态安全作出贡献。当前，尽快转变传统经济发展的方式与模式，是我国经济实现可持续发展的必然选择，已经成为我国社会各界共识，相关政策以及环境政策执行力度加强对我国经济发展方式包括对外贸易发展方式，提出了不断更新的要求。

（二）国际：经贸和环境领域的合作和竞争并存，环境规制下转变外贸发展方式已在路上

国际社会也高度关注经济发展与生态环境问题，可以说环境问题已经转化为超越国界的全球性问题，贸易自由化与环境保护相互协调是当今世界经济贸易发展的主流趋势，同时也是自然环境承受巨大压力、贸易与环境问题步入人们视野的真实写照。1972年6月联合国在瑞典首都斯德哥尔摩召开了人类历史上第一次全世界范围的人类环境会议，提出了响遍世界的环境保护口号：只有一个地球。1987年世界贸易与发展委员会（WCED）在《我们共同的未来》报告中提出了"可持续发展"的观点，成为国际社会的广泛共识。1992年6月联合国环境与发展大会通过了《21世纪议程》，主要内容是全球保护环境与促进经济可持续发展，提倡通过贸易自由化推动可持续发展，构建一个开放、公平、非歧视性、符合可持续发展目标的而且可以使全球生产依据相对优势实现最佳分配的多边贸易制度。2002年在南非约翰内斯堡举行的联合国可持续发展世界首脑会议（亦称"地球峰会"）上明确指出环境保护是可持续发展的三根支柱之一，环境问题的国际关注度越来越广。21世纪以来国际环境保护与合作不断向更高层次、更广领域拓展，加强国际经贸合作和环境保护合作成为不可逆转的时代潮流。

　　虽然加强环境保护是国际社会共识，但在经济和政治利益需求下各国在环境合作中也充满了博弈和斗争。以国际气候会议大会为例，气候谈判已经成为各国争夺利益空间的博弈场所，1997年12月联合国气候变化框架公约缔约国会议制定《京都议定书》，但美国、加拿大等国先后退出，更是反映了环境规制要求对经贸发展方式及其经济利益的影响和冲击。伴随着环境要求提高和经济高科技化，国际贸易出现两种新趋势，即关税壁垒弱化、"绿色壁垒"强化，国际经贸关系涉及环境与贸易的争端逐渐增多；有些欧美国家还利用自身国内环境规制优势推行包括环境标准在内的新贸易标准和国际经济关系，如2008年11月欧盟曾提出将国际航空纳入欧盟碳排放交易体系（EU ETS），由此对途经欧盟地区的飞机征收碳排放费，2009年6月美国先后通过《限量及交易法案》和《清洁能源与安全法案》。中国等发展中国家的经济发展相对落后，在传统经济发展模式下国际贸易出口是拉动经济发展的重要支撑，在国际贸易新标准对环境规制与合作提出新要求的情况下，发展中国家与发达国家贸易争端及发展中国家的实际出口必然受到重大影响。

在国际环境保护合作与经贸发展转型驱使下，我国转变对外经济发展方式取得了一定的效果，外贸体制机制不断完善，稳增长、调结构与转方式并重，不断形成外贸竞争新优势、实现进出口的持续增长与结构优化。我国作为最大的发展中国家，通过"中国制造"大大提升了世界各地的消费者福利，更以巨大的"中国市场"促进多国经济增长，且在气候合作、环境保护等方面扮演负责任的大国的角色。最为典型的是，2014 年 11 月 12 日中美两国发布气候变化联合声明，为2015 年巴黎气候大会达成全球气候协议打下基础，同时也对未来全球经济低碳转型发展产生重要影响，中美两国宣布本国 2020 年后应对气候变化的行动计划，我国政府提出"二氧化碳排放在 2030 年左右达到峰值且将努力早日达峰"的目标。中国在国际减排和环境合作上起到了领导和示范的作用，帮助我国提升了国际事务影响力、加强了国际合作。包括中国在内的世界各国转变经济发展方式"已在路上"，提高环境规制强度和转变外贸发展方式是各国政府和企业参与国际经贸合作与竞争时不可回避的要求。如何应对环境规制强度提高和环境资源约束增加，以及如何合理有序转变外贸发展方式，已经成为中国等发展中国家参与国际经济竞争面临的必然选择。

二　研究意义

从理论视角来看，研究环境规制下外贸发展方式转变具有重要意义。首先，现有关于贸易与环境的理论研究和实证研究还未取得一致性结论，在环境规制影响贸易结果和路径上存在不同观点，我国对于贸易与环境问题的研究起步相对较晚，主要是引入贸易影响环境理论进行检验分析，而关于外贸发展方式转变的研究重点主要在于外贸升级和结构优化，并未把环境规制要求纳入其中进行有针对性的研究，因此对于如何从理论和实证结合的角度，系统地分析、评价环境规制要求下外贸发展方式转变以及提出动态调整政策建议具有重要意义。其次，贸易投资便利化逐渐覆盖包括贸易救济、透明度、知识产权、政府采购和环境标准在内的众多合作领域，我国外贸转型稳增长和调结构取得阶段性成效，但出口产品在国际市场上频频遭遇绿色贸易壁垒，探索两者并存现状背后的国际贸易"经济顺差"和"环境逆差"矛盾机制与规律，科学客观地评估我国贸易比较优势、科技创新以及要素流动对环境规制大背景下外贸发展方式转变的影响，对于倡导拆除非关税壁垒延展经济贸易利益范围、探索贸易大国适应贸易与环境协调"规则化"具有重要意义。最后，本书尝试基于部门内与部门间的要素流动，构建理论模型深入分析环境资源约束与产出排污间的本质关系，厘清环境资源约束影响出口贸易的作用机制，论述要素流动视角下环境资源约束的多元化贸易效应，并且创新性地从政府主导收入再分配或技术创新角度论证环境规制影响竞争力的基本框架，构建数理模型推导论证市场机制作用下要素产出弹性系数与要素回报率影响产品竞争力的原理，对于充实环境资源约束对外贸影响的理论研究具有较好的探索意义。

从应用视角来看，研究环境规制下外贸发展方式转变具有重要的实际意义。首先，中国计划在 2030 年左右二氧化碳排放达到峰值且将努力早日达峰，这意味着我国城镇化和工业化过程中二氧化碳排放的"天花板"被量化确定，那么国家必然要对高能耗、高排放的产业进行调整（邹骥，2014），中国出口贸易隐含碳排放规模巨大，转变外贸发展方式有助于优化出口结构和降低出口产品所带来的国内碳排放，有助于降低减排成本、早日实现排放峰值承诺。其次，欧美等发达国家构建的环境规制体系在长期实践中已经日益完整，通过推行包括环境标准在内的新贸易标准，可以施压于其他国家、巩固其国际规则制定者的地位，研究发展中国家环境规制下转变外贸发展方式，有助于处于工业化进程中的发展中国家科学应对国际贸易新标准对环境规制与合作提出的新要求，提高出口贸易竞争力、提升全球价值链地位，有利于转变对外经济发展方式、实现经济可持续发展。最后，中国进出口贸易总额已居世界首位，但环境标准明显低于发达国家，国内自然资源短缺与环境恶化问题已引起广泛关注，环境规制下外贸发展方式转变是我国经济新常态下转变经济发展方式的重要组成部分，正确认识和评价中国提高环境规制强度、增加环境资源约束的影响效应，有助于政府和企业坚定经济转型和保护环境的决心，发挥外贸发展方式转变对加速产业转型升级、合理配置资源与要素、优化经济增长的动力结构、增强经济发展后劲的直接推动作用。

第二节　研究思路和方法

一　研究思路

本书总体研究思路为：提出问题（阐述背景和意义，归纳关于三类贸易效应的文献并设计改进研究计划）—分析问题（设计研究路径，分别对三类贸易效应进行理论解析和实证研究，构建评估指标体系进行测度分析）—解决问题（总结研究结论，提出政策建议），见图 1 - 1。

第一部分：阐述研究背景和意义，总结相关文献，从实证研究结论及其对应理论基础阐释两个角度，归纳分析环境规制影响外贸的三类贸易效应（负面、正面和不定），针对问题设计研究改进计划。

第二部分：针对环境规制负面、正面和不定贸易效应，遵循理论解析—统计描述—实证检验（或模拟分析）—政策启示的研究路径，分别开展理论和实证研究；并综合不同贸易效应，构建环境规制下中国外贸发展方式转变评估指标体系，进行测度分析。

第三部分：总结各章节研究结论，在此基础上从转变意识、战略规划、具体措施三个维度提出政策建议并进行细化阐释。

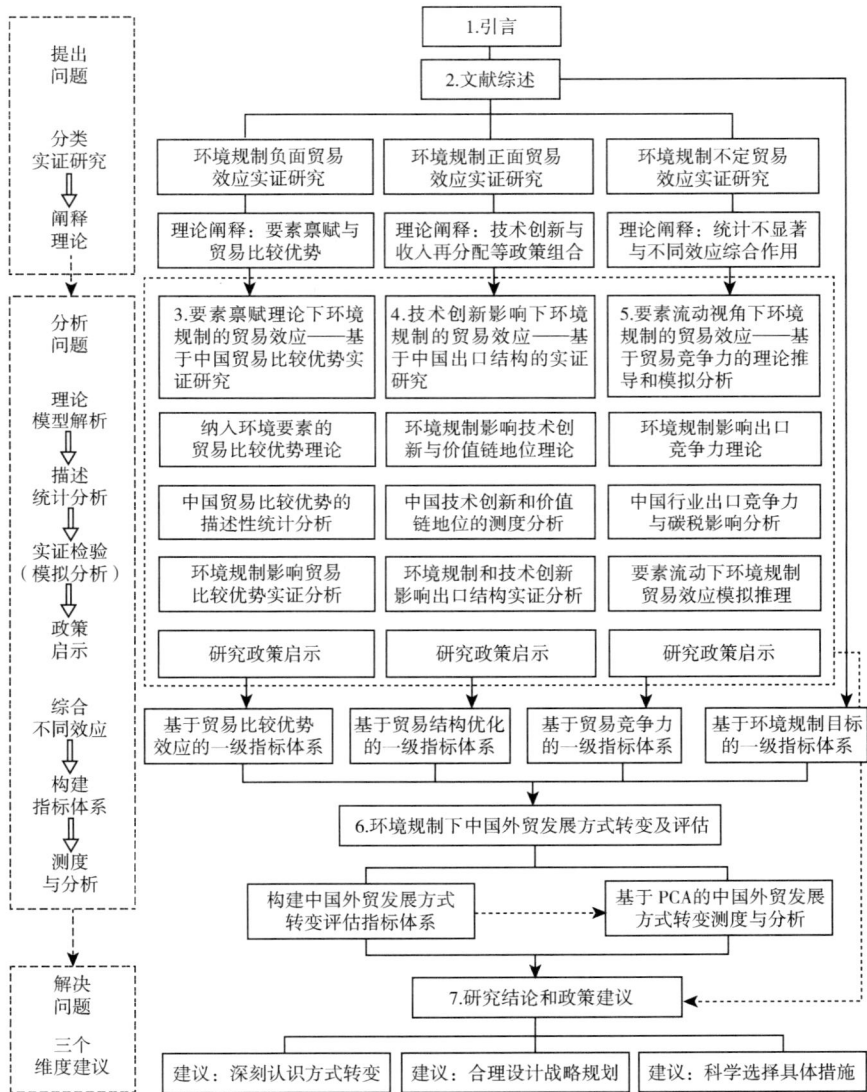

图1-1　本书研究内容框架

二　主要研究方法

（一）计量经济学方法

计量经济学（Econometrics）是从数量关系角度分析经济活动、经济关系和经济规律的学科，在经济状况预测、经济结构分解和经济政策评价等方面具有定量分析优势。本书第三章研究环境规制下中国贸易比较优势与环境规制关系时，构建了中国工业部门细分行业的面板模型进行实证检验，并在模型中加入环境规制强度、人力资本和物质资本强度三个变量的平方项，考察这些变量对被解释变量的长期影响，还加入环境规制强度和人力资本交叉项、环境规制与物质资本交叉项进行探索分析，以及针对污染密集型行业的检验分析。第四章研究中国出口结构优化与环境规制、技术创新关系时，构建数学模型进行实证检验，构建环境规制强度变量和技术创新变量的交叉项进行回归分析。在这些实证检验中，本书利用检验方法提高模型回归结果的可靠性，通过 ADF 检验法判别研究样本时间序列数据的平稳性，避免时间序列数据可能发生的为回归（Spurious Regression），利用 Johansen 极大似然估计方法检测相关数据协整关系存在性，及基于 VAR 的普通格兰杰因果关系检验法，检测变量之间的短期格兰杰因果关系及影响方向。

（二）比较分析法

比较分析法（Comparative Analysis Approach）是通过对研究对象的比较来认知、分析和评价对象，也称为对比分析法。比较分析法在实际应用中常常设定特定指标，基于此对比论证研究对象在水平、速度、规模等方面的差异以及判断分析关系的协调性等。经济研究领域应用比较分析法，往往关注和利用差异化的经济背景，实现在较为广泛的范围内研究经济问题的目的，从而为经济理论演进、经济体制变革、经济结构重构与经济政策制定等提供依据（李通，2012）。本书第三章研究环境规制下中国贸易比较优势，采用净出口指数（NEX）、Michaely 指数（MIC）等不同指标计算贸易比较优势，然后进行对比分析，并且构建面板模型实证检验环境规制与贸易比较优势关系时也采用对比分析法，比如采用不同贸易比较优势变量作为被解释变量进行回归对比分析，对工业行业整体和污染密集型行业进行对比分析，以及纳入不同控制变量对比分析，等等。第四章研究环境规制下中国出口结构优化，利用投入法和产出法测度指标以及出口产品结构指标，对比分析我国技术创新和出口结构优化趋势，在实证检验中也采用不同指标进行回归结果对比分析。通过采用不同指标的比较分析以及实证检验，有效揭示了我国贸易比较优势和出口结构优化的历史发展情况及行业差异，也提高了实证检验结果的可靠性。

（三）数学模型推导法

数学模型（Mathematical Model）是采用数学语言，概括地或近似地表述某种事物系统特征或数量依存关系。经济领域的数学模型是用数学公式来表示经济活动和经济关系，通过数学公式来反映复杂变化的经济数量关系，在经济学研究领域已成为推导论证观点和规律的重要手段。也就是说，经济模型推导论证主要根据经济学原理，构建并推导研究目标的数学方程，测算经济均衡状态和结果的过程（刘婧，2009）。本书在第四章构建数学模型推导分析环境规制下技术创新影响价值链地位，证明发展中国家提高环境规制强度，如果能促使企业技术创新特别是企业治污减污技术及相关生产工艺技术创新，则有助于发展中国家生产价值链由加工组装阶段向研发设计阶段升级，从低附加值环节向高附加值环节升级，提升发展中国家企业在全球价值链中的地位。本书在第五章构建两要素、三部门理论模型，分析环境规制对产品相对价格的影响，通过数学模型推导证明环境税变动对产品竞争力的影响与要素产出弹性系数存在密切联系，进而通过产品出口竞争力间接分析环境规制对外贸出口的影响。

（四）模拟分析

模拟分析在工程问题和物理问题等领域主要是利用计算机，结合有限元或有限容积概念，通过数值计算、图像显示等方法研究分析自然界问题。数值模拟方法的应用始于 Bruce 和 Peaceman，他们于 1953 年模拟了一维气相不稳定径向和线形流。经济学研究中的数值模拟一般分为计量模拟和非计量模拟。计量模拟一般是假设一个数据生成过程（Data Generating Process），常见的方法是用随机生成正态分布随机变量，然后用随机变量对希望检验的计量模型或计量理论进行计量分析。非计量数值模拟一般是制定一个量化经济学理论的规则，通过要检验的经济学理论公式推导求证分析结果。数值模拟是对理论的推导论证提供更加形象的表述。本书构建两要素、三部门理论模型，分析环境规制对产品相对价格的影响，模型推导证明了环境税变动对产品竞争力的影响与三个部门生产函数的要素产出弹性系数具有密切联系。然后，引入数值模拟方法解析环境规制影响竞争力的内在化市场机制发挥作用的路径和关键因素，设定部门 b 与部门 c 的劳动要素产出弹性系数相等且与部门 a 的不等，从数学逻辑推导和求解过程中分析要素回报率的影响原理和作用机制，论证环境税对提高绝对成本与产品价格的直接影响效应，以及通过要素回报率与要素产出弹性系数所决定的总成本构成，对不同行业产品的相对价格产生的间接影响效应。

（五）投入产出法

投入产出法（Input-output Method，简称 IO）最早是由美国经济学家 Leontief 提出的，主要通过制定投入产出表、建立线性代数方程体系，分析国民经济各个部门之间的产品生产与消耗间的数量依存关系。后来，投入产出法（IO）在环境经济领域得到广泛应用，不仅可以用于分析碳排放以及控制策略，而且建立了一系列包括环境内容的投入产出模型。本书以中国投入产出简表为分析基础，推导单区域投入产出模型（SRIO）并进行结构分解，得到出口贸易国内碳排放的计算公式，并在重估我国各类能源碳排放系数的基础上，计算我国各个行业部门的出口贸易形成的国内碳排放情况，确定出口贸易中对开征或提高碳税敏感度较高的行业，作为提出政策建议的重点分析对象。

第三节　研究内容和创新

一　研究内容

本书共分为七章，各章内容要点如下：

第一章是引言，包括三部分内容。一是研究背景和意义，介绍国内背景和意义，即外贸规模和环境问题同时增长，加强环境保护、转变发展方式成为学界共识，分析国际背景和意义，即外贸和环境领域的合作和竞争并存，环境规制下转变外贸发展方式已在路上；并从理论视角和应用视角阐述研究意义。二是介绍研究思路和研究方法，介绍了计量经济学、比较分析、数学模型推导、指标体系测度等方法及其在本书中的应用。三是归纳本书内容框架和创新之处。

第二章主要包括五部分内容。第一部分是总结环境规制负面贸易效应实证研究结论和观点，从要素禀赋、贸易比较优势、"污染避难所"等方面阐述理论基础；第二部分是总结环境规制正面贸易效应实证研究结论和观点，从"波特假说"技术创新、收入再分配政策组合等方面阐释理论基础；第三部分是总结环境规制不定贸易效应实证研究结论和观点，从变量逻辑关系、经验分析不足、相反效应重叠等方面阐释理论基础；第四部分梳理环境规制影响外贸发展方式相关研究；第五部分是评述已有研究及不足，设计基于分类贸易效应和综合效应评估的研究改进计划。

第三章是要素禀赋理论下环境规制的贸易效应——基于中国贸易比较优势的实证研究，在环境规制背景下，以环境要素禀赋决定贸易比较优势理论来分析外贸发展，主要研究内容包括四部分。一是解析纳入环境要素的贸易比较优势理论，在李嘉图比较优势基本模型中加入环境要素，以及以经典的 $2 \times 2 \times 2$ 模型为基础构建加入环境要素的 H－O 模型，分别进行数学推导，分析考虑环境要素的贸易比较优势结论。二是对中国贸易比较优势进行描述性统计分析，梳理国际贸易比较优势的度量方法，包括显性比较优势指数（RCA）、净出口指数（NEX）、Michaely 指数（MIC），利用不同方法测度分析了中国工业部门 29 个行业最近时期（2001—2016 年）的贸易比较优势，并以二氧化硫界定主要污染密集型行业，进行分行业的针对性分析。三是构建中国工业部门面板模型，验证分析中国工业部门细分行业以及污染密集型行业的环境规制与贸易比较优势关系，探索环境规制要求下中国贸易比较优势的发展情况，并结合二次项和一次项系数进行对比分析。四是研究启示。

第四章是技术创新影响下环境规制的贸易效应——基于中国出口结构的实证研究，在环境规制背景下，以技术创新影响出口结构优化理论来探讨中国外贸发展，主要研究内容包括四部分。第一部分在分析"波特假说"理论基础上，从生产价值链视角归纳环境规制对技术创新的影响效应（直接效应和间接效应），总结企业技术创新过程中的三个时间段：研究开发创新、产业化应用和市场实际运作。第二部分首先在全球价值链视角下分析环境规制影响技术创新的三个价值增值阶段；其次构建两要素模型，推导论证发展中国家环境规制强度提升，促进了企业技术特别是治污技术及生产工艺创新，有助于发展中国家企业在全球价值链中地位的提升；再次结合已有研究利用投入法和产出法测度指标以及出口产品结构指标，测度分析中国技术创新和高技术产品进出口占贸易总额比重，分析我国技术创新和出口结构优化趋势。第三部分是聚焦于研究技术创新对生产价值链视角下出口产品结构的影响，构建数学模型并引入环境规制和技术创新交叉项以及纳入新指标稳定性检验，实证分析环境规制确实通过技术创新（自主创新和技术引进）促进出口结构优化和价值链地位提升。第四部分是研究启示。

第五章是要素流动视角下环境规制的贸易效应——基于贸易竞争力的理论推导和模拟分析，从环境规制影响出口竞争力视角分析外贸发展，主要研究内容包括四部分。第一部分总结环境规制影响出口竞争力的研究状况，并分析相关研究未取得一致性结论的原因。第二部分是构建两要素、三部门理论模型，推导分析不同行业产品的相对价格对开征或提高环境税的反应，论证环境税变动对产品竞争力的影响与要素产出弹性系数存在密切联系；并通过解析特殊案例与推导生产函数，证明环境税除直接增加产品成本及价格外，还通过要素回报率变动影响总成本构成，进而间接影响产品竞争力。行业环境规制提升将对行业要素流动产生两方面影响，行业内部分生产要素流入到治污环节而部分生产要素流入到其他相对清洁的行业，环境规制影响出口贸易的要素路径为环境规制—要素流动—产出（污染排放）—出口贸易。第三部分是梳理产业国际竞争力的测度工具，包括国际市场占有率（MSR）、产业内贸易指数（IIT）、显性比较优势指数（RCA）、国际竞争力系数（ICC）和出口结构相似指数（SSI），测算中国工业部门 29 个行业的 RCA、ICC 和 IIT，并进行对比分析，分解投入产出模型计算中国各行业出口贸易形成国内碳排放情况，分析对碳税敏感度较高的出口行业及其对碳税设计与实施的意义。第四部分是研究启示。

第六章是环境规制下中国外贸发展方式转变及评估研究，主要分为四部分。第一部分是结合已有研究，阐释新时期环境规制下我

国外贸发展方式转变的必要性。第二部分是以环境规制三类贸易效应
为基础，结合外贸发展影响环境规制的效应，构建包括 4 个一级指标、
15 个二级指标和 35 个三级指标的中国对外贸易发展方式转变评估指
标体系。第三部分利用环境规制下中国外贸发展方式转变评估指标体
系进行计算和分析，介绍主成分分析法（PCA）的基本原理，然后基
于 PCA 进行中国外贸发展方式转变评价测算与分析。第四部分是研究
启示。

　　第七章是研究结论和政策建议，主要分为两部分。第一部分是总
结前述第三、第四、第五、第六章研究结论；第二部分是结合研究结
论从转变意识、战略规划、具体措施三个维度提出政策建议，即从需
求和供给角度深刻认识环境规制要求下中国对外贸易发展方式转变，
合理设计环境规制下中国外贸发展方式转变的战略规划，科学选择环
境规制下中国外贸发展方式转变的具体措施。

二　创新之处

　　已有研究无论是关于环境规制贸易效应实证检验，还是相关理论
创新和原理探析，都具有较好的学术创新价值和参考借鉴意义。本书
在已有相关研究基础上尝试在以下三个方面进行探索创新：

　　第一，引入要素流动新视角，通过数学模型逻辑推导和模拟分
析环境规制贸易效应。已有研究主要从要素禀赋、技术创新和综合
效应等角度阐释环境规制的贸易效应，本书创造性地从要素流动视
角切入剖析这一效应。一方面总结归纳了已有相关研究在研究方法
和设计以及理论推导方面造成研究结论不一致的可能原因，另一方
面规避狭隘化概念，重新阐述出口竞争力相对性的属性和要求，构
建数学模型推导论证市场机制作用下要素产出弹性系数与要素回报
率对产品贸易竞争力的影响机制，突破了已有研究基于政府主导收

入再分配或技术创新视角构建的环境规制正向影响贸易竞争力的研究框架，从环境规制影响要素的静态效应延展至分析环境规制影响要素分配动态效应。从应用创新来看，为政策制定者提供了动态评估和优化环境规制及对外贸易政策的新思路；从理论创新来看，有助于拓展发展中国家提高环境规制强度影响行业层面贸易效应的研究的边界。

第二，环境规制贸易效应的分类效应研究与综合效应评估相结合。本书梳理了环境规制影响对外贸易发展的相关研究，总结了环境规制所产生的三大贸易效应（负面、正面和不定），然后针对不同贸易效应，遵循理论解析—统计描述—实证检验（或模拟分析）—政策启示的研究路径，分别开展理论和实证系统研究；在此基础上，综合不同贸易效应，结合贸易对环境影响，构建环境规制下中国外贸发展方式转变评估指标体系，进行整体效应测度分析。本书将分类贸易效应系统研究与综合效应测度评估相结合来设计研究框架，一方面可以通过理论研究与实证研究相互支撑，利用最新数据分析环境规制对我国外贸发展的影响，通过多维度探析提高政策建议的针对性；另一方面可以兼顾和协调我国对外贸易发展和环境规制强度提高所涉及的多方面影响因素及可能结果。

第三，细分行业检验与不同指标对比研究，提高研究结论可靠性和政策建议有效性。首先，已有研究进行实证检验时同一变量一般采用一种指标来度量，本书在已有研究基础上，对于实证研究中的重要指标，采用多个不同度量指标进行实证测度和对比分析，比如国际贸易比较优势的度量方法引入了显性比较优势指数（RCA）、净出口指数（NEX）、Michaely指数（MIC），环境规制强度引入污染治理和控制支出（PACE）、人均收入水平等影响因素，技术创新选择R&D经费内部支出（自主创新）和国外技术引进合同金额（技术引进）等，提高了实证研究结果的稳健性。其次，本书充分考虑中国行业齐全且结构性差异较大的实际情况，各章的实证研究基本都建立在行业层面，关注环境规制对部分行业的特殊影响，并且区分污染密集型行业和非污染密集型行业，特别是针对污染密集型行业或高碳行业进行专门研究，提高了政策建议的有效性和可操作性。

第二章 环境规制贸易效应与
外贸发展相关研究

环境规制对外贸发展的影响涉及国家在国际贸易中的比较优势和要素禀赋、贸易类型和模式、产业结构和布局等诸多方面的问题（陆旸，2009），目前关于环境规制影响对外贸易发展的实证研究尚未取得一致性结论，归纳已有研究主要可以分为三类：环境规制产生负面贸易效应、环境规制产生正面贸易效应和环境规制产生正负面不确定贸易效应（以下分别简称"环境规制负面贸易效应""环境规制正面贸易效应"和"环境规制不定贸易效应"），三类贸易效应的理论基础主要涉及环境要素禀赋理论、技术创新理论以及多因素共同作用原理等。

第一节 环境规制负面贸易效应相关研究

一 环境规制负面贸易效应实证研究总结

许多研究者研究发现，一个国家提高环境规制强度比如开征或提高环境税会对该国国际贸易带来负面影响。Jeffe 和 Palmer（1997）、Beer 和 Den Bergh（1997）、Mulatu 和 Raymond（2004）等学者运用引力模型证明了严格的环境规制会对出口产生负面影响。Robinson（1998）

研究指出较为严格的污染控制计划的实施，改变了美国的贸易模式，污染治理成本相对较高的产品更多通过进口获取，从而降低了对其国内自然资源的消耗。

朱启荣（2007）的实证研究指出，我国出口贸易规模与工业排放量存在正相关关系，我国各省环境污染的治理投入与其出口贸易之间存在显著的负相关性。尹显萍（2008）的实证分析表明中欧环境规制指数与进出口指数存在比较稳定的相关性，产品结构是决定中国对欧盟贸易顺差的重要因素，这是因为两方产业与贸易仍属于垂直分工占主导的结构；欧盟实施相对严格的环境规制，因此纺织、服装等低科技高污染的制成品在中国对欧盟出口产品中占据较大比重，在中欧贸易顺差中扮演了重要角色，同时使我国承担了更多的环境成本。孙纲和黄志斌（2009）研究指出环境经济政策对贸易的影响主要体现在两个方面：一是体现在对企业产品定价的影响上，实施环境经济政策，增加了企业为实现环保要求的投入成本，增加的成本一般会不同程度地影响产品最终定价，而产品价格增加会进一步影响到一国贸易的基础；二是体现在对贸易表现的影响上，环境经济政策将通过影响一国在国际贸易中的比较优势及专业化生产，进而影响到贸易模式和贸易量。许源和顾海英等（2014）基于碳排放视角的污染避难所效应检验，运用引力模型和2000—2010年面板数据，证实环境规制对我国碳密集型行业出口贸易影响的显著负面性，呈现出显著的污染避难所效应；从单个行业看，除石油加工业外，金属冶炼业、机械设备制造业、化学工业、金属制品业、非金属矿物制品业都受到了较大的负面影响；中国应实行适度严格的环境规制，不能轻易对外承诺较大幅度的碳减排责任，而各行业必须立足长远，加强技术创新，提高国际竞争力。

世界银行（World Bank，2008）研究报告利用引力模型实证研究碳税对OECD国家产业国际竞争力的影响，也发现碳税对能源密集型产业的国际竞争力有明显的负面影响；张明喜（2010）建立了我国开征碳税的 CGE 模型进行模拟研究，发现碳税对经济结构中各个行业的产出具有负面影响，其中对矿产采掘业的影响最大。傅京燕和李丽莎（2010）、兰天和陈昊（2013）等指出，环境规制与外贸发展之间存在"U"形关系。魏涛远和格罗姆斯洛德（2002）、朱启荣（2007）、李玉楠和李廷（2012）、傅京燕和李丽莎（2010）、兰天和陈昊（2013）等研究认为，中国若通过开征碳税等方式提升环境规制强度，将对出口贸易产生负面影响，因而不利于经济发展。

谢靖和廖涵（2017）从质量竞争力的视角出发，利用 2000—2011 年中国 27 个制造业行业的动态面板数据，运用 SYS-GMM 方法实证检验了环境规制对出口质量的影响机制，研究发现环境规制对制造业出口质量会产生先降低再提高的"U"形动态影响，在样本期间中国制造业的环境规制强度低于"拐点"值，不利于出口质量的提高，环境规制对出口质量的"U"形动态影响主要体现于重度污染行业，而对于轻度污染行业并无显著影响；在环境规制的约束下，技术引进能显著促进出口质量升级，而自主研发却起到抑制作用。齐绍洲和徐佳（2018）在借鉴传统显性比较优势指数的基础上构建低碳国际竞争力指数，测算和比较二十国集团（G20）中 16 个国家 1995—2009 年的制造业低碳国际竞争力指数，采用能源强度和碳强度作为环境规制的代理变量，研究环境规制及其他因素对样本国家制造业低碳国际竞争力的影响，并从环境规制替代变量和考虑内生性两个层面进行稳健性检验，实证结果表明，短期内严格的环境规制不利于制造业低碳国际竞争力的提升，技术创新效应还未超越成本遵循效应，波特效应还需要更长的时间才能显现，这种负向影响在发展中国家和贸易开放度较高的国家更为显著，影响更大。陈虹和杨巧（2018）运用空间计量方法，从地方政府竞争的视角在理论和实证两方面探讨了环境规制对出口的影响，结果发现中国地方政府在环境规制方面存在的"逐底竞争"使得当前整体环境规制强度较低，处于"U"形曲线的左侧下降阶段，严格环境规制会抑制出口，目前中国逐步提高环境规制强度，采取措施改变环境规制"逐底竞争"的局面，尽快跨越"U"形曲线的拐点，实现环境改善和出口增加的"共赢"。

二 环境规制负面贸易效应理论阐释总结

环境规制负面贸易效应的研究文献指出，环境规制强度的提升将会通过企业生产成本的变动提高产品价格，从而降低出口产品的国际竞争力，最终导致本国出口贸易转移至其他国家，形成"环境规制的贸易转移效应"（Thile，2001），因此环境规制对企业生产成本的影响被认为是环境规制负面贸易效应的核心机制。Pething（1976）、Siebert（1977）、McGuier（1982）、Carraro 和 Siniscalco（1992）、Palmer（1995）等较早开展了环境规制贸易效应的静态比较分析，虽然研究结论存在一定差异性，但基本上都认为提高环境规制强度会提升企业的生产成本（李怀政，2011）。

提高环境规制强度，会增加企业生产成本、提高产品销售价格，这是环境规制影响出口贸易的直接表象，许多学者引入国际贸易经典理论——要素禀赋理论来分析和解释。环境资源被视为与资本要素、劳动要素等一般生产要素相类似的生产投入要素，在实际经济运行中环境要素是许多企业特别是污染密集型企业生产产品所必需的投入要素，因为企业生产排污一般情况下无法做到完全消除，国家或地方政府往往会根据经济、社会、环保等情况进行调控。在生态环境日益受到关注和环境规制强度不断提高的情况下，环境要素成为许多企业生产过程中所需要的稀缺性要素，提高环境规制强度减少了企业生产中环境资源供给，导致前述生产成本上升的表象，对企业生产而言实际上就是增加了环境要素约束。根据赫克歇尔—俄林的要素禀赋理论（H-O模型），参与国际贸易的国家对于不同要素具有相对不同的丰

裕度，在自由贸易情况下一国往往对密集使用其相对丰裕要素的产品
进行专业化生产并出口，但是不生产密集使用其相对稀缺要素的产品，
比如劳动力要素相对丰富的发展中国家更倾向于集中生产和出口劳动
密集型产品，资本要素相对丰富的发达国家则往往聚焦于资本密集型
产品的生产与出口，同理，环境资源要素相对丰富的国家则应该注重
生产和出口环境要素密集型产品，环境要素成为决定国际贸易比较优
势的重要因素之一。一国环境要素的供给情况或丰裕度主要受制于国
家的环境规制强度，因此环境规制相对较弱国家的环境要素往往相对
丰裕，而环境规制相对较强国家的环境要素一般较为贫乏。那么，一
个国家提高环境规制强度，基于要素禀赋理论，这会减少环境要素供
给、增加环境要素约束，从而减少这个国家参与国际贸易的比较优势。
Siebert（1976）指出，各国的比较优势会因环境要素对环境资源禀赋
的影响而产生变化，环境规制相对较强的国家难以大力推动污染密集
型产品的专业化与规模化生产，环境规制相对较弱的国家则在此方面
拥有明显的比较优势。Tobey（1990），Grossman Krueger（1991），Van
Beers 和 Van den Bergh（1997）等从贸易模式出发分析了碳税引致的
产业竞争比较优势的变动与问题，提出环境规制严重冲击了其贸易模
式，若各国环境政策的差异十分显著，将彻底改变目前产业竞争的比
较优势模式。

在 H－O 模型理论框架下，现有文献大多认为发展中国家的贸易
比较优势体现在污染密集型产品上，发达国家则相反，主要体现在非
污染密集型产品（清洁产品）之上（Copeland、Taylor et al.，1994，
1995，2001）。有学者研究上述环境要素禀赋和贸易比较优势理论后还
指出，全球自由贸易情况下各个国家都会倾向于维持或降低环境规制
强度，以保持其贸易竞争价格优势，形成"向底线赛跑"（race to the
bottom）现象，结果就是污染密集型产业将从环境规制强度较高的发
达国家转移至环境规制强度较低的发展中国家，从而促使发展中国家

出现"污染避难所"效应（Dua、Esty，1997）。Mani 和 Wheeler（1997）以 1960—1995 年世界主要经济体的相关数据研究环境规制与贸易和生产模式的转变、收入增长等之间的关系，研究结果指出，污染密集型产业占制造业的比重变化趋势在不同的国家存在差异，经合组织成员国呈现下降趋势，发展中国家则稳步上升，同时发现经合组织成员国降污成本迅速下降与发展中国家污染密集型产品净出口飞速增长的时期高度一致，由此证明"污染避难所"效应的存在。国内也有许多学者对"污染避难所"假说在中国国内外贸易和投资中的存在性进行了研究，比如贺文华（2010）、苏梽芳和廖迎等（2011）、杨来科和张云（2012）、王文治和陆建明（2012）、赵忠秀和王苒等（2013）、林季红和刘莹（2013）、傅帅雄和张可云等（2011）、董琨和白彬（2015）、殷琪和张金玲（2015）、汤维祺和吴力波等（2016）、杨子晖和田磊（2017）等。"污染避难所"假说存在性在不同国家和地区、不同行业以及不同时期存在不同结果，"污染避难所"假说的成立反映了环境规制负面贸易效应的存在性，当然也有学者指出国际经济中"污染避难所"有时是短暂现象。

　　环境规制负面贸易效应形成的具体逻辑见图 2-1，认为提高环境规制强度反映在要素禀赋理论上就是增加环境资源要素约束，增加了企业的生产成本和产品价格，削弱了环境要素决定的本国贸易比较优势，存在"环境规制的贸易转移效应"。因此，各国某些行业尤其是污染密集型行业反对增强环境规制的各种政策，担心会因此影响其出口贸易的持续发展，这种观点在长期实施出口导向的中国也较为普遍。

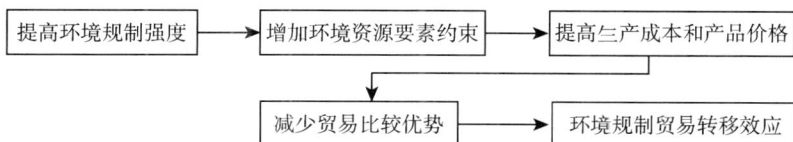

图 2-1　环境规制负面贸易效应逻辑

第二节 环境规制正面贸易效应相关研究

一 环境规制正面贸易效应实证研究总结

除了环境规制强度提升对国际贸易造成不利结果的观点，学术界还存在另外一种截然不同的观点，认为环境规制强度提高有利于外贸发展。陆旸（2009）采用 2005 年的样本数，以 CIESIN 计算的"环境监管"指标对环境规制影响污染密集型产品贸易的机制进行实证研究，研究结果指出，环境规制强度与污染密集型产品的贸易比较优势不存在显著的相关性；但是以人均收入作为内生环境规制指标进行检验时发现，环境规制存在异质性的影响机制，"化工产品""钢铁产品"以及"纸和纸浆产品"的贸易比较优势因内生环境规制得到了显著提高，但是对"非金属矿产品"和"非铁金属产品"的比较优势则没有受到显著影响；因此政府适度提升环境规制强度反而有助于提升污染密集型产品的比较优势。王传宝和刘林奇（2009）实证结果也表明我国环境管制力度与出口之间存在显著的正相关关系，环境管制出现明显的出口创新效应，因此虽然我国出口贸易因世界经济衰退而受到暂时抑制，政府也不应该放松环境管制。张三峰等（2011）认为在环境规制强度不断加大的同时，企业生产的"清洁度"也会提高，环境规制并未对中国制造业的国际竞争力产生不利影响，相反，波特假说的双赢效应能够被证实。

李小平和卢现祥（2012）则针对 1998—2008 年我国 30 个工业行业开展了环境规制强度影响外贸比较优势的经验分析，研究结果显示中国工业贸易的比较优势主要集中于劳动密集型产业，环境规制有助于提高其比较优势，但是这种提升效果具有"度"的限制，当环境规制强度超过一定水平时，则会抑制产业的贸易比较优势。

傅京燕和赵春梅（2014）基于2002—2010年面板数据，使用固定效应向量分解估计方法（FEVD）分析了环境规制对我国污染密集型产品贸易比较优势的影响机制，结果指出，较高的内生环境规制水平显著提升了污染密集型行业的贸易比较优势，长期内适度地加强环境规制反而有助于污染密集型行业出口竞争力的形成。陈红梅（2014）基于生态经济学角度，以环境规制和对外贸易为研究对象，分别探讨我国环境规制、主要贸易伙伴国的环境规制与国际环境规制对贸易发展存在的影响效应，指出我国环境规制对自身进口和出口贸易都存在显著的正向推动作用，符合"比较优势理论"；而贸易伙伴国的环境规制对我国外贸发展存在负向影响效应，对出口贸易存在正效应但不显著，对进口贸易则具有显著的负效应。张海玲（2015）研究了环境管制下中国出口贸易的 CO_2 排放效应，在理论上探讨了出口贸易的 CO_2 排放效应以及发达国家环境管制政策对于中国出口贸易 CO_2 排放效应的影响，并利用2001—2010年中国17个工业行业的面板数据实证检验了理论分析的结果，显示中国出口贸易有利于 CO_2 排放水平的下降，而且因为提高环境管制会强化出口贸易的 CO_2 排放效应。孙濛（2017）借鉴 Hummels 和 Klenow（2005）的方法，将中国出口规模分解为扩展边际、数量边际和价格边际三个层面进行实证研究，结果显示环境规制强度对数量边际存在抑制作用，但对其他两个层面均存在不同程度的促进作用；同时环境规制对出口贸易三元边际效应存在显著的行业差异，对于低污染行业，环境规制对其扩展边际和价格边际产生正影响，但对于高污染行业，环境规制的正向影响仅涉及价格边际。总体而言，环境规制虽然在一定程度上能够对出口数量边际产生抑制作用，但更重要的作用体现在激励企业聚焦于新型产品的开发和产品质量的提升，因此有利于优化我国出口贸易结构。

卜茂亮和李双等（2018）将地区环境规制与行业出口纳入环境与贸易的框架中，把环境规制变量及其与行业污染密度的交互项纳入模型中，考虑影响环境规制出口效应的一系列变量，并控制地区、行业与时间的固定效应，建立多维计量模型，基于"十一五"期间地区、行业与时间的三维数据开展实证研究，提出环境规制对行业出口有着推动作用，通过行业分样本回归发现，环境规制能够促进清洁行业出口，而对于污染性行业出口并无显著影响。李梦洁和杜威剑（2018）研究提出环境规制对企业出口质量的提升具有促进作用，并且在引入企业特征与所有制类型情形下结论稳健，随着地区财政分权和官员腐败程度的增加，环境规制对企业出口产品质量促进作用会降低；环境规制有利于提升新进入企业和在位企业的出口产品质量，而对退出企业的产品质量提升不存在明显的促进作用；环境规制会缩短低质量企业出口持续时间并且延长高质量企业出口持续期，从长远看，环境规制将提升我国出口贸易产品质量，优化对外贸易结构，最终实现环境与贸易的协同发展。

二　环境规制正面贸易效应理论阐释总结

诸多学者对环境规制的正面贸易效应的成因进行了多角度的探讨与研究。相关研究文献指出，环境规制强度提高有助于推动企业注重生产工艺技术、能源消费技术等的创新，进而可以增加或者创造出口行业在新行业、新产品以及生产技术方面的比较优势，进而优化产业结构、绿化产品结构，提升国家在全球生产价值链上的地位，并获得国际贸易长期竞争力，形成"环境规制的贸易创新效应"（Copeland、Taylor，1994）。

Porter（1991，1995）提出如果新的环境规制标准能够适应激励机制需求，且受规制厂商能够在新的环境标准要求下积极开展创新活动，其产品的国际竞争力会得到显著提高。而从国家宏观层面而言，环保产业将得到进一步发展，比如生产污染检测和控制设备的产业将得到好的发展机会；Porter（1995）认为"恰当设计"的环境规制有助于推动被规制企业积极开展技术创新，提高企业经营的效率与收益，并相对于不受规制企业形成绝对竞争优势。Frankel（2002）指出，如果各国厂商都倾向于环境友好型产品的生产贸易，那么率先开展环境友好型技术创新的国家必将获得全球贸易竞争中的比较优势。国内许多学者也认可环境规制通过激发技术创新所创造的贸易正效应，黄德春和刘志彪（2006）将技术系数引入 Robert 模型，指出，相对于对企业直接费用的影响，环境规制更能够激发企业的创新能力，从而全部或部分地抵消费用成本的不利影响，这也是对 Porter 观点的进一步支撑。杨丹萍（2011）指出，环境成本内在化存在异质性的贸易效应，基于成本效应视角存在负面影响；基于创新效应角度则存在正面影响；而综合而言，积极的创新效应将弥补消极的成本效应，最终会促进中国出口。这种观点的研究思路是在动态分析框架中整体研究环境规制与国际竞争力的复杂关系，指出环境规制动态变化背景下生产技术创新、生产过程优化、新行业和新产品开发的发展，由此指出环境规制措施的适度实施与产业贸易竞争力的密切关系，环境规制虽然形成厂商生产的新的约束条件，但也创造了厂商技术创新的动力，为厂商提供弥补成本损失的可能性。

除了技术创新渠道带来的环境规制贸易正效应之外，还有一些学者基于政策组合实施效果的视角开展研究，David Pierce（1996）认为征收碳税并把收入用于再分配或具有双倍红利的效果；Creedy 和 Slee-man（2006）以新西兰为例，深入探讨了碳税对消费品价格和社会福利的影响机制，结果证明碳税带来的超额边际负担较低，因此可以通过收入的再分配机制得到有效补偿；Lee 和 Lin 等（2008）则提出碳税的实施应联合碳交易等其他环境政策工具，通过实证分析碳税和碳交易对不同工业部门的影响，结果表明仅征收碳税降低考察期间 GDP的 5.7%，若同时实施碳交易则会拉动 GDP 增长 4.7%。可见，这种观点认为环境规制可以通过激励创新或者收入再分配等政策组合,创新出口产品的比较优势,为企业赢得长期优势。陆旸(2009),李小平、卢现祥和陶小琴(2012),李怀政(2013)等学者也认为适度地提高环境规制强度有助于巩固企业的出口竞争优势,环境规制效率对出口贸易发展存在正效应。

环境规制正面贸易效应形成的具体逻辑见图2-2,提高环境规制强度可以推动企业积极开展技术创新,获得新的贸易竞争优势,促进产业结构优化和产品结构绿化,从而提升全球生产价值链地位,形成长期的国际贸易竞争力,实现"环境规制的贸易创新效应",还有学者提出环境规制与收入再分配等政策组合可以提高贸易优势。因此,许多社会居民和研究者提倡为了保护环境,需要不断提高环境规制水平,这对政府制定有效的环保措施提出了新的要求,也为其优化环境规制的相关法律法规提供了理论依据和参考。

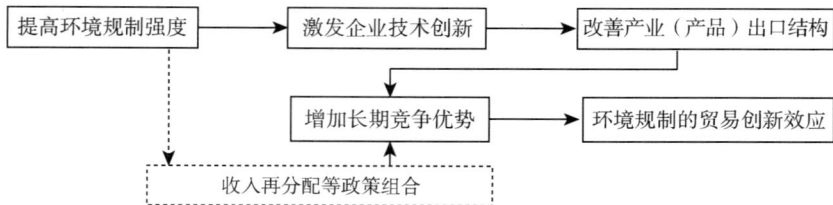

图 2-2 环境规制正面贸易效应逻辑

第三节 环境规制不定贸易效应相关研究

一 环境规制不定贸易效应实证研究总结

上述两种观点截然相反,第一种观点基于"环境规制的贸易转移效应"提出环境规制存在显著的负面贸易效应;而第二种观点则基于"环境规制的贸易创新效应"提出环境规制存在正面贸易效应。除了上述两种相反观点外，笔者还整理出第三种观点，即环境规制存在不确定或不明显的贸易效应。

Tobey（1990）基于一个多因子、多商品的 HOV 模型，通过对环境保护强度和五大类产业的净出口分析，提出环境保护强度的变化不会改变国家之间的原有贸易格局。Grossman 和 Krueger（1992）估计美国产业的污染消除成本对美国—墨西哥贸易模式的影响，发现污染消除成本的统计结果并不显著。肖红和郭丽娟（2006）建立综合评价指标体系分析不同污染程度产业的国际竞争力，指出环境保护强度与产业国际竞争力之间并不存在规律性关系。程名望和王莉（2008）采用一般均衡分析方法探讨进口环境附加税对一国贸易条件的影响机制，并分别采用发达国家和发展中国家的出口数据来衡量污染产业 RCA 系数的变动，以及源于环境因素的世界贸易结构的调整，研究结果证明环境对贸易存在双方面的影响，一方面环境是贸易可持续发展的基础，另一方面严格的环境保护政策则会抑制发展中国家的贸易发展，因此我国必须正确认识到环境和贸易之间的复杂关系，制定合理的应对和优化措施。

Kennedy（1994）认为环境政策的战略效应可以分解为正污染转移效应和负"寻租"效应两个方面，跨境污染将抑制正向转移效应并激发环境倾销程度的提升。杨涛（2003）指出环境规制对贸易的具体效应受到中国与他国间环境规制强度差异因素的影响，当中国环境规制强度相对提高，那么"环境规制的贸易转移效应"的作用相对明显，中国进口相对更多的污染密集型产品；当中国环境规制强度相对降低，中国则会出口相对更多的污染密集型产品；但是目前全球各国都趋向于加强环境管制，所以需要同时考虑"波特假设"和"环境规制的贸易创新效应"的激励作用。俞海山（2009）分别从贸易大国、贸易小国两个视角分别研究环境成本内在化对于不同类型国家所产生的贸易效应，由此剖析我国近年的出口关税调整政策对于促进环境成本内在化的效果，研究指出环境成本内在化政策的贸易效应均存在明显差异，因此要求处于不同地位的商品采取不同的政策：处于贸易小国地位的商品可以实施诸如加征出口关税、减少出口退税等环境政策，实现成本内在化，以控制高耗能、高污染和资源性产品的出口；处于贸易大国地位的商品则应重视控制配额、出口许可、列入禁止出口类目录等手段控制出口，不能仅仅依赖于环境成本内在化政策的效果。可见，环境规制的出口贸易效应受到诸多复杂因素影响，不能做出简单判断（Larson、Nicolaides，2002）。

邵帅（2017）利用2001—2014年中国30个省份的面板数据，采用系统GMM估计方法实证分析了不同类型环境规制对我国货物贸易出口商品结构的影响，认为费用型环境规制与出口商品结构间存在"U"形非线性关系，投资型环境规制与出口商品结构间存在倒"U"形非线性关系，投资型环境规制之于出口商品结构的滞后效应较费用型环境规制更强；在影响途径上，投资型环境规制更偏好促进技术创新，费用型环境规制则主要影响环保成本；两种类型环境规制对于东部和中西部出口商品结构的影响强度有所不同。康志勇和张宁等（2018）研究发现实施"减碳"政策对中国制造业企业出口存在着成本增加效应和创新促进效应，实际效果取决于两种效应的叠加，且叠加效果会随"减碳"政策强度的变化而变化；基于中国制造业企业样本数据实证研究发现，"减碳"政策强度与制造业企业出口规模呈倒"U"形关系，适度"减碳"政策强度下创新促进效应超过成本增加效应，促进企业出口规模扩张，创新促进效应会随时间推移得到逐步释放，表现为促进出口规模扩张的政策区间逐步扩大，实施适度的环境管制政策并不会有损中国企业的出口竞争力，能实现提高环境质量和出口增长的"双赢"。成喜玲和刘淞延（2018）选择了具有代表性的世界三大自由贸易区，通过扩展的引力模型，对2002—2016年42个国家的面板数据进行检验，对于欧盟、中国—东盟自由贸易区来说，环境规制对双边贸易均产生了显著的负向影响，而对于特殊的自由贸易区——北美自由贸易区来说，进口国的环境规制对贸易水平的影响不显著，而出口国的环境规制对双边贸易产生了显著的正向影响。石华平和易敏利（2018）利用 2004—2015 年中国企业出口的面板数据，实证检验中国环境规制水平对企业出口贸易的影响，发现内生环境规制水平能有效提升企业出口竞争力，但严格的外生环境规制对企业出口贸易的影响呈"U"形，中国东部和中部地区的外生环境规制与企业出口贸易间的关系呈倒"U"形关系，而西部却呈"U"形关系，因此中国提高环境规制需因地制宜，对不同地区实行弹性的环境规制政策，以实现中国各地区企业出口竞争力稳定、均衡地提高。

二　环境规制不定贸易效应理论阐释总结

关于环境规制对贸易影响的实证研究结果显示是不确定的或者不明显的，可能原因之一是环境规制强度与外贸之间的关系不存在统计意义上的显著逻辑关系（Harris、Kónya et al.，2002）或者经验分析本身存在不足之处（Ederington、Minier，2003；Cave、Blomquist，2008）。Valluru 和 Peterson（1997）研究农业环境规制与农产品贸易流向之间的关系，结果表明自然资源禀赋是影响谷物贸易模式的重要因素，但环境规制的影响并不显著。Busse（2004）则基于 WTO 框架深入探讨了环境规制和贸易问题，通过更大的样本对五个高污染行业的经验分析并没有找到支持"污染避难所"效应的充分证据。实证研究的不足之处主要体现在：一是环境规制带来的成本提升占据总成本的比例较小，难以影响国际贸易的比较优势（Jaffe、Peterson et al.，1995），环境资源要素约束难以对国际贸易模式产生显著影响（Antweiler et al.，2001）；二是环境规制设定为内生变量能显著地影响贸易流向即环境规制的内生性问题（Ederington、Minier，2003）以及模型估计方法的选取可能产生结果的偏差，都可能引起实证研究结果显示为不确定的或者不明显的。

除此之外，环境规制对外贸的影响是复杂多样的，不同效应可能存在相反作用，比如前述分析的"波特假说"支持的技术创新导致的环境规制正面效应和"污染避难所假说"支持的贸易比较优势导致的环境规制负面效应是相反，重叠作用情况下可能导致综合效应的不确定性，特别是短期内"污染避难所假说"可能起作用而长期看环境规制较强国家可以在发展环境敏感型行业过程中产生新的贸易优势，并且弥补短期内损失。Cole 和 Elliott（2003）利用 1995 年 60 个国家数据实证检验环境规制影响污染品贸易模式的机制，研究结论发现资本禀赋丰裕的国家中钢铁和化工行业存在比较优势，即使环境规制相对严格，钢铁和化工行业也没有转移；矿产丰富和森林资源丰富的国家中非铁金属和造纸行业存在比较优势，且没有发生转移。这一研究结论揭示出"污染避难所假说"与传统"要素禀赋假说"之间的冲突是环境规制难以影响国际贸易流向的原因。臧传琴和王静（2012）也提出环境规制可能通过比较优势、企业竞争力、"污染密集型"产业转移等多个渠道对贸易产生影响。唐剑和周雪莲（2017）探讨了对外贸易发展对环境影响综合效应的理论机制，构建了对外贸易环境总效应的实证模型，指出对外贸易规模效应主要体现在环境污染在具有不同禀赋和收入水平的国家间转移，结构效应主要体现在出口产品结构的变化，同时鉴于各国比较优势，该结构效应产生各不相同的正负影响，资本积累与技术进步相互作用，对环境影响效果方向取决于其是否带来污染密集型产品的生产。

环境规制不定贸易效应认为，提高环境规制强度对贸易的影响是不确定的或者不明显的，一方面可能是环境规制与贸易之间不存在统计意义上的逻辑关系或者经验分析本身存在不足之处，因此实证检验不显著；另一方面环境规制影响贸易的结果是复杂多样的，有可能相互抵消或者存在不同时间上的显著性。环境规制贸易效应不确定，那么政府必须综合评估环境规制与本国国际贸易之间的关系，进而再采取不同的措施，很显然这对政府判断环境规制实际效应和制定政策措施提出了很高的要求。

第四节 环境规制对外贸发展方式影响相关研究

本节梳理环境规制影响外贸发展方式相关研究，从"后危机时期"和"新常态时期"两个特定时期归纳国内外环境规制发展趋势及其对外贸发展影响研究。

一 "后危机时期"环境规制及其对外贸发展影响相关研究

唐海燕（2008）以金融危机后对外经济发展方式的转变战略为研究对象，指出中国传统的外源性、粗放式的对外经济发展方式的不适应性正在凸显，加快对外经济发展方式转变的内部压力正在转变成内在动力。王放（2009）指出金融危机使贸易保护主义加剧，外贸条件恶化，目前欧美等国经济增长前景惨淡，企业销售市场萎缩、失业率上升等引起贸易保护主义开始抬头，美国对华反倾销、技术性壁垒、标准性及绿色贸易保护手段更加频繁出现。裴长洪（2010）以后危机时代全球经济发展的新特点和新态势为切入点，研究指出中国工业化的加速发展不仅面临努力减少碳排放的压力，而且面临扩大世界市场的迫切需要，但西方一些国家可能利用其在碳排放上的有利地位，增加节能环保产品和技术的出口，并限制高碳产品的进口和消费，甚至力图修改贸易规则以达到自身的目的，中国加速经济发展方式的转变已经日益紧迫。商务部课题组（2010）研究后危机时代中国外贸发展战略之抉择，发达国家企图通过主导全球气候变化和环境规则，包括约束性的减排义务、边境碳税等手段，在未来低碳经济和环保产业领域占据国际分工的主导地位，同时制约发展中国家进一步发展的权利，我国可能面临发达国家强加给发展中国家的环境枷锁，未来发展空间和潜力将会受到制约。唐鹏（2012）分析了后全球金融危机时代中国外贸发展面临的主要障碍，提出中国由贸易大国向贸易强国转变的建议，提高国内企业技术创新能力，掌握产品生产的核心技术；加快引进国外先进技术和高新产品；不断优化升级出口结构，降低"两高一资"产品的出口；加强战略资源储备，弥补国内稀缺资源的空缺。商务部课题组（2012）研究指出国际金融危机以后，全球经济贸易格局正进一步调整，一些国家在应对危机中提出"绿色新政"，新一轮科技革命正在全球兴起。熊珍琴和吴迪（2016）提出自2007年法国总统希拉克针对美国退出《京都议定书》首倡对美进口产品征收碳关税以来，碳关税的兴起和发展，使世界经济步入低碳经济、绿色经济时代，这意味着我国传统的粗放式对外贸易发展方式已经不可持续，必须向低能耗、高附加值、高技术含量的集约型对外贸易发展方式转变。

二　"新常态时期"环境规制及其对外贸发展影响相关研究

张彩兰（2015）分析了新常态经济背景下我国对外贸易的发展遇到新挑战，即世界经济复苏艰难、全球性经济危机风险仍然存在，贸易保护主义升温、国际贸易摩擦风险持续增大；新兴经济体已崛起、传统对外贸易竞争优势弱化；同时面临机遇，全面深化改革开放、对外贸易持续发展的红利将延续，经济发展优势明显、对外贸易转型发展具备良好基础。祁春凌和徐丽（2015）分析我国对外贸易新常态的表现，外贸发展步入中低速增长时期，全要素成本优势逐步弱化，包括劳动力成本的比较优势逐渐弱化、资源约束增强和环境成本上升，国际经贸制度环境愈加复杂。郑铁桥和张建中（2015）分析2009年中国经济进入新常态，其主要特点是结构性减速，并伴随一系列宏观经济指标呈现新的性状，新常态下我国出口贸易形势严峻，我国对外出口贸易增长快速趋缓，尤其是对发达国家和地区的出口贸易增长更是快速下降；我国贸易账户盈余增长率快速下降，未来面临贸易账户平衡的压力；如何在新常态下保持我国经济平稳中速增长，抓住机遇、继往开来，确保我国对外出口贸易平稳优质增长，需要有新思路和新对策。代玉簪和王春艳（2016）分析了新常态下中国对外贸易发展的新特点和存在的问题，指出我国外贸发展方式不合理，出口产品依然以传统的纺织制造品和高污染、高能耗的产品为三，对外贸易在中国的经营模式仍为"大进大出，两头在外"，对外贸易产业仍集中在劳动密集型为主的制造加工业，这些产业大都存在高能耗、高污染、资源浪费等现象。侯本旸（2016）分析了新常态下我国对外贸易发展的现状及对策，提出进一步推进营商环境的国际化与法治制，进一步实现贸易和产业的结合。发挥"走出去"对外贸的促进作用，更加注重培育新的商业模式，更加注重实施积极的进口战略，更加注重金融财政的支持力度，更加注重提升国际经贸规则的积极性。张彰（2017）指出我国新常态下对外贸易转型的路径，由高速规模扩张向中低速效益增长转变，由粗放数量型向集约质量型转变，由要素资源驱动向创新驱动转变，由非均衡发展向多元平衡发展转变，由外部被动牵引向内部主动供给侧改革转变。

第五节　相关研究评述与改进

一　环境规制贸易效应相关研究评述

除了上述研究外，还有许多学者关注环境规制对贸易的影响，如任建兰和尹海伟等（2003）、秦鹏（2005）、张弛和任剑婷（2005）、程名望和王莉（2008）、俞海山（2009）、陆旸（2009）、邢斐和何欢浪（2011）、李怀政（2011）、李小平和卢现祥（2012）、李秀珍和林基（2014）、陈红梅（2014）、许源和顾海英等（2014）、刘晓峰（2014）、李祝平和欧阳强（2014）、张海玲（2015）、李秀珍和唐海燕（2016）、黄佳琦（2017）、洪丽明和吕小锋（2017）等。

　　综观环境规制贸易效应相关研究，环境规制或由其引发的环境资源约束对外贸影响的实证和理论研究尚未取得一致性结论，主要存在三类结论：环境规制负面贸易效应、环境规制正面贸易效应和环境规制不定贸易效应。持环境规制负面贸易效应观点的人认为，提高环境规制强度，从要素禀赋理论上看就是增加环境资源要素约束，提高企业生产成本和产品销售价格，减少国际贸易比较优势，影响国际市场竞争力和出口贸易，形成"环境规制的贸易转移效应"。从政策含义看，部分行业尤其是污染密集型行业不赞成强化环境规制的政策，担心严厉的环境规制会抑制自身竞争力与外贸收益，这种观点在长期实施出口导向的中国也较为普遍。环境规制正面贸易效应的观点与前一种观点的结论恰好相反，认为提高环境规制强度，从"波特理论"等角度看可以激发企业技术创新，促进产业结构优化和产品结构绿化，提升在全球价值链中的地位，形成出口贸易长期竞争优势，形成"环境规制的创新贸易效应"。从政策含义看，这类观点持有者倡导保护环境需要不断提高环境规制强度，对政府正确制定和出台环境规制相关法律法规提供了新的依据。还有观点认为环境规制对贸易的影响是不确定或者不明显的，原因可能在于两个方面，一是环境规制与贸易之间不存在统计意义上的逻辑关系或者经验分析本身存在不足之处，因此实证检验结果不显著；二是环境规制影响贸易效应是复杂多样的，可能有不同效应甚至相反效应的作用相互抵消。从政策含义看，由于环境规制贸易效应不确定，政府必须综合评估环境规制与本国国际贸易关系及实际影响效应，进而再采取不同的措施。

已有的关于环境规制负面贸易效应和正面贸易效应的研究，不仅从实证检验角度得到支持相关观点的结论，有些观点本身就是从研究结论演化得到，而且通过要素禀赋和比较优势等国际贸易经典理论、"波特假说"理论进行推理，从而论证相关结论的合理性；相比较而言，环境规制不定贸易效应的理论研究还未得到有效支撑，主要是从实证检验结果的不确定进行阐释。综观三类观点相关研究，不同观点都能获得理论依据和实证结果支持，而其中负面贸易效应和正面贸易效应正好是完全相反的观点，显然不同观点及其研究存在相互矛盾之处，本书认为出现这种情况的可能原因还在于：

第一，就研究方法和设计而言，理论建模推导往往以与实际情况差异较大的严格的假设条件为前提，实证研究则主要通过构建回归方程开展模拟测度，也受限于数据缺乏或精确度等方面的因素，因此在不同条件下理论推导与实证研究结论无法一致，当然不一致性也有可能是分析不全面和研究遗漏而引起的。

第二，就已有研究结论而言，环境规制对经济和贸易的影响效应具有时间周期差异，比如从短期来看，环境规制带来的成本和价格的提高会抑制产业竞争力，但从长期来看，则可能通过技术创新和收入再分配的路径提升竞争力。同时，影响出口竞争力和出口贸易的关键因素是多元化的，即除了环境规制影响外其他因素所起的作用可能更大，比如 Cole 和 Elliott（2003）研究了钢铁和化工行业面对严格环境规制后的比较优势，提出"污染避难所假说"与"要素禀赋假说"之间的相互冲突是环境规制难以对国际贸易流向产生影响的原因，所以衡量和评估环境规制效果的标准很重要。

除了以上两方面原因外，笔者认为不同学者对某些重要概念的理解偏差，也是导致研究结论差异和忽视环境规制必要性的重要因素之一。以出口竞争力概念理解为例，某一行业出口竞争力是指某个国家或地区的特定行业相对于其他国家或地区同一行业在生产效率、市场适应性、持续获利能力等方面所体现的竞争能力（张景华，2011），也就是说产品、企业及产业的市场实现能力是出口竞争力的最终体现，相对价格优势则是其最重要的隐性指标。因此竞争力是竞争优势的一个相对属性，但是部分文献缺少比较分析，将竞争力相对概念狭隘化为绝对指标，认为提高环境规制水平将会提升本产品成本和价格，并由此判断竞争力一定降低，这显然是因概念理念偏差引致的研究结论简单化。

二　环境规制与外贸发展方式转变研究评述

本书关于新时期下环境规制发展及其对我国外贸发展影响的研究，阐述了我国对外贸易发展面临"新时期"的环境特征，在国际经济发展处于"后危机时期"而国内经济处于"新常态时期"下我国对外贸易发展方式转变存在必要性。"后危机时期"世界经济出现了若干新特点和新态势，国际分工体系发生新的变化，贸易保护主义开始抬头，比如美国对华反倾销、技术性壁垒、标准性及绿色贸易保护手段经常出现，新的"绿色革命"为代表科技革命及其产业化正在酝酿之中，我国以资源高消耗为手段、以环境遭破坏为代价的粗放型对外经济发展模式已经不适应新发展要求。新常态时期我国外贸发展速度有所减缓，出口面临较大的不确定性，探寻其中原因，许多学者提出我国全要素生产成本优势已经开始弱化，比如劳动力成本的比较优势减弱，资源约束逐渐增强和环境成本也逐渐上升。几乎所有的学者都提出"后危机时期"和"新常态时期"我国对外贸易发展方式转变是必要的，其中新常态时期环境特征下国际国内经济注重环境规制成本、绿色科技革命等是对外贸易发展方式转变的主流。

相关研究指出了环境规制在新常态时期的重要影响和发展趋势，

但是关于环境规制影响因素分析以及对外贸易发展方式路径选择研究中并未把环境规制、环境资源作为重要影响因素和重要路径。笔者认为，国际经济处于"后危机时期"和国内经济进入"新常态时期"，已经进入界定比较明确的"新时期"；原有关于对外贸易发展方式转变存在的问题，主要强调体制机制不完善、产业结构不合理、创新能力不足、劳动力成本上升等，但是在"新时期"环境条件下国际国内经济注重环境规制强度、绿色科技革命等，资源和能源约束、环境规制成本应该成为"新时期"我国对外贸易发展方式转变的重要决定因素；因此，在理论探索上需要纳入环境要素禀赋、环境规制成本等影响因素，在实证研究中需要充分考虑环境规制要求以及构建生态环境评估指标，在政策建议中需要充分考虑"新时期"国际国内经济发展转型的环境规制要求及其所带来的路径选择。

三　研究改进

针对上述分析指出的问题，本书尝试进行探索性改进研究。

第一，本书针对已有环境规制贸易效应实证研究的不同结论，利用中国最新的进出口贸易、环境规制、技术创新等相关数据进行实证研究，以检验环境规制对中国近期外贸发展的影响效应，实证研究对象分别是环境要素禀赋理论下中国贸易比较优势与技术创新视角下中国出口结构优化。在进行实证检验之前，本书先进行理论推导和定性分析，一是利用数学模型或图形解析，对纳入环境要素的贸易比较优势理论、环境规制影响技术创新和价值链地位理论进行推导分析；二是利用最新数据，对中国贸易比较优势、中国技术创新和全球价值链地位进行测度分析。除了系统地进行理论推导和实证研究之外，本书相比已有研究的改进之处还在于注重行业结构差异，通过细分行业层面的针对性研究以及采用不同指标进行对比实证，提高研究结果的可靠性和政策建议的有效性；本书基于我国行业结构性差异较大的实际情况以及环境规制对部分行业的特别影响，区分污染密集型和非污染密集型行业，针对污染密集型行业进行专门研究。

第二，已有研究分析负面效应是基于要素禀赋理论和贸易比较优势理论，分析正面效应是基于技术创新与收入再分配等组合政策影响，本书考虑已有研究反映的环境规制影响贸易发展的跨期和跨行业差异，不同于已有研究方法，引入要素流动视角来分析环境规制贸易效应，从环境规制影响要素的静态效应拓展至环境规制影响要素的动态效应的分析。另外，本书还改进部分研究对出口竞争力概念界定不准确的情况，提出出口竞争力是表现为出口产品竞争优势的一个相对属性概念，因此本书使用产品相对价格作为研究和比较对象，规避已有研究提出环境规制增加产品成本和价格以及影响竞争力的不足。本书构建两要素、三部门理论模型，推导分析环境规制对产品相对价格的影响，进而通过产品出口竞争力间接分析环境规制对外贸出口的影响，推导核心是市场机制作用下要素产出弹性系数和要素回报率影响产品贸易竞争力的作用原理，有助于拓展发展中国家通过环境规制强度影响行业层面贸易效应的理论研究边界。

第三，本书综合考虑环境规制不同贸易效应的存在性和作用差异性，以及环境规制影响中国外贸发展可能存在时期和行业结构的差异，尝试构建一个综合指标体系来测度环境规制下中国对外贸易发展方式转变情况。指标体系构建思路是：总结实证研究对应的环境规制负面、正面以及不定贸易效应并分别进行针对性理论研究，得到三大关键性问题，然后基于环境规制影响贸易三大关键性问题以及贸易影响环境问题，确定环境规制下中国对外贸易发展方式转变评估指标体系的 4 个一级指标体系，进一步细化至二级和三级指标，并进行测度分析。

综上所述，本书在已有研究基础上进行改进的研究设计见图 2 - 3，可以归纳为：一方面是立足于已有研究，结合理论推导和描述性统计分析，利用不同指标和最新数据实证研究环境规制对中国外贸发展影响，验证已有文献实证研究结论及其在新条件下的结果；另一方面是区别于已有研究，尝试引入要素流动新视角，构建数理模型进行推导分析，论证环境规制影响外贸发展新的理论逻辑；在上述分析的基础上，本书考虑新时期环境规制和外贸发展实际情况，尝试构建环境规制下中国外贸发展评估指标体系，并进行综合测度分析。

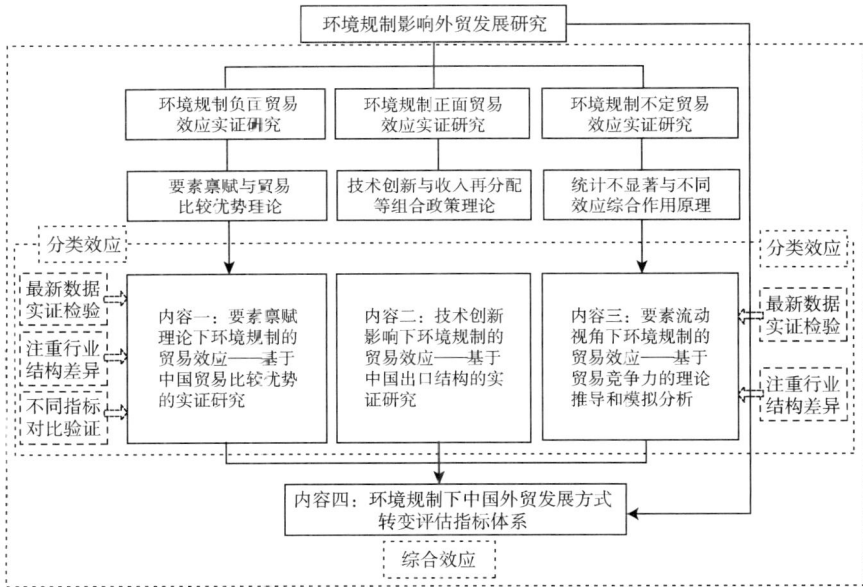

图 2-3　本书研究改进设计与整体框架

第三章 要素禀赋理论下环境 规制的贸易效应

——基于中国贸易比较优势的实证研究

实证研究表明环境规制强度提高可能产生负面贸易效应，从理论上解释就是增加环境资源要素约束，提高企业的生产成本和产品价格，削弱环境要素决定的本国贸易比较优势。本书在李嘉图的比较利益理论和赫克歇尔—俄林的要素禀赋理论中加入环境要素进行推导分析，论证环境规制影响贸易比较优势的原理，然后采用不同指标测度中国各行业贸易比较优势，构建中国工业部门细分行业的面板模型进行实证研究，验证分析中国工业部门细分行业以及污染密集型行业的环境规制与贸易比较优势关系，探索环境规制要求下中国贸易比较优势的发展变化情况。

第一节 纳入环境要素的贸易比较优势理论

一 纳入环境要素的李嘉图模型

在国际贸易理论中，李嘉图的比较利益理论和赫克歇尔—俄林的要素禀赋理论（H－O 模型）是主流的自由贸易理论。相关结论和观点成为支持自由贸易、指导各个国家或地区利用比较优势和专业化生产参与国际贸易的理论依据。但是这些理论没有关注到环境资源禀赋的影响，伴随着社会大众对环境问题的重视和部分国家环境规制强度的提升，学术界开始反思传统贸易理论，考虑把环境资源禀赋纳入贸易理论之中。20 世纪 50 年代出现的"里昂惕夫之谜"（Leontief Paradox）① 对要素禀赋理论的结论提出质疑，在寻求解释原因的过程中"自然资源"作为一种特殊投入要素逐渐受到关注和重视；后来有学者专门修正模型进行研究，比如 Tobey（1990）在 H－O 模型中把环境资产作为一种特殊的投入品，分析其对贸易的影响。

大卫·李嘉图在著作《政治经济学及赋税原理》中提出了比较优势贸易理论（Theory of Comparative Advantage），大大改进了自由贸易理论倡导者亚当·斯密所提出的绝对优势贸易理论（Theory of Absolute Advantage），解释了形成贸易基础和贸易利得的普遍原理。比较优势贸易理论指出，国际贸易之所以能够有效开展，是因为各国生产技术的相对差异以及在此基础上形成的生产成本相对差异。各个国家根据"两利相权取其重，两弊相权取其轻"的原则，生产并出口具有"比较优势"的产品，进口具有"比较劣势"的产品，从而利用专业化分工提高劳动生产率。

李嘉图比较优势理论的基本模型是一个 $2 \times 2 \times 1$ 的模型，作如下假设：

假设一：国际贸易关系中存在两个国家 A 和 B、两种产品 X 和 Y、一种生产要素 L；

假设二：两个国家 A 和 B 中产品与要素市场是完全竞争的，要素

① 里昂惕夫在 1953 年和 1956 年的研究中发现，作为世界上劳动力成本最昂贵和资本最密集的国家，按照传统理论，美国的进出口贸易应以出口资本密集型产品、进口劳动密集型产品为主。但实际情况恰好相反，农产品等劳动密集型产品是美国出口量最大的产品，汽车、钢铁等资本密集型产品则恰恰是进口量最大的产品，这一现象被称为"里昂惕夫之谜"。

在一个国家内可以自由流动，但是在国与国之间无法流动；

假设三：假设 A 国生产一单位产品 X 和产品 Y 所需要的投入要素（单位成本）分别为 L_X^A 和 L_Y^A，B 国生产一单位产品 X 和产品 Y 所需要的投入要素（单位成本）分别为 L_X^B 和 L_Y^B。

根据如上假设，可以推导 A 国生产产品 X 的机会成本为 L_X^A/L_Y^A，B 国生产产品 X 的机会成本为 L_X^B/L_Y^B。如果 $L_X^A/L_Y^A < L_X^B/L_Y^B$，那么 A 国生产产品 X 的相对成本较低，在产品 X 上具有比较优势，而 B 国生产产品 X 的相对成本较高，在产品 Y 上具有比较优势。模型假设要素 L 无法在国家 A 和 B 之间自由流动，那么国家 A 专业化生产产品 X，国家 B 专业化生产产品 Y，通过国际贸易可以使双方均扩大收益。

在李嘉图比较优势基本模型中加入环境要素，也就是在要素投入 L 中加入环境成本。各个国家的企业从事生产的总成本 L 包含两部分：生产成本 P 和环境成本 E，假设环境成本在总成本中所占比重为 e，那么环境成本系数为 e，生产成本系数为 $1-e$。环境成本 $E=eL$，生产成本 $P=(1-e)L$，$L=P/(1-e)$。前述分析了不存在环境成本的情况，比较 L_X^A/L_Y^A 和 L_X^B/L_Y^B，说明 A 国在产品 X 上具有比较优势；如果考虑环境成本，需要比较 $[P_X^A/(1-e_X^A)]/[P_Y^A/(1-e_Y^A)]$ 和 $[P_X^B/(1-e_X^B)]/[P_Y^B/(1-e_Y^B)]$。可见，当 A 国的产品 X 的生产成本系数相对小于 B 国的产品 X 的生产成本系数，即 $(1-e_X^A)/(1-e_Y^A)<(1-e_X^B)/(1-e_Y^B)$，如果 A 国生产产品 X 的环境成本系数相对小于 B 国生产产品 X 的环境成本系数，即 $e_X^A/e_Y^A<e_X^B/e_Y^B$，那么 A 国生产产品 X 的比较优势得到加强。相反，如果 A 国生产产品 X 的环境成本系数相对大于 B 国生产产品 X 的环境成本系数，即 $e_X^A/e_Y^A>e_X^B/e_Y^B$，那么 A 国生产产品 X 的比较优势减弱甚至逆转。

上述不等式分析说明，一个国家环境成本系数相对低于另一个国家时，有助于增加生产比较优势；如果这个国家环境成本系数相对高于另一个国家时，则会减少生产比较优势，甚至丧失存在比较优势的状态。陈红蕾（2010）提出保持比较优势不变的两个途径，一是产品的相对环境成本系数小到可以忽略，二是国内外环境成本系数完全相同。但是，世界各国自身经济社会和文化的特点和要求不同，环境规制强度以及环境成本内在化程度也不同，所以国内外环境成本系数不可能完全相同，因此分析产品环境资源比较优势的关键是分析环境成本系数的大小即环境成本内在化程度的高低。各个国家提高环境规制强度引致环境成本内在化，主要体现在高污染型产业，下文通过实证研究对这类行业进行专门分析。

二 纳入环境要素的 H–O 模型

李嘉图模型强调一个国家通过专业化分工，生产具有"比较优势"的产品并出口，而进口具有"比较劣势"的产品，赫克歇尔—俄林模型（Heckscher-Ohlin Model，简称 H–O 模型）是要素禀赋理论（Factor Endowment Theory），关注的是要素差异对比较优势的影响，以此来阐释开展贸易的基础。经典的 H–O 模型的基本分析框架为 2×2×2 模型，即两个国家（本国和外国），两种商品（劳动密集型产品和资本密集型产品），两种要素（资本和劳动）。假设两个国家采用相同的技术生产一种产品，生产技术无差异，具有相同的生产函数；生产要素在一国内部是自由流动的，但在国与国之间无法自由流动，而且要素供给完全富有弹性。假设各个国家消费者偏好相同，产品市场和要素市场都设定为完全竞争市场。

H–O 模型认为，各个国家对不同生产要素的丰裕度具有相对差异，比如某些国家劳动力要素丰裕但资本要素缺乏，而某些国家资本要素丰裕但劳动力要素不足。在自由贸易的背景下，一个国家选择专业化生产并出口的产品往往密集使用其相对丰裕的要素，比如劳动力相对丰裕的发展中国家往往集中生产和出口劳动密集型产品，而资本相对丰裕的发展中国家则倾向于生产和出口资本密集型产品。那么，各个国家在这样的贸易模式下完成国际分工和自由贸易，可以促进全球范围内资源有效配置，而且各个国家国内福利水平也会增长。根据 H－O 模型可知，自由贸易将促进一个国家相对丰裕要素的收入而且减少这个国家相对稀缺要素的收入，虽然要素在国际不能自由流动，但要素价格会借助自由贸易实现价格均等化，萨缪尔森（1948，1949）还利用数学公式推导证明，国际生产要素价格必然会"完全相等"。

传统 H－O 模型没有考虑环境因素，但在生态环境越发受到重视的情况下，企业生产过程在环境规制要求下必须考虑环境因素或排污空间，环境要素的稀缺性也逐渐被大众接受。Siebert（1990）把环境因素纳入 H－O 模型，其引入模型的基础是考虑了环境资源的稀缺性——环境能力的可供量，提出如果把环境资源作为一种生产要素影响比较优势，环境资源相对丰裕的国家可以出口环境密集型产品（一般就是污染产品），而环境资源相对缺乏的国家可以出口非环境密集型产品（一般为清洁产品）。本书以经典的 H－O 模型为基础，同样采用 $2 \times 2 \times 2$ 模型来分析纳入环境要素的 H－O 模型，所作假设为：

一是有两个国家，分别为本国 H 和外国 F，都实行社会福利最高的环境规制措施，生产两种产品 X 和 Y；本国 H 和外国 F 具有相同的生产技术，假设具有线性齐次生产函数。

二是把环境资源看作一种要素 e，把资本和劳动等其他生产要素统一看成另一种要素 f；这两种要素在生产中可互相替代，但是不同国家的要素密集度不可逆转。

三是国际市场为完全竞争的自由贸易市场，假设不存在贸易运输成本，无任何垄断控制价格情况，经济为充分就业状态。

本国 H 和外国 F 生产产品 X 和 Y 都使用要素 e 和要素 f，本国 H

生产一单位产品 X 投入要素 e 和要素 f 分别为 X_e^H 和 X_f^H，生产一单位产品 Y 投入两种要素分别为 Y_e^H 和 Y_f^H。外国 F 生产一单位产品 X 需要投入两种要素分别为 X_e^F 和 X_f^F，生产一单位产品 Y 需要投入两种要素分别为 Y_e^F 和 Y_f^F。如果 X 相对于 Y 对环境要素的需求更大，即假设 X 是环境密集型产品，而 Y 是另一种要素密集型产品，那么 $X_e^H/X_f^H >$ Y_e^H/Y_f^H，$X_e^F/X_f^F > Y_e^F/Y_f^F$。假设本国 H 的要素 e 相对丰裕，而外国 F 的要素 f 相对充裕。

图 3 – 1 中，曲线 CAD 是本国 H 的生产可能性边界（Production Possibility Frontier），曲线 MBN 是外国 F 的生产可能性边界。由于本国 H 的要素 e 相对丰裕，而外国 F 的要素 f 相对充裕，而产品 X 属于环境密集型产品，产品 Y 属于另一种要素密集型产品，结果就是本国 H 生产的产品 X 较多，而外国 F 生产的产品 Y 相对较多，图中曲线 CAD 较为平缓和宽阔，而曲线 MBN 相对陡峭和狭窄。

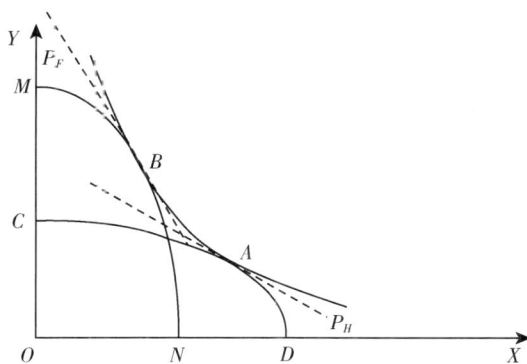

图 3 – 1 自由贸易前两国生产量

曲线 AB 是社会无差异曲线，是不同消费数量组合的两种商品形成相同效用的点的连线，个人无差异曲线合成社会无差异曲线，分析中假设本国 H 和外国 F 具有相同的一组社会无差异曲线，距离原点越远则无差异曲线显示的效用满足程度越大。图中 A 和 B 两点是无差异

曲线 AB 与 H 国、F 国的生产可能性边界相切点，这两点所表示的 X 和 Y 的数量组合是没有开展进出口贸易情况下 H 国和 F 国的生产消费数量。图中两条虚线 P_H 和 P_F 代表的是 X 和 Y 在 H 国、F 国国内的价格线，虚线斜率反映的是边际转换率，即产品相对价格。图中 P_F 的斜率大于 P_H 的斜率，说明 F 国的边际转换率大于 H 国的边际转换率，F 国的 X 和 Y 相对价格高于 H 国的 X 和 Y 相对价格。也就是说，本国 H 是在环境密集型产品 X 上具有比较优势，即具有环境要素比较优势，而外国 F 是在另一种要素密集型产品 Y 上具有比较优势。

如果存在国际自由贸易，根据传统 H－O 理论的观点，显然本国 H 要专业化生产环境密集型产品 X，而外国 F 要专业化生产另一种要素密集型产品 Y，两个国家都专业化生产其具有相对丰裕的要素密集型产品，可以达到扩大生产和参与自由贸易的目的，而且这两个国家通过国际贸易都可以增加自身利益。两个国家各自开展专业化生产，本国 H 扩大 X 生产产量，产量点沿 DAC 曲线向 X 轴方向移动；外国 F 扩大 Y 生产产量，产量点沿 NBM 曲线向 Y 轴方向移动。最后，两个国家生产两种产品的相对价格是相同的，见图 3－2 中的价格线 P_E。图中的无差异曲线 E 与两条生产可能性边界曲线的切线相切，这个切点实际上就反映了两个国家的消费情况，消费量与两个国家各自生产产量的差额部分就是需要通过进出口贸易来弥补。图 3－2 中无差异曲线 E 相比图 3－1 中的无差异曲线 AB 与原点 O 的距离更远，说明这两个国家所得到的效用都相对增加了。

把环境要素加入经典的 H－O 模型可以得到相同的结论，其分析原理实际上就是把环境资源看作一种生产要素，但是环境要素毕竟与一般的生产要素比如劳动、资本等存在差异。劳动、资本等一般性生产要素可以通过市场机制来决定价格和供求情况，但是环境要素是一种特殊生产要素，本质上具有公共物品的属性，无法严格界定初始产权，而且环境要素价格与要素报酬也不相同（杨来科、

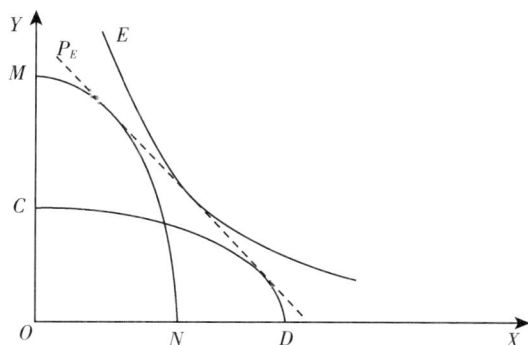

图 3 – 2　自由贸易后两国生产量

张云，2012）。所以，环境要素的价格无法通过市场供求来决定，但是环境要素又确确实实是生产过程中不可或缺的组成要素，在社会经济生活中只能通过政府行为来决定，比如政府为了保护环境可以开征环境税，政府征收的环境税实际上就是生产过程中使用环境要素对应的成本即价格。

　　政府对环境保护强度的决策行为取决于其自身的环境偏好，政府行为常常受到经济增长、就业要求等影响而对环境保护要求妥协，再加上环境信息不对称现象的作用，环境保护政策的强度通常会低于社会最优水平所要求的强度，经济学意义上就是生产排污等的环境成本无法完全内在化。各个国家的环境成本内在化的程度不同，那么各个国家生产产品的环境要素的比较优势就存在差异（与最优情况存在偏差），实施较为宽松的环境保护政策的国家在环境要素密集型产品（高污染产品）上产生比较优势，因此政府决策行为和政策强度对于环境要素价格和贸易比较优势具有重要影响。

第二节　中国贸易比较优势的描述性统计分析

一　贸易比较优势的测算方法

大卫·李嘉图提出了"比较优势"贸易理论后，国际贸易理论发展中比较优势思想长期占据核心地位。相对于各国的绝对差异，"比较优势"贸易理论聚焦于生产技术或生产成本的相对差异，各个国家依据"两利相权取其重，两弊相权取其轻"的原则参与国际贸易，集中生产并出口具有"比较优势"的产品，而进口"比较劣势"的产品。纵观国际贸易理论的发展历程，李嘉图模型、H-O模型、新贸易理论等重视不同因素对于贸易比较优势的决定性影响，这些因素包括劳动生产率、资源禀赋、垄断竞争等，近年来环境规制强度的差异成为国际贸易新的影响因素。关于国际贸易比较优势的度量也出现不同的方法，主要有以下三种。

显性比较优势指数（RCA）是 Balassa Bela（1965）研究国际贸易模式时提出的一种度量指标，计算了一个国家某一产业出口在该国所有出口中所占比重与该产业出口在世界贸易出口中所占比重之比，这个指标剔除了国家和世界贸易总量波动的影响，可以通过比较一个国家某一产业出口与世界平均水平的差异从而评判国际贸易比较优势。显性比较优势指数（RCA）的计算公式为：

$$RCA_i^k = \frac{|X_i^k / X_i^z|}{|X_w^k / X_w^z|} \qquad (3-1)$$

其中，X 表示出口，下标 i 表示某一个国家，下标 w 表示世界总体，上标 k 表示某一个产业，上标 z 表示某个国家或世界的总出口，RCA_i^k 代表国家 i 的产业 k 出口的显性比较优势指数。

RCA 这种计算方法考虑了不同国家和不同产业的出口在全球国

际贸易市场上所占比重，注重分析一个国家某产业的出口绩效，$|X_i^k/X_i^t|$ 是产业 k 出口在本国所有出口中所占比重，产业 k 出口量越大，这个比重越大，RCA 也越大，反映这个产业的比较优势越大。日本贸易振兴机构（Japan External Trade Organization，简称 JERTO）曾提出过一个参考标准，当某个产业 RCA 值大于 2.50，可以判断该产业具有极强的比较优势；当某个产业 RCA 值介于 1.25—2.5，可以判断该产业具有较强的比较优势；当某个产业 RCA 值介于 0.80—1.25，可以判断该产业比较优势处于中等位置；当某个产业 RCA 值小于 0.8，那么判断该产业在国际贸易中处于比较劣势。

为适应本书所采用的时间序列数据，用 X_{it} 来代表中国在 t 年的第 i 产业出口金额，用 X_{iwt} 来代表全世界在 t 年的第 i 产业所有出口金额，那么中国在 t 年的第 i 产业的显性比较优势指数的计算公式为：

$$RCA_{it} = \frac{\left| X_{it} \Big/ \sum_i X_{it} \right|}{\left| X_{iwt} \Big/ \sum_i X_{iwt} \right|} \qquad (3-2)$$

常用的简单判别方法是，如果 RCA 值大于 1，表示中国第 i 产业产品在本国出口占比大于该产业的世界平均出口比重，那么中国第 i 产业具有显性比较优势；如果 RCA 值小于 1，表示中国第 i 产业产品在本国出口占比小于该产业的世界平均出口比重，那么中国第 i 产业具有显性比较劣势。

显性比较优势指数（RCA）可以比较方便地对比一个国家或地区的某一个产业的出口比较优势，具有较为广泛的应用度，但是这个指数也存在不足之处，比如这个指数忽略了国际贸易中进口对于比较优势度量时的重要性，当一个国家或地区的经济规模较大时这种计算方法所得到的结果容易产生偏差。所以，有一些研究者或企业使用净出口指数（NEX）或者 Michaely 指数（MIC）来度量比较优势。

净出口指数（NEX）同时考虑一个国家或地区的进口和出口，净出口指数（NEX）的计算公式为：

$$NEX_{it} = \frac{(EX_{it} - IM_{it})}{(EX_{it} + IM_{it})} \qquad (3-3)$$

其中，i 表示产业，t 表示时间，EX_{it} 表示一个国家第 i 产业在第 t 年的出口金额，IM_{it} 表示一个国家第 i 产业在第 t 年的进口金额。净出口指数（NEX）计算所得值在 -1 和 $+1$ 之间，-1 表示这个国家该产业出口为 0，只有进口；$+1$ 表示这个国家进口为 0，只有出口。如果净出口指数（NEX）计算所得值在 0 和 $+1$ 之间，说明这个国家该产业产品出口具有比较优势；如果净出口指数（NEX）计算所得值在 -1 和 0 之间，说明这个国家该产业产品出口具有比较劣势。

还有一种度量比较优势的方法是 Michaely（1962）提出的 Michaely 指数（MIC），这个指数的计算方法为：

$$MIC_{it} = \frac{X_{it}}{\sum_i X_{it}} - \frac{M_{it}}{\sum_i M_{it}} \qquad (3-4)$$

其中，X_{it} 表示一个国家在第 t 年的第 i 产业出口金额，M_{it} 表示一个国家在第 t 年的第 i 产业进口金额，$\sum_i X_{it}$ 表示一个国家在第 t 年的所有出口金额，$\sum_i M_{it}$ 表示一个国家在第 t 年的所有进口金额。Michaely 指数（MIC）的取值在 -1 到 $+1$ 之间，如果 Michaely 指数（MIC）计算所得值在 0 和 $+1$ 之间，说明这个国家该产业产品出口具有比较优势；如果 Michaely 指数（MIC）计算所得值在 -1 和 0 之间，说明这个国家该产业产品出口具有比较劣势。

二 中国贸易比较优势测算及分析

（一）净出口指数（NEX）测算结果分析

本书利用净出口指数（NEX）计算公式来测算和分析中国工业部门各行业的外贸比较优势，净出口指数（NEX）同时考虑一个国家或地区的进口和出口，NEX 值在 − 1 和 + 1 之间， − 1 表示这个国家该产业出口为 0，只有进口；+ 1 表示这个国家该产业进口为 0，只有出口。NEX 值在 0 和 + 1 之间，说明这个国家该产业产品出口具有比较优势；NEX 值在 − 1 和 0 之间，说明这个国家该产业产品出口具有比较劣势。中国工业部门 29 个行业的净出口指数（NEX）计算结果见表 3 − 1（关于工业部门行业归类见下文），表 3 − 1 限于篇幅仅仅列出2001 年、2005 年、2009 年、2013 年和 2016 年的 NEX 值。

表 3 − 1   中国工业部门 29 个行业的净出口指数 （NEX）

行业 ＼ 年份	2001	2005	2009	2013	2016
煤炭开采和洗选业	0.935	0.510	− 0.644	− 0.932	− 0.909
石油和天然气开采业	− 0.758	− 0.885	− 0.943	− 0.980	− 0.971
黑色金属矿采选业	− 0.999	− 1.000	− 1.000	− 1.000	− 0.998
有色金属矿采选业	− 0.901	− 0.699	− 0.983	− 0.989	− 0.995
非金属矿采选业	− 0.026	− 0.395	− 0.416	− 0.411	− 0.387
食品制造业和加工业	0.272	0.179	0.089	− 0.009	0.006
饮料制造业	0.668	0.499	0.255	− 0.003	− 0.110
烟草制品业	0.703	0.638	0.543	0.688	0.150
纺织业和服装业	0.587	0.746	0.825	0.833	0.840
皮革、毛皮、羽毛（线）及其制品业	0.642	0.695	0.720	0.727	0.694
木材加工及木竹藤棕草制品业	0.231	0.504	0.487	0.206	0.128
家具制造业	0.892	0.916	0.913	0.915	0.907
造纸及纸制品业	− 0.631	− 0.402	− 0.198	0.044	0.087
印刷业和记录媒介的复制	0.304	0.172	0.319	0.312	0.323
文教体育用品制造业	0.893	0.885	0.848	0.817	0.808
石油加工、炼焦及核燃料加工业	− 0.268	− 0.230	− 0.158	− 0.142	0.230
化学原料及化学制品制造业	− 0.467	− 0.424	− 0.362	− 0.284	− 0.207
医药制造业	0.204	0.275	0.214	0.019	− 0.094
化学纤维制造业	− 0.814	− 0.468	− 0.120	0.008	0.125
橡胶制品和塑料制品业	0.488	0.494	0.489	0.571	0.629

续表

行业 \ 年份	2001	2005	2009	2013	2016
非金属矿物制品业	0.404	0.589	0.658	0.646	0.658
黑色金属冶炼及压延加工业	− 0.546	− 0.155	− 0.056	0.437	0.507
有色金属冶炼及压延加工业	− 0.325	− 0.278	− 0.524	− 0.391	− 0.313
金属制品业	0.652	0.637	0.634	0.697	0.605
通用和专用设备制造业	− 0.395	− 0.193	0.067	0.157	0.241
交通运输设备制造业	− 0.078	0.120	0.132	− 0.014	− 0.025
电气机械及器材制造业	0.090	− 0.103	0.334	0.467	0.531
通信设备、计算机及其他电子设备制造业	0.052	0.306	0.202	0.188	0.174
仪器仪表及文化、办公用机械制造业	− 0.061	− 0.277	− 0.235	− 0.159	− 0.134

分析中国工业部门不同行业的 NEX 值变化情况，有些行业的 NEX 值始终为正值（见图 3 − 3），而有些行业的 NEX 值在 2001 年到 2016 年发生较大变化。图 3 − 4 显示，煤炭开采和洗选业的 NEX 值从正值变为负值，从 2001 年的 0.935 逐渐降低，到 2013 年已经降低到 − 0.9 以下。石油和天然气开采业的 NEX 值一直为负值，但是从 2001 年到 2016 年其 NEX 值的负值的绝对值越来越大；非金属矿采选业 NEX 值

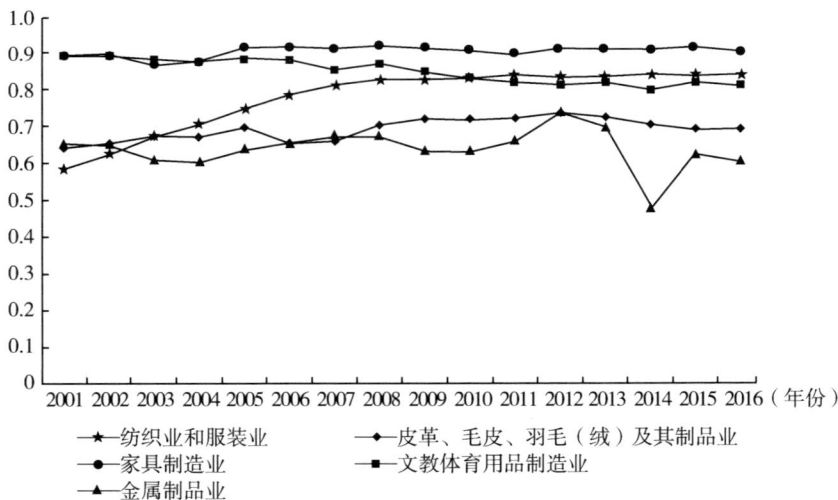

图 3 − 3　中国工业部门五个行业的 NEX 值

在 2001 年到 2016 年期间也有较为明显的下降。从行业属性可以分析中国近年来对于能源消耗情况，从原来的具有较大比较优势的出口行业变为进口行业，而且煤炭开采和洗选业的进出口变化较大，其原因可能就是近年来我国国内能源消耗量剧增。

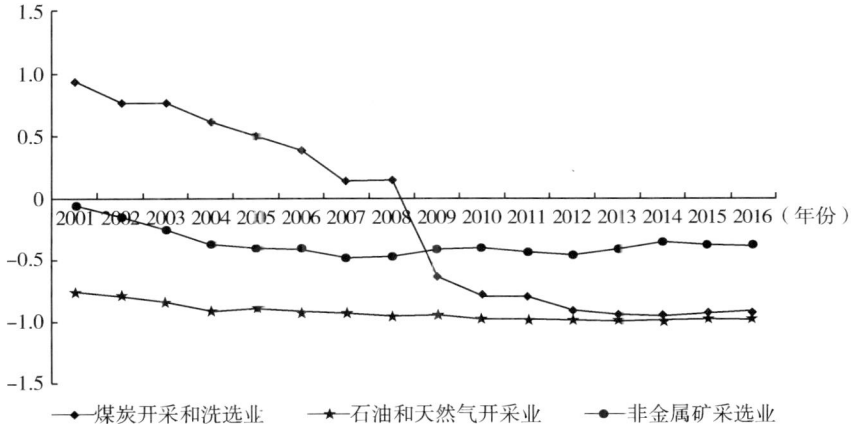

图 3 - 4　NEX 值从正值变为负值行业

有一些行业的 NEX 值在 2001 年到 2016 年期间从负值变化为正值，见图 3 - 5。造纸及纸制品业、石油加工、炼焦及核燃料加工业、化学纤维制造业、通用和专用设备制造业等行业在 2001 年的 NEX 值为负值，到 2013 年或 2014 年都变为正值了，说明这些行业外贸出口取得了从比较劣势到比较优势的突破。

（二）Michaely 指数（MIC）测算结果分析

本书利用新的 Michaely 指数计算验证。Michaely 指数的取值在 - 1 到 + 1 之间，如果 MIC 值在 0 和 + 1 之间，说明这个国家该产业产品出口具有比较优势；如果 MIC 值在 - 1 和 0 之间，说明这个国家该产业产品出口具有比较劣势。本书测算的中国工业部门 29 个行业的 Michaely 指数见表 3 - 2。表 3 - 2 限于篇幅仅仅列出 2001 年、2005 年、2009 年、2013 年和 2016 年的 Michaely 指数值及平均值。

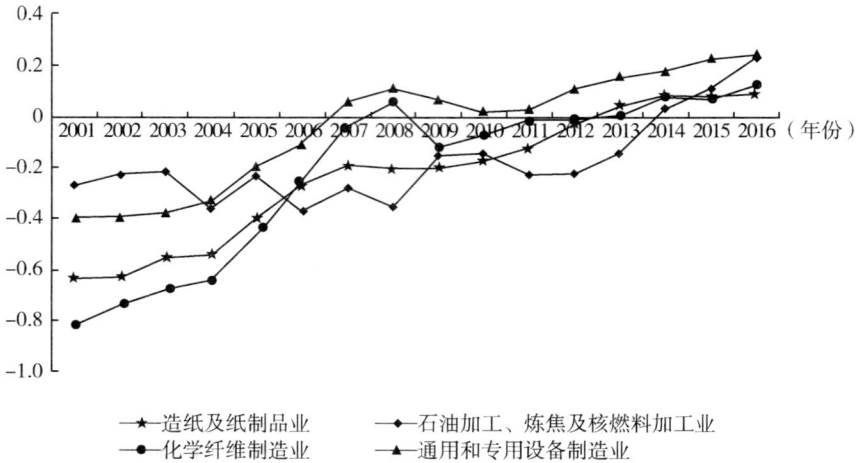

图 3 - 5　NEX 值从负值变为正值行业

表 3 - 2　　　　　　中国工业部门 29 个行业的 Michaely 指数

行业 ＼ 年份	2001	2005	2009	2013	2016	平均值
煤炭开采和洗选业	0.0664	0.0991	− 0.0048	− 0.1452	− 0.0662	− 0.0101
石油和天然气开采业	0.0356	0.0505	0.0204	− 0.0655	− 0.0203	0.0041
黑色金属矿采选业	0.0049	− 0.0155	− 0.0313	− 0.0448	0.1935	0.0214
有色金属矿采选业	0.0064	0.1421	− 0.0329	− 0.0900	− 0.0936	− 0.0136
非金属矿采选业	0.0191	0.0003	− 0.0019	− 0.0031	0.0018	0.0032
食品制造业和加工业	0.0078	0.0086	0.0040	− 0.0127	− 0.0099	− 0.0004
饮料制造业	0.0160	0.0215	0.0135	− 0.0235	− 0.0678	− 0.0081
烟草制品业	0.0137	0.0133	0.0056	0.0438	− 0.1423	− 0.0132
纺织业和服装业	− 0.0261	− 0.0141	0.0053	0.0136	0.0168	− 0.0009
皮革、毛皮、羽毛（绒）及其制品业	− 0.0056	− 0.0011	0.0040	0.0103	− 0.0021	0.0011
木材加工及木、竹、藤、棕、草制品业	− 0.0036	0.0164	0.0184	− 0.0241	− 0.0452	− 0.0076
家具制造业	− 0.0019	0.0020	0.0013	0.0055	− 0.0050	0.0004
造纸及纸制品业	− 0.0228	− 0.0210	− 0.0093	0.0303	0.0431	0.0041
印刷业和记录媒介的复制	0.0004	− 0.0088	0.0057	0.0052	0.0067	0.0018
文教体育用品制造业	0.0079	0.0143	0.0041	− 0.0115	− 0.0198	− 0.0010

续表

行业＼年份	2001	2005	2009	2013	2016	平均值
石油加工、炼焦及核燃料加工业	−0.0029	−0.0055	−0.0007	0.0024	0.0494	0.0085
化学原料及化学制品制造业	−0.0059	−0.0107	−0.0078	0.0033	0.0176	−0.0007
医药制造业	0.0029	0.0094	0.0152	−0.0140	−0.0465	−0.0066
化学纤维制造业	−0.0315	−0.0302	−0.0023	0.0205	0.0398	−0.0007
橡胶制品和塑料制品业	−0.0021	−0.0046	−0.0080	0.0084	0.0251	0.0038
非金属矿物制品业	−0.0083	−0.0027	0.0066	0.0105	0.0141	0.0040
黑色金属冶炼及压延加工业	−0.0254	−0.0436	−0.0369	0.0275	0.0383	−0.0080
有色金属冶炼及压延加工业	0.0009	0.0070	−0.0241	−0.0071	0.0077	−0.0031
金属制品业	0.0008	0.0007	0.0006	0.0265	−0.0077	0.0042
通用和专用设备制造业	−0.0125	−0.0174	0.0004	0.0174	0.0317	0.0039
交通运输设备制造业	−0.0026	0.0037	0.0091	−0.0131	−0.0150	−0.0036
电气机械及器材制造业	−0.0075	−0.0519	0.0013	0.0289	0.0432	0.0028
通信设备、计算机及其他电子设备制造业	−0.0033	0.0073	−0.0003	−0.0035	−0.0061	−0.0012
仪器仪表及文化、办公用机械制造业	0.0028	−0.0066	−0.0042	0.0086	0.0122	0.0026

　　从 MIC 值计算结果分析，上述 NEX 值相对较大的烟草制品业、纺织业和服装业、皮革毛皮羽毛（绒）及其制品业、木材加工及木竹藤棕草制品业、文教体育用品制造业、橡胶制品和塑料制品业、非金属矿物制品业、金属制品业等行业中，除了烟草制品业、纺织业和服装业、木材加工及木、竹、藤、棕、草制品业、文教体育用品制造业外的其余行业的 MIC 值平均值为正，说明这些行业的比较优势较为明显。NEX 值相对较大的行业中，分析 MIC 值与 NEX 值反映情况不同的行业，纺织业和服装业的 MIC 值平均值虽然为负值，但是从 2001 年的 −0.0261 到 2007 年转变为正值之后，持续到 2016 年都为正值，而且不断正值扩大。非金属矿物制品业行业的 MIC 值平均值虽为正值，观察期间数值变化，发现其波动性较大（见图 3 − 6）。

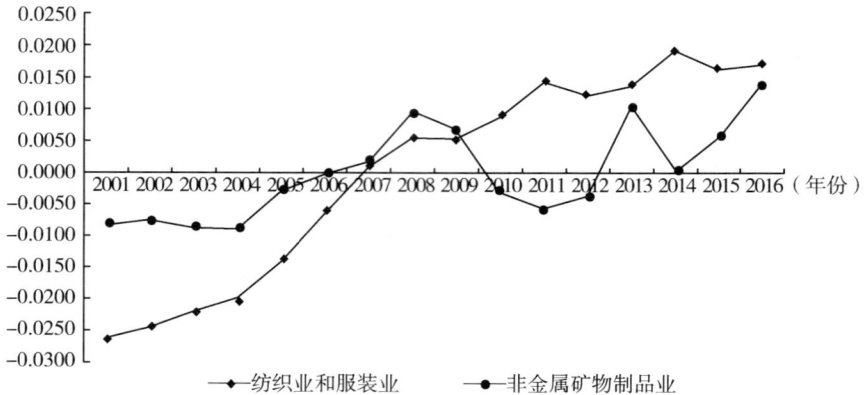

图 3 - 6　中国工业部门两个行业 MIC 值变化情况

同样，类似分析中国工业部门不同行业的 NEX 值变化情况，有几个行业的 MIC 值在 2001 年到 2016 年发生了较大变化。图 3 - 7 显示，煤炭开采和洗选业、有色金属矿采选业、饮料制造业、医药制造业的 MIC 值从正值变为负值。说明这些行业从原来的具有较大比较优势的出口行业变为进口行业。图 3 - 8 显示，有一些行业的 MIC 值由 2001 年的负值到 2016 年变为正值，比如化学原料及化学制品制造业、造纸及纸制品业、化学纤维制造业、电气机械及器材制造业，通用和专用设备制造业、黑色金属冶炼及压延加

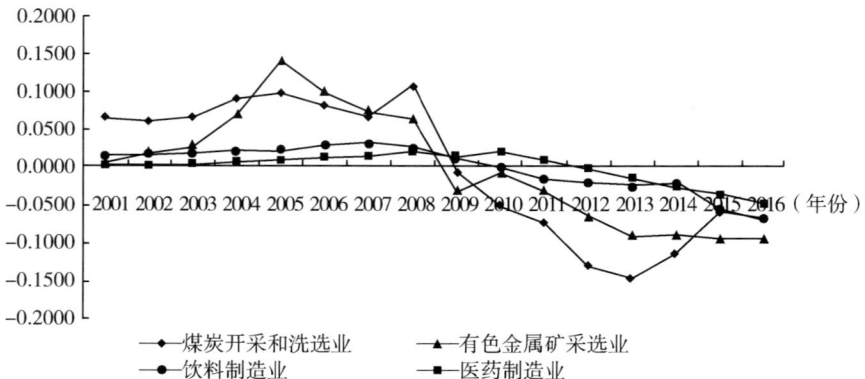

图 3 - 7　MIC 值从正值变为负值行业

工业，说明这些行业外贸出口取得了从比较劣势转变为比较优势的突破。

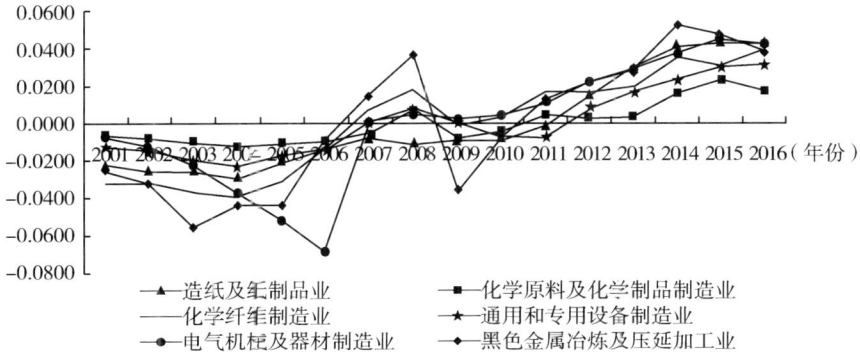

图 3 - 8　MIC 值从负值变为正值行业

（三）分类行业描述性统计分析

根据"污染避难所"理论，中国作为发展中国家环境规制强度没有发达国家强，有可能成为发达国家污染密集型产业的"避难所"，即发达国家转移污染产业的目的地，所以本书试图根据已有研究及测算行业二氧化硫排放，归纳主要的污染密集型行业，然后分析这些行业的贸易比较优势变化情况。

关于污染密集型行业的界定，Busse（2004）将"PACE 在总成本中所占比重"高于 1.8% 的行业界定为污染行业，具体而言，工业化学行业、纸和纸浆行业、非金属矿产业、钢铁行业、非铁金属行业等属于污染行业范畴。傅京燕和李丽莎（2010）通过标准化处理污染排放数据并进行等权加和平均，得到不同行业污染强度，基于此将工业化学品行业、造纸及纸制品业、非金属矿物制品业、有色金融冶炼及压延加二业、黑色金属冶炼及压延加工业等界定为污染密集型产业，将印刷及出版业、服装制造业、金属制品业、塑料制品业、机械电子制造业等界定为清洁行业。本书测算了 2001 年到

2015 年中国工业部门各个行业的二氧化硫排放情况和工业总产值，然后计算 29 个目标行业的单位产出二氧化硫排放强度，发现排在前七位的行业是：非金属矿物制品业、造纸及纸制品业、黑色金属冶炼及压延加工业、有色金属冶炼及压延加工业、石油加工、炼焦及核燃料加工业、化学纤维制造业、化学原料及化学制品制造业；排在后七位的行业是：家具制造业、交通运输设备制造业、通用和专用设备制造业、仪器仪表及文化办公用机械制造业、电气机械及器材制造业、文教体育用品制造业、通信设备计算机及其他电子设备制造业。

　　对比以上研究和测算结果，本书把非金属矿物制品业、造纸及纸制品业、黑色金属冶炼及压延加工业、有色金属冶炼及压延加工业、化学纤维制造业、化学原料及化学制品制造业等行业确定为污染密集型行业。本书进一步分析这些行业的 NEX 值的变化情况发现，有的行业的贸易比较优势从大变小，如图 3-9 所示的非金属矿采选业 NEX 和 MIC 变化；有的行业的贸易比较优势从小变大，如图 3-10 所示的造纸及纸制品业 NEX 和 MIC 变化。从污染密集型行业的贸易比较优势变化情况看，无法得到传统理论结论，即中国污染密集型行业具有较强贸易比较优势，也无法确定环境规制强度提高情况下中国会成为"污染避难所"。

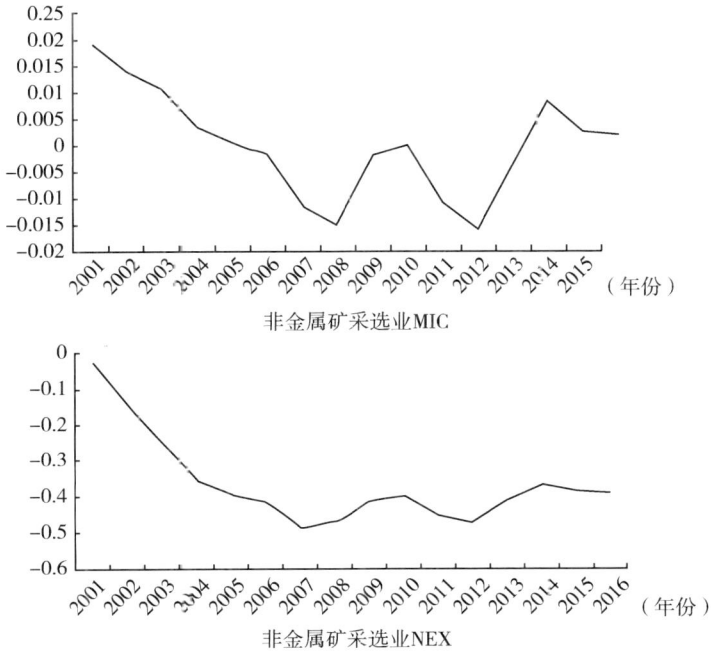

非金属矿采选业MIC

非金属矿采选业NEX

图 3 - 9 非金属矿采选业 MIC 和 NEX

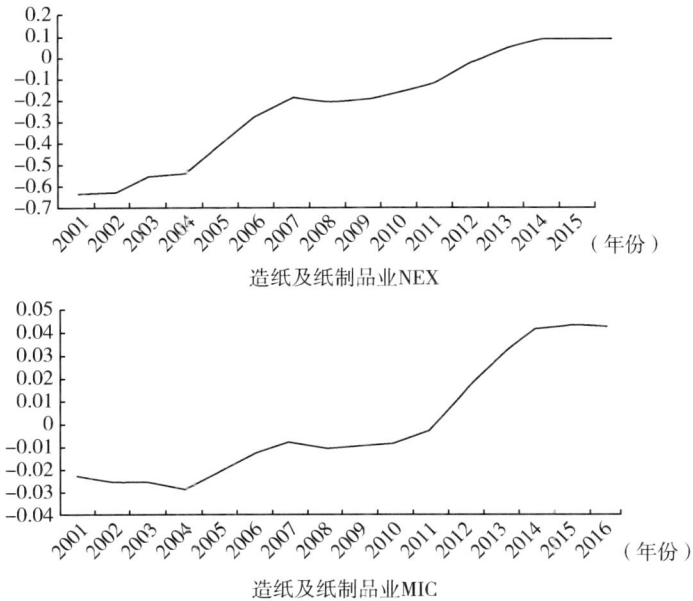

造纸及纸制品业NEX

造纸及纸制品业MIC

图 3 - 10 造纸及纸制品业 NEX 和 MIC

第三节　环境规制影响中国贸易比较
优势的实证研究

一　模型构建和变量说明

（一）环境规制影响贸易比较优势实证模型构建

关于环境规制是否影响贸易比较优势，目前还没有取得实证结论的证明，环境规制影响贸易效应受到的影响因素较多，关于国家和产业的要素禀赋有人力资本差异，环境规制法律法规完备度及其执行力度等。中国环境规制强度变化对进出口贸易的影响也还没有得到一致结论，本书参考 Cole 和 Robert 等（2005）、傅京燕和李丽莎（2010）、李小平和卢现祥等（2012）的研究尝试对中国工业部门细分行业进行实证检验，构建模型如下：

$$TCA_{it} = a + b \cdot ERI_{it} + c \cdot HC_{it} + d \cdot PC_{it} + \varepsilon_{it} \qquad (3-5)$$

其中，a、b、c、d 为常数，i 和 t 分别代表行业和时间；TCA_{it} 代表在时间 t 工业部门细分行业 i 的贸易比较优势，ERI_{it} 代表在时间 t 工业部门细分行业 i 的环境规制强度，HC_{it} 代表在时间 t 行业 i 的人力资本，PC_{it} 代表在时间 t 行业 i 的物质资本强度，ε_{it} 代表误差项。

根据 Cole 和 Robert 等（2005）研究中提出的思路，可以在模型中加入变量的平方项，以考察这些变量对被解释变量的长期影响，在实际回归过程中加入平方项，不改变考察变量回归系数的显著性，所以本书在上述模型中加入环境规制强度、人力资本和物质资本强度三个变量的平方项，得到新的模型：

$$TCA_{it} = a + b \cdot ERI_{it} + c \cdot HC_{it} +$$
$$d \cdot PC_{it} + e \cdot ERI_{it}^2 + f \cdot HC_{it}^2 + g \cdot PC_{it}^2 + \varepsilon_{it} \qquad (3-6)$$

本书尝试将贸易比较优势 TCA_{it} 的不同测度指标作为被解释变量进

行实证研究，包括净出口指数（NEX）、Michaely 指数（MIC）、显性比较优势指数（RCA），并且回归中采用不同的解释变量构建不同的回归模型，其中还加入环境规制强度和人力资本交叉项、环境规制与物质资本交叉项进行探索分析；在对中国工业行业整体进行检验分析的基础上，本书针对污染密集型行业进行研究，检验环境要素相对密集的这些行业是否存在贸易比较优势。

（二）相关变量说明

本书实证分析中所使用的变量主要包括：行业的贸易比较优势 TCA_{it}，环境规制强度 ERI_{it}、人力资本 HC_{it}、物质资本强度 PC_{it}，其中贸易比较优势变量的变量和计算情况在本章第二部分已经做了详细分析，以下对剩余三个变量作说明。

1. 环境规制强度（ERI）

环境规制是一种纠正制度失灵的社会管理手段，主要是由于环境污染具有负外部性，所以需要政府制定环境政策和实施环保措施，从而规范和调节企业、家庭、个人等主体的经济活动，实现保护环境以及协调发展社会经济的目标。如何度量一个国家或地区的环境规制强度，到目前为止并没有统一的标准，不同的国家或地区实施不同的环境规制法律法规，而且相关法律法规的执行力度又有差异。一个国家或地区的环境规制强度，不仅依赖于所在国家或地区实施的环境规制法律法规，实际上还取决于法律法规在所在国家或地区的适应度和执行效果，而且相同的环境规制法律法规在同一个国家或地区的不同行业的实施效果也可能是不同的。环境规制强度的度量出现了许多种方法，主要有以下五种。

第一种方法是计算国家或产业污染治理和控制支出占生产成本或产值的比重，即单位产出或成本对应的污染治理和控制支出（Pollution Abatement and Control Expenditure，简称 PACE），该方法常常出现在欧美国家为样本的研究文献中，比如 Cole 和 Elliott 等（2005）、

Lanoie 和 Patry 等（2008）。沈能（2012）、刘伟和薛景（2015）等采用各省污染治理运行费用占工业产值的比重作为环境规制的代理变量。

　　第二种方法是考虑到一个国家或地区的环境规制强度与收入水平之间存在高度相关性，计算人均收入水平来替代内生性环境规制强度，比如陆旸（2009）等，这种方法的依据是一个国家或地区的收入水平与环境规制程度具有较为密切的相关性。

　　第三种方法是利用治理污染设施运行费用或人均运行费用来度量，比如张成和于同申等（2010）测度环境规制强度指标使用废水和废气污染治理设施的当年人均运行费用（平减至 1995 年水平），计算公式为：环境规制强度 =（年废水治理设施运行费用 + 年废气治理设施运行费用）/年平均从业人员。

　　第四种方法是计算单位产出或增加值的污染排放强度来度量环境规制强度，比如赵细康（2001）、Domazlicky 和 Weber（2004）、傅京燕（2006）、张文彬和张理充（2010）等，这种方法不仅可以测度整个国家或者一个行业的环境规制情况，而且可以具体度量微观经济个体对环境规制的反映程度，这是我国国内研究者较为常用的度量环境规制强度的方法。还有研究者利用 GDP/Energy 度量环境规制强度，比如 Kheder 和 Zugravu（2008）、李阳和党兴华等（2014）、余伟和陈强等（2017），他们认为有些指标只是从一个治理角度度量环境规制强度，没有从综合视角来度量规制效果，GDP/Energy 可以反映能源消费水平和节能降耗水平，使用 GDP/Energy 可以测度政府为治理环境而出台的一系列规则和条款的真正影响效果。一个国家或地区的总产值不变，如果消耗的能源越少，那么污染排放量一般会越少，也就是说 GDP/Energy 的值越大，说明相关节能减排的环境规制效果越明显（李勃昕、韩先锋等，2013）。

　　第五种方法是直接构建一个综合评价指标体系，比如傅京燕和李丽莎（2010）、李玉楠和李廷（2012）、李玲和陶锋（2012）、原毅军和谢荣辉（2014）、王杰和刘斌（2014）等，利用各行业的污染指标建立综合指数，通过一定的方法计算综合指数，从而度量各行业环境规制强度。综合指数是一个指标体系，一般包括目标层（综合指数）、评价层（废水、废气和固废）以及单项指标层，从单项指标层开始计算，然后逐步上推，最终汇总成综合评价指标。傅京燕和李丽莎（2010）、李玉楠和李廷（2012）等研究中选择五个单项指标，包括二氧化硫去除率、废水排放达标率、烟尘去除率、粉尘去除率、固体废物综合利用率等来测度环境规制强度。

第一步是对各个单项指标进行标准化，通过归一化或无纲量化处理消除指标间的不可公度和指标间矛盾性，用 UE_{ij} 代表指标初始值，用 UE_{ij}^s 代表 j 指标的标准化值，i 表示不同行业，j 表示污染物单项指标类别，$\text{Min}(UE_j)$ 和 $\text{Max}(UE_j)$ 表示指标 j 在各行业中的最小值和最大值，计算公式为：

$$UE_{ij}^s = \left[UE_{ij} - \text{Min}(UE_j)\right] / \left[\text{Max}(UE_j) - \text{Min}(UE_j)\right] \qquad (3-7)$$

第二步是计算评价指标的调整系数，也就是类似于计算单项指标的权重，各个污染物权重等于某个产业单位产值污染物排放水平与所有产业的该污染物排放水平的比率。计算行业 i 的污染物 j 的排放 E_{ij} 在全国同类污染物排放 $\sum_i E_{ij}$ 的占比 $E_{ij}/\sum_i E_{ij}$，计算行业 i 的总产值 O_i 在全国工业总产值 $\sum O_i$ 的占比 $O_i/\sum O_i$，利用 W_j 代表上述两项占比的比值，从而得到行业 i 单位产值对应排放污染物 j 的 UE_{ij} 与单位产值对应排放污染物 j 的全国平均水平 $\overline{UE_{ij}}$ 的比值。调整系数计算公式为：

$$W_j = \frac{E_{ij}}{\sum_i E_{ij}} \Big/ \frac{O_i}{\sum O_i} = \frac{E_{ij}}{O_i} \Big/ \frac{\sum_i E_{ij}}{\sum O_i} = UE_{ij} \Big/ \overline{UE_{ij}} \qquad (3-8)$$

第三步是单项指标加权平均，利用单项指标标准化值 UE_{ij}^s 与平均权重 W_j 计算各个评价指标的环境规制强度 S_i 以及总的环境规制强度。

$$S_i = \frac{1}{n} \sum_{j=1}^{q} W_j \times UE_{ij}^s ERS = \sum_{i=1}^{p} S_i \qquad (3-9)$$

本书实证研究参考 Cole 和 Elliott 等（2005）、Lanoie 和 Patry 等（2008）的研究方法，利用中国工业部门各个行业的废气治理运行费用和废水治理运行费用之和占总产值的比重，即单位产出的污染治理和控制支出（PACE）测算中国环境规制强度。

2. 人力资本（HC）

人力资本指的是劳动者凭借教育培训、实践经验、迁移、保健等方面的投资而获得的知识、能力和技能等的积累，从而获得的各种收益。社会和企业在生产活动中不断投入大量资源，以制造满足市场需求的商品，同时也以各种形式来促进人的智力、体力与素质等的提升，从而形成更高的生产能力，劳动者自身生产能力的形成机制与企业投入物质资本类似。与物质资本相比，人力资本属于非物质资本。当今社会经济发展中，伴随着经济规模扩大、金融市场效率提高以及生产专业化分工加剧，物质资本越来越容易被复制和模仿，而人力资本在创新创智等方面发挥越来越重要的作用。一般而言，企业的人力资本水平提高，往往会提升该企业的生产和管理效率，进而不断增强竞争力。对于国家而言具有类似的结果，中国实施改革开放后，充分利用区位优势、成本优势、商务优势，积极加入国际分工体系并占据重要地位，而人力资本是我国融入国际分工体系过程中不断引进、消化、吸收再创新的动力和承载体。但是，人力资本的估算却比较困难（朱平芳、徐大丰，2007），不同学者采用不同的代理变量来表示人力资本。Cole 等（2005）利用一个行业工资水平与所有行业平均工资水平之比来代表人力资本；张杰等（2011）采用公司的教育培训支出人均值来表示企业人力资本；蒋伏心和王竹君等（2013）提出利用分行业的工资水平来代表各行业人力资本水平，一般来说作为替代指标的工资水平越高，行业人力资本水平就越高；朱平芳与李磊（2006）在研究中提出利用科技活动人员数在职工总数中的占比作为人力资本的代理变量。本书借鉴朱平芳与李磊（2006）的测度方法，利用中国工业部门各细分行业的科技活动人员占职工总数的比例作为人力资本变量。

3. 物质资本强度（PC）

物质资本是指以机器、设备、厂房等生产物资形式长期存在的资本，在产业和企业发展中物质资本是重要的物质基础，物质资本具有不可替代性，一般情况下其他资本需要与物质资本相互配合才可以发挥作用，比如前述人力资本中高素质的劳动者需要和高质量的物质资本结合在一起才可以产生高效率的生产结果，当然在实际生产中不同资本之间有一定的替代性。因此，物质资本对于环境规制影响贸易比较优势而言同样扮演着重要角色，目前对行业分类有一种办法：一个行业物质资本指标比如人均物质资本存量相对比较大，则把这类行业称为资本密集型行业。相反，如果一个行业物质资本指标比如人均物质资本存量相对比较小，则把这类行业称为劳动密集型行业。同类行业相比较，如果某行业人均物质资本存量比较大，那么这个行业往往拥有较大规模、较为先进的机器设备，并且具有相对先进的技术水平，因此物质资本强度与产业比较优势呈正相关关系（Cole et al.，2005）。本书以中国工业部门各细分行业的不变价资本存量与职工人数的比值来代表行业的物质资本强度，也就是说用人均物质资本存量来代表物质资本禀赋。

二　相关数据来源和处理

本书借鉴陈勇和李小平（2006）、陆旸（2009）、李小平和卢现祥（2012）等对数据的处理方法，职工人数、资本存量、工业总产值等相关原始数据来自历年的《中国统计年鉴》《中国工业经济统计年鉴》；各个行业的废水、废气排放量以及对应的治理运行费用数据，来自历年的《中国环境统计年鉴》《中国环境年鉴》；其他数据比如从业人员数等，来自《中国科技统计年鉴》和万德（Wind）数据库。

中国各个行业的进出口数据以及全球进出口贸易数据来自联合国UN comtrade 数据库，数据标准有 HS96 和 SITC3，经过比对、归类统一得到中国工业部门 29 个细分行业数据，比如农副食品加工业、食品制造业合并为食品制造业和加工业，纺织业、纺织服装服饰业合并为纺织业和服装业，在对行业分类和处理中，把电力蒸汽热水生产供应业等具有政府垄断性行业剔除在外，29 个细分行业见表 3 - 1。本书对中国工业部门各行业的实证研究考察时期为 2001 年到 2015 年。

三　实证检验结果与分析

（一）变量特征和模型选择

本书进行实证检验的对象是中国工业部门 29 个细分行业面板数据，使用的分析软件是 Eviews 7.2。表 3 - 3 显示的是各个变量数据的基本特征，净出口指数（NEX）、Michaely 指数（MIC）的均值为正。

表 3 - 3　　　　　　　　**变量的基本特征**

指标	NEX	MIC	ERI	HC	PC
平均	0.083	0.000015	0.0045	0.014	18.840
最大	0.935	0.142	0.128	0.068	147.641
最小	-1.000	-0.145	0.000	0.001	2.066
标准误	0.547	0.029	0.012	0.013	18.290
样本	435	435	435	435	435

本书对面板数据进行实证分析前，首先对相关数据进行平稳性检验，检验结果中 LLC 检验和 Fisher-ADF 显示各数据在 1% 的显著性水平下为非平稳面板数据，各数据在一阶差分后检验具有平稳性。

其次，本书根据检验需要设计不同的面板模型，对各个模型中的变量组合进行协整检验，检验结果证实相关变量组合存在协整关系，因此可以采用建模回归分析。本书构建面板模型开展实证检验，是采用 Hausman Test 来判断选择固定效应还是随机效应模型，判断依据是在 10% 的显著性水平下选择相对更为有效的面板模型，选择结果见各个统计表格。

（二）中国工业部门整体回归分析

表 3 - 4 是把净出口指数（NEX）作为被解释变量的回归结果，表 3 - 5 是把 Michaely 指数（MIC）作为被解释变量的回归结果，表格第一行列出了模型 Ⅰ、模型 Ⅱ、模型 Ⅲ、模型 Ⅳ，分别对不同变量进行实证回归分析。

表 3 - 4　　NEX 作为被解释变量的回归结果（工业部门整体）

变量	模型 Ⅰ	模型 Ⅱ	模型 Ⅲ	模型 Ⅳ
常数项	0.049 *** (3.224)	0.066 ** (2.304)	0.079 *** (5.613)	0.013 (0.373)
ERI_{it}	4.4451 * (1.788)	10.249 *** (6.056)	-2.371 (-1.448)	0.964 * (1.729)
ERI_{it}^2	84.946 *** (3.115)		93.901 *** (3.036)	76.844 *** (3.1477)
HC_{it}		8.055 *** (6.902)	5.360 *** (7.077)	25.799 *** (7.993)
PC_{it}		-0.008 *** (-6.357)	-0.004 *** (-6.030)	-0.012 *** (-8.800)
HC_{it}^2				-297.510 *** (-6.001)
PC_{it}^2				1.74E-05 ** (2.301)
Adjusted R-squared	0.8785	0.8931	0.9864	0.9048
模型类型	固定效应	固定效应	固定效应	固定效应

注：*、**、***分别表示在10%、5%、1%的统计水平上显著。

表 3 – 5　　　MIC 作为被解释变量的回归结果（工业部门整体）

变量	模型 I	模型 II	模型 III	模型 IV
常数项	− 0. 0079 *** (− 3. 441)	0. 009 ** (2. 158)	0. 009 ** (1. 962)	− 0. 002 (− 0. 345)
ERI_{it}	1. 7302 *** (3. 340)	0. 865 *** (0. 253)	0. 875 * (1. 712)	1. 029 ** (2. 037)
ERI_{it}^2	− 1. 3317 (− 0. 325)		− 0. 091 (− 0. 023)	− 1. 109 (− 0. 290)
HC_{it}		0. 799 *** (4. 573)	0. 799 *** (4. 555)	2. 513 *** (4. 979)
PC_{it}		− 0. 001 *** (− 7. 246)	− 0. 001 *** (− 7. 211)	− 0. 001 *** (− 7. 095)
HC_{it}^2				− 27. 743 *** (− 3. 578)
PC_{it}^2				− 1. 73E − 06 (− 1. 460)
Adjusted R-squared	0. 0443	0. 1625	0. 1604	0. 1871
模型类型	固定效应	固定效应	固定效应	固定效应

注：＊、＊＊、＊＊＊分别表示在10%、5%、1%的统计水平上显著。

　　模型 I 是回归分析环境规制强度变量 ERI_{it} 和环境规制强度平方项 ERI_{it}^2 与净出口指数（NEX）、Michaely 指数（MIC）的关系，从结果看环境规制强度代表变量的系数为正，意味着环境规制强度提升有助于提高中国工业部门的贸易比较优势。而且，这个结论在其他模型回归中得到验证，比如模型 II 的回归结果也显示环境规制强度代表变量的系数为正。模型 I 回归中环境规制强度平方项 ERI_{it}^2 的系数在净出口指数（NEX）作为被解释变量时为正，结合一次项系数检验结果为正，说明呈现正"U"形图。环境规制强度变量随着时间累积，从长期看环境规制强度提高了贸易比较优势。而且，这个结论在 NEX 作为被解释变量的回归模型 III 和模型 IV 中得到验证，但是 MIC 作为被解释变量的回归结果中环境规制强度平方项系数不显著。

模型 Ⅱ 是回归分析环境规制强度变量 ERI_{it}、人力资本 HC_{it}、物质资本强度 PC_{it} 与净出口指数（NEX）、Michaely 指数（MIC）的关系。人力资本系数为正且显著，说明中国工业部门以研发为代表的人力资本投入增加有助于提升贸易比较优势，这一点也是比较符合对人力资本在产业升级发展中作用的预判的。这个结果在模型 Ⅲ 和模型 Ⅳ 的回归结果中得到验证。模型 Ⅳ 回归结果显示，物质资本强度系数为负且显著，这说明中国工业企业新建厂房、购买新机器设备等的资本投入并没有提升贸易比较优势，反而是较小幅度地降低了贸易比较优势。模型 Ⅳ 加入了人力资本平方项 HC_{it}^2、物质资本强度平方项 PC_{it}^2，净出口指数（NEX）和 Michaely 指数（MIC）回归结果都显示人力资本平方项系数为负且显著，说明人力资本对贸易比较优势的促进作用先提升然后会逐渐消减。但是关于物质资本强度平方项系数，在净出口指数（NEX）作为被解释变量时为负且显著，而在 MIC 作为被解释变量时不显著，这说明物质资本强度降低了贸易比较优势，长期来看也有可能提升贸易比较优势，但结果不确定。

本书还尝试在回归模型中加入交叉项进行回归分析（见表 3 – 6），净出口指数（NEX）作为被解释变量的回归中，当把环境规制强度和人力资本交叉项作为解释变量时，交叉项系数为负但不显著；当把环境规制强度和物质资本交叉项作为解释变量时，交叉项系数为负且显著，对比环境规制回归系数为正且显著而物质资本回归系数为负且显著，说明环境规制强度提高通过物质资本强度增加对贸易比较优势产生负面影响。Michaely 指数（MIC）作为被解释变量的回归中，当把环境规制强度和人力资本交叉项作为解释变量时，交叉项系数为正值且显著，环境规制回归系数和物质资本回归系数都为正且显著，说明环境规制强度提高通过提升人力资本强度而增加贸易比较优势，本书人力资本变量采用研发人员占比作为指标，可以在一定程度上反映中国国内工业部门环境规制强度提高通过科技研发进而增加贸易比较优势。

Michaely 指数（MIC）作为被解释变量的回归中，当把环境规制强度和物质资本交叉项作为解释变量时，交叉项系数为负且显著，结果与净出口指数（NEX）作为被解释变量的回归一样，结果得到验证。

表 3 - 6　　　　　　　　交叉项检验分析（工业部门整体）

变量	NEX	NEX	MIC	MIC
	模型 V	模型 VI	模型 V	模型 VI
常数项	0.065 * * (2.248)	0.047 * (1.724)	0.010 * * (2.412)	0.007 * (1.797)
ERI_{it}	10.324 * * * (6.095)	14.197 * * * (8.268)	0.820 * * * (3.299)	1.206 * * * (4.531)
HC_{it}	7.994 * * * (6.841)	7.448 * * * (6.687)	0.835 * * * (4.869)	0.746 * * * (4.324)
PC_{it}	- 0.007 * * * (- 6.258)	- 0.003 * * (- 2.266)	- 0.001 * * * (- 7.688)	- 0.001 * * * (- 4.362)
$ERI_{it} \cdot HC_{it}$	- 1.967 (- 1.025)		1.165 * * * (4.134)	
$ERI_{it} \cdot PC_{it}$		- 1.000 * * * (- 6.601)		- 0.086 * * * (0.023)
Adjusted R-squared	0.8930	0.9032	0.1947	0.1878
模型类型	固定效应	固定效应	固定效应	固定效应

注：＊、＊＊、＊＊＊分别表示在 10%、5%、1% 的统计水平上显著。

（三）中国工业部门污染密集型行业回归分析

纳入环境要素的贸易比较优势理论认为，环境规制强度较低的国家具有环境要素的比较优势，"污染避难所"理论提出发展中国家环境规制强度没有发达国家强，有可能成为发达国家污染密集型产业的"避难所"。前文描述性统计分析中归纳主要的污染密集型行业，分析这些行业的贸易比较优势，发现不同行业的曲线图无法反映出统一的结论。本书以下专门实证分析这些污染密集型行业即非金属矿物制品业、造纸及纸制品业、黑色金属冶炼及压延加工业、有色金属冶炼及压延加工业、化学纤维制造业、化学原料及化学制品制造业的结果。

表 3-7 列出了净出口指数（NEX）和 Michaely 指数（MIC）分别作为被解释变量的回归结果。模型 A 回归分析环境强度变量 ERI_{it} 和环境规制强度平方项 ERI_{it}^2 与贸易比较优势的关系，结果显示环境强度的系数为负且显著，说明中国污染密集型行业的环境规制强度降低了中国贸易比较优势，而且这个结果在其他回归模型中得到验证，比如模型 B、模型 C、模型 D 回归中该项系数也是负值。模型 A 回归的环境规制强度平方项系数为正且显著，说明中国污染密集型行业的环境规制强度对贸易比较优势的影响，长期来看是先降低然后提升的。模型 B 回归分析贸易比较优势与环境规制强度变量 ERI_{it}、环境规制强度平方项 ERI_{it}^2、人力资本 HC_{it}、物质资本强度 PC_{it}、人力资本平方项 HC_{it}^2、物质资本强度平方项 PC_{it}^2 的关系，结果显示人力资本系数为正且显著，而二次项系数为负且显著，说明以中国污染密集型行业的研发为代表的人力资本投入短期内促进贸易比较优势，然后长期看又降低贸易比较优势。物质资本强度的系数为负且显著，而二次项系数为正且显著，中国污染密集型行业企业新建厂房、购买新机器设备等的资本投入短期内降低了贸易比较优势，然后长期看又提高了贸易比较优势。在这三个模型的回归分析中，中国污染密集型行业所得到的结果，与中国工业部门整体的回归分析结果正好相反。

表 3-7 中模型 C 和模型 D 分析的是交叉项影响，从模型 C 回归结果看，NEX 作为被解释变量时环境规制与人力资本交叉项系数为负且显著，MIC 作为被解释变量时环境规制与人力资本交叉项系数为负且不显著，说明环境规制通过人力资本可能减少污染密集型行业的竞争优势，结果并不确定。从模型 D 回归结果看，环境规制与物质资本交叉项系数为负且显著，说明环境规制通过物质资本减少污染密集型行业的比较优势。这个结果与中国工业部门整体的回归结果相比，所得到结论并不相同，但物质资本交叉项结果相同，说明中国污染密集

表3－7　NEX 和 MIC 作为被解释变量的回归结果（污染密集型行业）

变量	NEX 作为被解释变量				MIC 作为被解释变量			
	模型 A	模型 B	模型 C	模型 D	模型 A	模型 B	模型 C	模型 D
常数项	0.341** (2.443)	0.115 (0.582)	-0.266*** (-3.217)	-0.630*** (-4.968)	0.025*** (3.100)	0.016 (0.881)	-0.026*** (-3.648)	-0.051*** (-4.175)
ERI_{it}	-131.07*** (-4.644)	-87.972*** (-3.646)	-55.43*** (-4.854)	-63.69*** (4.805)	-8.382*** (-3.022)	-4.486** (-1.992)	-3.724*** (-3.584)	-4.354*** (-3.551)
ERI_{it}^2	84939*** (2.968)	93973*** (3.065)			311.72* (1.949)	210.83* (1.742)		
HC_{it}		64.221*** (5.348)	18.992 (4.358)			6.080*** (5.424)	1.883 (4.860)	
PC_{it}		-0.043*** (-3.222)		0.029*** (6.144)		-0.004*** (-3.747)		0.002*** (5.317)
HC_{it}^2		-1128.8*** (-4.632)				-92.935*** (-4.086)		
PC_{it}^2		0.001*** (-3.523)				6.67E-05** (3.551)		
$ERI_{it} \cdot HC_{it}$			-390.58*** (-0.351)				-47.267 (-0.478)	
$ERI_{it} \cdot PC_{it}$				-3.051*** (-3.476)				-0.257*** (-3.038)
Adjusted R – squared	0.2505	0.8453	0.7892	0.7973	0.0665	0.4978	0.3787	0.2975
模型类型	随机效应	固定效应	固定效应	固定效应	固定效应	固定效应	固定效应	固定效应

注：*、**、***分别表示在10%、5%、1%的统计水平上显著。

型行业环境规制对贸易比较优势的负面影响较大。

（四）稳健性检验

本书用显性比较优势指数（RCA）来度量贸易比较优势，即计算中国工业部门某一行业出口在所有工业部门出口中所占比重与该产业出口在世界工业部门贸易出口中所占比重之比，RCA 的计算有效消除了国家和世界贸易总量波动的影响，通过比较某一行业出口在本国与世界水平中的差异来分析贸易比较优势。本书利用式（3－2）计算中国工业部门29 个行业的显性比较优势指数，然后进行平稳性检验、协整关系检验等，然后作为被解释变量加入模型进行实证回归分析，得到如表 3－8所示的结果。模型 I 的回归结果与之前检验结果一样，环境规制强度可以提高中国工业部门整体的贸易比较优势，而且环境规制强度提高可能在短期内会减少贸易比较优势，但是长期看会提高贸易比较优势。模型Ⅲ和模型Ⅳ的回归结果也证明，以中国工业部门研发为代表的人力资本投入增加有助于提升工业部门整体的贸易比较优势，而物质资本增加可能较小幅度地降低了工业部门整体的贸易比较优势，人力资本对工业部门整体的贸易比较优势的促进作用先提升然后会逐渐消减。可见，显性比较优势指数作为被解释变量的回归分析结果与净出口指数（NEX）、Michaely 指数（MIC）作为被解释变量的回归分析结果基本一致。

表 3－8　　　RCA 作为被解释变量的回归结果（工业部门整体）

变量	模型 I	模型 Ⅱ	模型 Ⅲ	模型 Ⅳ
常数项	1.098 *** (4.419)	1.128 ** (4.438)	1.199 *** (4.630)	1.128 (4.229)
ERI_{it}	0.463 ** (2.084)	12.423 *** (4.403)	−4.413 (−0.786)	−3.673 (−0.653)
ERI_{it}^2	143.475 *** (3.301)		148.089 *** (3.4550)	141.569 *** (3.307)
HC_{it}		6.2344 *** (3.180)	5.697 *** (2.934)	17.517 *** (5.641)

续表

变量	模型 I	模型 II	模型 III	模型 IV
PC_{it}		-0.008^{***} (-3.979)	-0.008^{***} (-4.256)	-0.010^{***} (-4.480)
HC_{it}^2				-193.697^{**} (-2.229)
PC_{it}^2				$4.06E-07$ (0.0306)
Adjusted R-squared	0.1022	0.1187	0.1411	0.1474
模型类型	随机效应	随机效应	随机效应	随机效应

注：$*$、$**$、$***$分别表示在10%、5%、1%的统计水平上显著。

同样，本书对于显性比较优势指数作为被解释变量也进行交叉项检验，当把环境规制强度和人力资本交叉项作为解释变量时，交叉项系数为正且显著，对比环境规制回归系数为正且显著而物质资本回归系数为负且显著，说明环境规制强度提高通过人力资本强度增加对中国工业部门整体的贸易比较优势带来正面影响。这个结果与 Michaely 指数（MIC）作为被解释变量回归结果一致，即在一定程度上反映中国国内工业部门环境规制强度提高通过科技研发进而增加贸易比较优势。相关结论与 NEX 和 MIC 作为被解释变量的回归结果一致。

表3-9   RCA 为被解释变量的交叉项检验（工业部门整体）

变量	模型 V	模型 VI
常数项	1.130^{***} (23.258)	1.100^{***} (22.976)
ERI_{it}	12.296^{***} (4.329)	17.503^{***} (5.891)
HC_{it}	6.573^{***} (3.354)	5.562^{***} (2.886)
PC_{it}	-0.008^{***} (-4.075)	-0.002 (-0.918)

续表

变量	模型 V	模型 Ⅵ
$ERI_{it} \cdot HC_{it}$	8.308 ** (2.581)	
$ERI_{it} \cdot PC_i$		-1.238 *** (-4.725)
Adjusted R-squared	0.9471	0.9491
模型类型	固定效应	固定效应

注: * 、 * * 、 * * *分别表示在10%、5%、1%的统计水平上显著。

表3-10是利用显性比较优势指数（RCA）来度量贸易比较优势，是针对中国污染密集型行业的回归分析结果。从结果看模型A、模型B、模型C、模型D的环境规制强度的系数均为负值，中国污染密集型行业的环境规制强度有可能降低了贸易比较优势，但是环境规制强度平方项系数为正，说明长期来看中国污染密集型行业的环境规制强度有可能提升中国贸易比较优势，验证了NEX和MIC作为解释变量时候的分析结果。表3-10中模型C和模型D分析的是交叉项影响，回归结果显示环境规制与人力资本交叉项以及环境规制与物质资本交叉项的系数为负且显著，说明环境规制有可能通过人力资本和物质资本减少污染密集型行业的比较优势。

表3-10　　RCA为被解释变量的回归结果（污染密集型行业）

变量	NEX作为被解释变量			
	模型 A	模型 B	模型 C	模型 D
常数项	1.213 *** (9.730)	1.051 *** (2.807)	1.087 *** (8.985)	0.796 *** (4.205)
ERI_{it}	-55.802 * (-1.743)	-46.456 (-1.020)	-14.539 (-0.903)	-4.970 (-0.286)
ERI_{it}^2	2411.12 * (1.706)	2095.2 (0.856)		

续表

变量	NEX 作为被解释变量			
	模型 A	模型 B	模型 C	模型 D
HC_{it}		42.300 * （1.866）	22.113 *** （3.472）	
PC_{it}		−0.007 （−0.286）		0.023 （3.170）
HC_{it}^2		−795.28 * （−1.729）		
PC_{it}^2		−9.90E−05 （−0.260）		
$ERI_{it} \cdot HC_{it}$			−7711.9 *** （−4.752）	
$ERI_{it} \cdot PC_{it}$				−6.039 *** （−4.608）
Adjusted R-squared	0.9290	0.9304	0.9431	0.9366
模型类型	随机效应	固定效应	固定效应	固定效应

注：*、* *、* * *分别表示在10%、5%、1%的统计水平上显著。

第四节　环境规制影响中国贸易比较优势研究启示

上述理论和实证研究结果，反映了中国工业部门环境规制强度影响对外贸易比较优势的行业层面的具体情况，对基于中国贸易比较优势实证研究要素禀赋理论下环境规制的贸易效应具有重要启示意义，本书总结为两方面启示。

一　理论逻辑推导与现有实证结果不同的启示

李嘉图比较优势模型和赫克歇尔—俄林模型（H－O）加入环境

要素后的逻辑推导，证实了环境规制对于国际贸易的重要影响，不同国家环境规制强度差异隐含环境要素的差异，可以形成国际贸易比较优势的来源，即存在"要素禀赋差异"形成贸易比较优势，这也是环境要素（环境规制强度）存在差异的不同国家扩大生产、参与自由贸易以及增加自身利益的原因。已有许多研究提出，发达国家具有较为完善的环境政策体系，实施相对较为严格的环境规制措施，而发展中国家由于处于不同经济发展和工业化阶段，环保体系以及环境政策实施相对较弱，正如"污染避难所""污染天堂"假说或理论提出的那样，发展中国家将会承接发达国家污染产业转移，那么发展中国家的污染密集型产业将会在国际贸易中具有比较优势。中国工业部门污染密集型行业在 2001 年到 2016 年的 NEX 和 MIC 图形并没有反映出这些行业具有统一的贸易比较优势，而是存在行业结构差异，显然这个结果与理论分析结果不一致。而且，实证检验结果显示中国环境规制强度短期内降低了污染密集型行业贸易比较优势，长期来看又会提升贸易竞争优势，从时间效应来看存在结果差异。

　　分析理论逻辑推导与现有实证结果不同的原因，可能在于两方面。第一是贸易比较优势的决定因素不仅仅是环境规制强度差异，除了环境要素之外的其他要素也发挥影响作用。如果国内外环境成本系数相同或者相对环境成本系数很小（一般而言国内外环境规制强度及环境成本内在化程度不同，环境成本系数不可能完全相同），那么其他要素就决定了行业比较优势，比如说我国长期以来贸易比较优势集中在劳动密集型行业（李小平、卢现祥等，2012），我国相对更为丰富的劳动资源要素可能一直起到了决定性作用。第二是环境规制影响贸易比较优势存在时间效应，环境规制提高了短期内降低我国工业部门污染密集型行业的比较优势，在一定程度上可以反映这些污染密集型行业可能存在环境要素禀赋形成的比较优势；长期来看环境规制又提升贸易比较优势，可能是中国工业部门的"波特假说"发挥作用。中国工业部门整体的实证检验并未表现出环境规制减少贸易比较优势，有可能是工业部门整体而言非环境要素发挥较大作用而掩盖了部分行业环境要素发挥的作用。

二 贸易比较优势视角分析环境规制影响外贸发展方式的启示

上述实证研究结果反映了中国工业部门整体以及分类行业环境规制影响贸易比较优势的现有和近期变化情况，本书尝试结合理论逻辑，从贸易比较优势视角来分析、展望我国对外贸易发展方式转变。从中国工业部门整体来看，提高环境规制强度可以增加贸易比较优势，而且长期来看环境规制强度提高也有助于增加贸易比较优势，因此政府可以减少环境规制强度提高会影响对外贸易乃至经济发展的担忧，坚持绿色发展理念，进一步提高环境规制强度，实现我国对外经济发展方式朝绿色方向转型。在提高环境规制强度过程中，我国可以进一步发挥研发为代表的人力资本质量提高对增强贸易比较优势的有利作用，实现对外贸易发展方式顺利转变；同时注意规避中国工业企业新建厂房、购买新机器设备等的资本投入对贸易比较优势及外贸发展转型的负面影响。需要注意的是，我国环境规制强度提升工业部门贸易比较优势的原因可能在于"波特假说"作用，但是"波特假说"发挥作用需要满足一定的条件，比如 Porter 和 Linder（1995）提出只有合适的环境规制才不会阻碍国际竞争力；林毅夫和张鹏飞（2006）提出一个国家最适宜和最优的技术结构取决于该国要素禀赋结构，所以提高环境规制强度的过程中需要注意贸易比较优势的实际变化，特别是需要注意环境要素之外的其他要素影响作用的变化情况，结合其他现实影响因素做出动态优化调整。

环境规制要求下转变中国外贸发展方式，需要重点关注其对污染密集型行业的影响。传统理论认为，发展中国家在污染密集型行业具有环境要素禀赋优势。本书实证研究结果也显示中国工业部门污染密集型行业在提高环境规制强度后降低了贸易比较优势。在我国"十三五"绿色发展背景下，提高环境规制强度、转变外贸发展方式是必然选择，但需要注意几点：首先，需要优化环境规制强度提高的幅度和速度，也就是说需要根据对外贸易发展实际情况优化政策实施的进程，充分发挥环境规制对贸易比较优势的长期效应，因为实证结果显示环境规制对我国污染密集型行业长期影响有利于提高贸易比较优势；其次，需要注意环境规制强度提高后人力资本和物质资本的影响作用，实证检验说明我国污染密集型行业的物质资本甚至人力资本有可能减少贸易比较优势，因此需要深入分析原有发展方式存在问题的内在原因，寻找激发研发投入和调整产业资本投入增加贸易比较优势的方法，实现外贸发展方式转变；最后，贸易比较优势指标测度结果的图形显示，不同污染密集型行业近年来的贸易比较优势存在较大差异，一方面可能是因为不同行业的环境规制强度差异或其他原因导致贸易比较优势变化不同，另一方面可能是不同污染密集型行业自身也存在行业结构差异，因此提高环境规制强度可以更多地基于行业层面实际变化来分析判断和优化调整，助推外贸发展方式转变。

第四章 技术创新影响下环境
规制的贸易效应

——基于中国出口结构的实证研究

实证研究表明，环境规制强度提高可能产生正面贸易效应，从理论上解释就是环境规制可以激发技术创新，或者与收入再分配等政策配合，促进产业结构优化和产品结构绿化，提升全球生产价值链地位和形成新的贸易竞争优势。本书基于环境规制存在"波特假说"技术创新理论，分析环境规制下技术创新存在直接效应和间接效应，以国际分工已演变为价值链层次为前提，研究技术创新对生产价值链视角下出口结构的影响，构建模型实证检验出口结构优化与影响因素关系，探索我国技术创新对价值链视角下出口结构的积极影响，分析环境规制下技术创新提升我国贸易优势和转变外贸发展方式的情况。

第一节 环境规制影响技术创新与价值链
地位理论分析

一 环境规制影响技术创新的"波特假说"理论

20世纪80年代，许多学者和企业家认为环境规制强度提高会增加企业的生产成本以及提高产品销售价格，从而导致企业产品竞争力下降，对于参与国际竞争的企业而言，国内环境标准较高会导致国内企业的国际市场竞争力下降，也正因如此，认为提高环境规制强度得不偿失。但是这种传统的观点受到著名管理学家迈克尔·波特教授的质疑，他认为设计恰当的环境规制可以激发企业的创新，这种创新可以帮助被规制企业拥有相对不受规制企业的绝对竞争优势，对于参与国际竞争的企业来说，环境规制强度较高的国家的企业在环境规制刺激下积极创新，从而具有相比国外企业更加强大的竞争力，这就是"波特假说"。"波特侵说"的观点就是环境规制通过促进企业创新对企业竞争力形成正面影响，从近年来企业国际竞争形势来看，具有较强国际竞争力的企业不再是采用廉价生产要素投入、产品销售价格较低的大型企业，那些具有较强的创新能力、能够快速适应市场需求的企业拥有了更强的竞争力，比如手机领域的苹果公司、三星公司，这一点符合 Porter（1995）提出的企业竞争优势不是依靠静态效率和固定约束下的最优化行为，而是来自变动约束条件下的改进与创新。

虽然"波特假说"适应国际竞争力从静态延展到动态的界定要求，但是综合已有研究来看，"波特假说"发挥作用或者说取得设想中结果的理论和实证研究并未取得一致结果。Palmer 等（1995）提出"波特假说"支持者是通过案例来证实结论，"波特假说"也许是个别现象，如果要作为一般规律，需要更加全面、系统的分析；Simpson 和 Bradford（2004）提出企业可以不需要环境规制而直接从事研发活动，为何还需要耗费成本的环境规制措施？当然，也有研究者从行为学说、市场失灵、组织失灵等方面拓展和深化了"波特假说"的理论基础，比如 Ambec 和 Barla（2001，2005）；关于中国环境规制对企业创新影响的实证检验也存在不同结论，具体见本书第二章。实际上，"波特假说"在以市场机制为基础的企业生产和竞争环境中促进企业加快创新、提升竞争力，需要满足一定的前提条件：一是"设计恰当的环境规制"，环境规制强度和实施速度需要满足合理"度"的条件，管制者与被管制者需要加强合作，环境规制强度和实施速度不能过强和过快；二是需要为企业提供灵活的环境规制要求实现路径，这样企业可以在一定空间范围内持续创新；三是需要企业可以较为准确地预测国际市场转向环境友好产品的趋势，在国内环境规制强度提高过程中可以提前采取创新行动而保持先动优势。因此，研究者 Jaffe 和 Plamer（1997）、余伟和陈强等（2015）归纳了"波特假说"可以分为强"波特假说"、弱"波特假说"和狭义"波特假说"，弱"波特假说"是指设计恰当的环境规制可以刺激创新，许多文献证明环境规制与创新之间存在正向促进关系，即弱"波特假说"；强"波特假说"聚焦于环境规制对企业竞争力的影响，认为环境规制有助于提升企业竞争力；狭义"波特假说"关注的是灵活的环境规制政策可以刺激企业创新，认为环境规制激励创新相比传统规制更为有效。

二　环境规制下技术创新效应与两阶段时间模型

（一）环境规制影响技术创新的直接效应

环境规制对技术创新的影响效应可以分为直接效应和间接效应两大类。环境规制对技术创新的直接效应，可以分为正面的"补偿效应"和负面的"抵消效应"，其中正面的"补偿效应"可以从企业污染成本增加和政府支持企业治污两个视角进行分析，负面的"抵消效应"主要包括企业创新资金的挤出效应和投资资金的挤出效应。

第一，从企业污染成本增加视角分析。如果政府实施环境规制政策，比如实施排污税或排放额限制，那么排污企业排放污染物将支付一定费用，增加企业的生产成本。追求利润最大化的企业面对环境规制要求带来的生产成本，可能通过提高产品价格来保持一定的利润，但是产品价格过高必然会影响其市场竞争力，特别是对于外贸企业而言，国际市场竞争压力会更为突出。因此，企业为了减少或控制污染物排放成本，会从两个途径入手：一是增加一定的污染治理费用，直接控制和治理污染排放，比如购买新的设备，加强对污染治理或提高能源使用效率，以减少排放，或者以相对清洁的天然气代替煤炭等高污染能源；二是企业还可以努力改进生产工艺，提高企业生产效率，通过改良生产工艺来提高治污和减污能力，比如研发或者购买先进的设备、技术等，通过创新来减少污染排放所带来的环境成本。

第二，从政府支持企业治污的视角分析。政府为了保护环境而提高环境规制强度，也会从政策和资金上支持企业减少排放和治理污染。政府可以增加财政预算或建立专项基金，支持企业进行技术创新，弥补企业技术创新资金缺口。政府还可以出台相关的产业政策以及其他政策措施，比如制定专门的能源价格政策以反映能源消耗的整个社会成本，出台优惠政策来支持新能源研发等，引导和支持企业进行能源消耗和生产技术创新。

第三，环境规制对企业创新资金的挤出效应。排污企业面对提高的环境规制强度要求，需要增加对排污费的支付费用，或者购买新设备来改进生产工艺和提高能源使用效率等，必然会挤压企业投入到技术创新的费用，一般而言企业创新都需要投入较多资金，而生产领域的减污治污费用增加减少了其他研发创新资金，形成环境规制对企业的"创新资金挤出效应"。

第四，环境规制对企业投资资金的挤出效应。某个国家或地区的环境规制强度提高，特别是环境规制强度提高至大于其他国家或地区的情况下，会对吸引投资产生负面影响，一些高污染高能耗企业投资会选择环境规制相对宽松的国家或地区。学术界提出的"污染天堂假说"或"污染避难所假说"，就是指环境规制相对较低的国家或地区成为环境规制强度较高的发达国家转移污染产业的目标投资地。这种情况对于企业而言是理性选择，因为环境规制强度较高地区的企业面临相对更高的成本，过高的价格导致其在市场竞争中处于不利地位，所以这些企业倾向于选择环境规制较低的国家或地区进行投资，甚至转移原有国家或地区的生产，可见环境规制会形成对企业的"投资资金挤出效应"。参见图4-1。

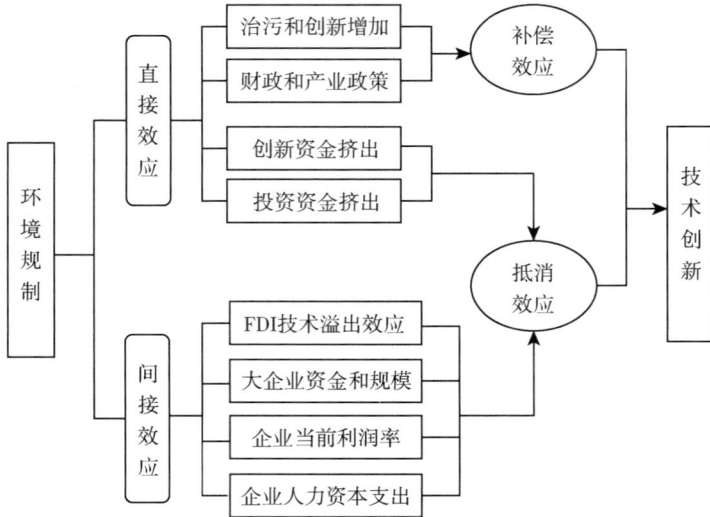

图4-1   环境规制影响技术创新的直接效应和间接效应

（二）环境规制影响技术创新的间接效应

环境规制对技术创新的影响效应除了直接效应外还有间接效应，间接效应对技术创新发生作用的途径包括：影响FDI投资带来的技术溢出效应、弱化大企业资金和规模优势、降低企业当前利润率、减少企业培训费用人力资本支出，这四个间接效应本质上也是抵消效应。

一是环境规制影响FDI投资带来的技术溢出效应。对于一个开放经济体而言，吸引和利用外商直接投资（FDI）是推动国内经济发展的重要方式，FDI往往由跨国大企业进行，具备先进的技术和充裕的资金，因此FDI不但可以弥补资金缺乏的问题，还可以引入先进的技术与管理理念。FDI先进技术可以带动东道国的技术创新，这种技术溢出效应通过竞争效应、示范和模仿效应、人员培训和流动效应以及前后向关联效应等渠道发生作用（蒋伏心、王竹君，2013）。环境规制强度对地方政府的引资政策和 FDI 的投资区位选择等具有较大的影响作用，首先，关于 FDI 区位选择，"污染天堂假说" 提出污染密集型企业会把投资转移至环境规制强度相对较低的地区，显然这类 FDI 带有的技术创新溢出效应就不会达到环境规制强度较高的地区；其次，政府提高环境规制强度，对吸引外资的政策也会作调整，可能限制污染密集型企业的 FDI，倾向于吸引清洁产业的 FDI，这样也会改变 FDI 技术创新溢出效应。

二是环境规制弱化大企业资金和规模优势。大企业具有资金优势和规模优势，而这正是技术创新所需要的，因为技术创新往往成本较高而且带有较大风险，只有资金实力雄厚的企业才有热情和能力持续进行研发创新。但是，面对环境规制强度提高，大企业为了达到环境标准要求，需要增加环保投入和支出费用，这会限制大企业的资金优势和规模优势，而且许多国家的大企业具有更多的社会责任，比中小企业承担更多社会成本，有些大企业还向政府 "寻租" 导致一部分资金被占用，可见在环境规制强度提高的背景下大企业资金和规模优势有可能被弱化，从而影响企业持续创新。

三是环境规制降低企业当前利润率。环境规制强度提高必然会增加企业的治理污染成本以及其他成本支出，降低企业的利润率。企业盈利能力高低，不仅直接影响企业研发创新的资金投入，还会影响其融资能力。企业融资主要有内源性融资和外源性融资两个渠道，企业成本支出增加影响企业资本积累和创新投入，减少内源性资金渠道作用，而企业过度依赖外源性融资不具有持续性，毕竟企业研发创新主要依靠内源性资金。企业稳定的内源性资金积累，需要企业具有较高的利润率和增长率，环境规制强度增加会影响企业成本支出，降低企业利润率，进而降低企业的研发资金投入与创新能力。

四是环境规制减少企业培训费用等人力资本支出。人力资本是企业进行技术创新的重要支撑力。当前社会经济发展技术创新不仅仅依靠机器设备的更新换代，还包括使用和操作机器设备的工人的知识和技术储备，企业更新机器设备或者引进新的生产工艺技术，需要企业内部使用人员掌握相关操作本领；之外，企业研发人员知识进步是企业创新的决定性影响因素，人力资本积累是企业提升技术创新能力的动力和源泉。但是，环境规制强度提高可能会减少企业薪金发放和增长，治污减污导致成本增加迫使企业调整资金支出预算，减少工资成本支出，而且环境规制强度提高还常常会减少企业培训费用支出，显然这种情况会限制企业人力资本对知识的吸收、应用和创新知识的能力和意愿，无法实现真正意义上的技术创新和实现经济效益。

（三）环境规制影响技术创新的两阶段时间模型

环境规制对企业技术创新的影响可以分为直接效应和间接效应两种机制，企业技术创新的真正实现一般需要经过技术开发和技术转化两个阶段。从生产价值链角度来分析，企业进行技术创新需要经过三个步骤：研究开发创新、产业化应用和市场实际运作，这三个步骤正好形成两个时间阶段：从研发资源投入到科技创新的技术开发阶段、从技术创新成果到实现经济效益的技术转化阶段（见图4-2）。第一个阶段是技术开发阶段，是工业行业内的各类企业面对环境规制强度提高、治理污染和减少污染的成本日渐增加，逐渐把研发资源投入到科技创新，获得技术成果的阶段，这个阶段反映了工业行业有效利用研发资源的创新能力。第二个阶段为技术转化阶段，是指技术创新成果通过技术使用、技术转让、技术咨询服务等途径，真正实现治理污染和减少污染的社会经济价值的转化阶段，这个阶段反映了工业企业技术创新成果的转化利用水平。利用生产价值链分析工业企业的技术创新活动，可以细化环境规制影响企业创新以及实现治理污染和减少污染目标的过程，也揭示了环境规制影响技术创新活动的内在作用机制。

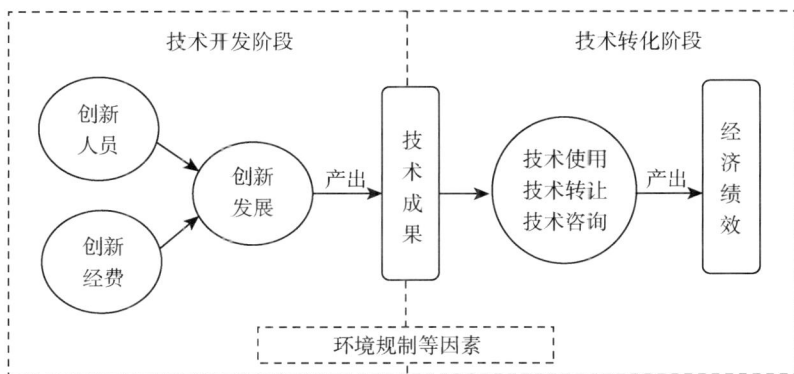

图 4－2　环境规制下技术创新两阶段时间模型

三　环境规制下技术创新影响全球价值链地位分析

（一）基于成本曲线的技术创新影响价值链的地位的图形分析

当前全球技术、体制和政治处于不断变革之中，世界各国都不同程度地参与了全球价值链（Global Value Chains，简称 GVC），但是各个国家的参与程度与供应链上下游关联程度有所差异，受技术、经济以及政治等多个因素的影响和综合作用，全球生产分工和进出口贸易新网络正在兴起，进而形成新的贸易模式。全球价值链的发展对世界经济格局产生了重大影响，调整和优化了国家（地区）与国家（地区）之间的国际贸易、国际投资以及相对应的生产和销售模式，全球价值链已经是当前国际经济贸易与投资领域的重要特征。当前国际分工已步入产品内分工模式，也就是说一个国家或企业从事产品的某个特定部件或者某个特定阶段的专业化生产。产品生产流程包括多个价值增值阶段，所形成的价值链主要包括三个环节：一是研究开发阶段，主要负责产品的研发设计、复杂核心零部件的生产；二是加工组装阶段，主要涉及原材料供应、加工组装和简单零部件生产等；三是品牌营销阶段，主要进行品牌营销、塑造及生产性服务。相对而言，研发与品牌营销阶段的附加值较高，处于价值链的高端环节，而加工组装阶段的附加值较低，属于生产价值链的低端环节。通过产品内国际分工，生产价值链各环节在全球范围内得到合理分布，从而有效利用各国的优势要素禀赋，最大限度地降低了生产成本和提高了生产效率（唐海燕、张会清，2009）。

世界各国要素禀赋存在差异，一般来说，发达国家资本相对充裕、技术水平较高，而发展中国家相反：发展中国家的低技术劳动力相对充裕，而发达国家拥有高技术劳动力的禀赋优势，高技术劳动力相比低技术劳动力要充裕。图 4-3 表示发达国家和发展中国家的价值链成本曲线分别是 C_d 和 C_u，由于发展中国家相比发达国家的资本和技术水平相对较低，比较优势决定了成本曲线更为弯曲，发达国家和发展中国家的价值链成本曲线存在两个交点。发展中国家的低技术劳动力充裕，在生产价值链低附加值阶段，发展中国家生产成本 C_u 相对较低，具有相对优势；而发达国家的高技术劳动力相对充裕，在生产价值链的高附加值阶段，发达国家生产成本 C_d 相对较低，具有相对优势。所以，在全球生产价值链上发展中国家往往位于价值链低端环节，而发达国家则位于生产价值链高端环节。

（二）环境规制下技术创新影响价值链地位的模型推导

本书参照 Feenstra 和 Hanson（1995）、涂颖清（2010）等研究构建数学模型，参照一般性假设，设定：

第一，生产一种产品需要投入两种生产要素：资本 K 和劳动力 L，从技术水平角度对劳动力进行分类，技术水平较高的为高技术型劳动力 L^h，技术水平较低的为低技术型劳动力 L^l；

第二，高技术型劳动力、低技术型劳动力的工资分别为 w_i^h 和 w_i^l，资本单位投入报酬为 r_i；

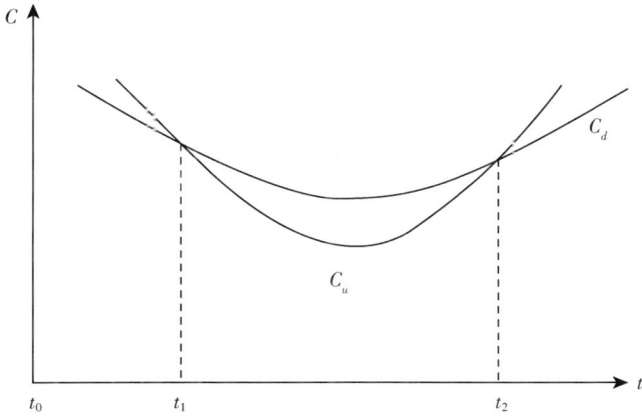

图 4 - 3 发达国家和发展中国家价值链成本曲线

第三，产品生产价值链上存在不同的生产增值阶段，也即要素投入阶段① $t \in [t_0, t_1]$，要素投入阶段 t_0 代表初始研发设计阶段，要素投入阶段 t_2 代表品牌营销阶段；

第四，假设不同要素投入阶段 t，投入的单位生产要素为高技术型劳动力 $a^h(t)$、低技术型劳动力 $a^l(t)$，投入高技术型劳动力为 $L^h(t)$、低技术型劳动力为 $L^l(t)$ 以及资本为 $K(t)$。

要素稀缺性决定其价格和供求，所以如果用下标 d 和 u 分别表示发达国家和发展中国家，一般情况下得到：$r_d < r_u$，$w_d^h/w_d^l < w_u^h/w_u^l$。发展中国家在生产价值链上高附加值阶段的生产成本处于相对劣势（成本相对较高），而在低附加值阶段具有生产成本相对优势（成本相对较低）。因此，产品生产价值链上各个不同增值阶段分工于不同国家，进而形成发达国家和发展中国家不同要素投入以及中间产品进出口。对于每个要素投入阶段 t 的生产函数采用柯布—道格拉斯生产函数，

① 要素投入阶段是指生产价值链上投入资本、劳动和中间品的生产增值阶段，这里的中间品既包括生产最终产品所需的原材辅料、零部件或尚未完成最终工序的半成品，同时包括服务流程中的若干个环节，或者生产流程中的若干个工序，既指"有形的中间品"，也涵盖"无形的中间品"。

产品在生产过程中受到生产工艺、能源消耗等技术水平影响，用 A_i 表示生产技术水平，α 和 β 分别表示要素产出弹性系数，得到生产函数表达式为：

$$x(t) = A_i \left[\min\left(\frac{L^l(t) L^h(t)}{a^l(t) a^h(t)} \right) \right]^\alpha [K(t)]^\beta \qquad (4-1)$$

经济学中生产要素供给与其价格（报酬率）正相关，如果高技术型劳动力工资上升，而低技术型劳动力工资相对下降，那么低技术型劳动力将努力通过培训学习等途径，向高技术型劳动力转化，显然高技术型劳动力和低技术型劳动力的供给量就出现一增一减的情况，数学公式表示为：

$$L_i^{l\prime}(w_i^l/w_i^h) \leqslant 0$$
$$L_i^{h\prime}(w_i^l/w_i^h) \geqslant 0$$

低技术型劳动力向高技术型劳动力转化，一方面是受到高工资水平的吸引，另一方面也是受到国家经济产业发展升级的需求影响，劳动力技术水平与企业生产产品所处价值链位置是相互影响、相互制约的。本书主要关注企业生产技术水平，一般而言生产成本与生产技术水平成反比，所以处于生产价值链上国家 i 在投入要素阶段 t 生产单位产品的最小成本函数为：

$$c_i(w_i^h, w_i^l, r_i, t, A_i) = A_i^{-1} \left[(\alpha/\beta)^{\beta/(\alpha+\beta)} + (\alpha/\beta)^{-\alpha/(\alpha+\beta)} \right]$$
$$\left[w_i^l a^l(t) + w_i^h a^h(t) \right]^{\alpha/(\alpha+\beta)} r_i^{\beta/(\alpha+\beta)} \qquad (4-2)$$

假设生产函数为不变报酬的柯布—道格拉斯函数，国家 i 生产单位产品的最小成本函数为：

$$c_i(w_i^h, w_i^l, r_i, t, A_i) = A_i^{-1} \alpha^{-\alpha} (1-\alpha)^{-(1-\alpha)}$$
$$\left[w_i^l a^l(t) + w_i^h a^h(t) \right]^\alpha r_i^{1-\alpha} \qquad (4-3)$$

在生产价值链成本曲线上，$c_i(w_i^h, w_i^l, r_i, t, A_i)$ 在 $t \in [t_0, t_1]$ 上为连续函数，假设 t_d 是要素投入成本最小的一个阶段，得到两种情况：

第一种情况，当 $t_d \leqslant t \leqslant t_1$ 时，当 t 逐渐增大，企业生产过程就是由加工组装等低附加值活动逐渐过渡到品牌营销等高附加值活动，在这个过程使用的高技术型劳动力和资本投入量逐渐增加，低技术型劳动力投入量相对减少，即 $\partial c / \partial t \geqslant 0$，$\partial a^l(t) / \partial t \leqslant 0$，$\partial a^h(t) / \partial t \geqslant 0$。

第二种情况，当 $t_0 \leqslant t \leqslant t_d$ 时，当 t 逐渐增大，企业生产过程就是由研发设计等高附加值活动逐渐过渡到加工组装等低附加值活动阶段，在这个过程使用的高技术型劳动力和资本投入量逐渐减少，低技术型劳动力投入量相对增加，即 $\partial c / \partial t \leqslant 0$，$\partial a^l(t) / \partial t \geqslant 0$，$\partial a^h(t) / \partial t \leqslant 0$。

发达国家和发展中国家的资本充裕度、技术水平和劳动力不同，在产品价值链上的同一要素投入阶段生产单位产品的成本不同，形成两条交叉的价值链成本曲线（见图 4-3）。发展中国家的生产价值链上的成本曲线具有相对较大的斜率，与发达国家的成本曲线存在两个交点 t_1 和 t_2，交点上发展中国家与发达国家最小生产成本相等 $c_u = c_d$。就整个生产价值链而言，选择较低成本的结果就是，两个高附加值阶段（研发设计阶段、品牌营销阶段）在发达国家生产，而中间低附加值阶段（加工组装阶段）在发展中国家生产。对最小成本函数 c_i 进行求导，并且两边除以最小成本 c_i，可以得到：

$$\frac{dc_i}{c_i} = \frac{\alpha a^l(t)\ dw_i^l}{w_i^l a^l(t) + w_i^h a^h(t)} + \frac{\alpha a^h(t)\ dw_i^h}{w_i^l a^l(t) + w_i^h a^h(t)}$$

$$+ (1-\alpha)\frac{dr_i}{r_i} + \frac{\partial c_i}{c_i \partial t_i}dt_i - \frac{dA_i}{A_i} \qquad (4-4)$$

在点 t_2 处，$c_u = c_d$，对于发达国家和发展中国家所求的 dc_i / c_i 相等，所以得到：

$$dt_2 = \left(\frac{\partial c_u}{c_u \partial t_u} - \frac{\partial c_d}{c_d \partial t_d}\right)^{-1}\left[\left(\frac{dA_u}{A_u} - \frac{dA_d}{A_d}\right) + B\right] \qquad (4-5)$$

$$B = \frac{\alpha a^l(t)\ dw_d^l}{w_d^l a^l(t) + w_d^h a^h(t)} + \frac{\alpha a^h(t)\ dw_d^h}{w_d^l a^l(t) + w_d^h a^h(t)} + (1-\alpha)\frac{dr_d}{r_d} -$$

$$\frac{\alpha a^l\ (t)\ \mathrm{d}w_u^l}{w_u^l a^l\ (t)\ +w_u^h a^h\ (t)}-\frac{\alpha a^h\ (t)\ \mathrm{d}w_u^h}{w_u^l a^l\ (t)\ +w_u^h a^h\ (t)}-\ (1-\alpha)\ \frac{\mathrm{d}r_u}{r_u}\qquad (4-6)$$

$\mathrm{d}A_u/A_u$ 和 $\mathrm{d}A_d/A_d$ 分别表示发展中国家和发达国家的技术水平变化，两者之差就是技术水平变化差异，为判断 $\mathrm{d}t_2$ 的变化情况，要分析其系数正负值。由于 $c_u=c_d$，所以系数 $\partial c_u/\partial t_u\geqslant\partial c_d/\partial t_d$，可知系数符号为正。因此，如果发展中国家实现技术创新水平提高快于发达国家，即 $\mathrm{d}A_u/A_u$ 大于 $\mathrm{d}A_d/A_d$，则点 t_2 向右延伸，那么发展中国家在该产品生产价值链上由加工组装阶段向品牌营销阶段升级，即从低附加值环节向高附加值环节升级。同样可以证明，当发展中国家技术水平提高快于发达国家，即 $\mathrm{d}A_u/A_u$ 大于 $\mathrm{d}A_d/A_d$，判断 $\mathrm{d}t_1$ 变化，则点 t_1 向左延伸，说明发展中国家在该产品生产价值链上由加工组装阶段向研发设计阶段升级，也是从低附加值环节向高附加值环节升级。可见，发展中国家提高环境规制强度，如果其促使企业科技创新特别是企业治污减污技术及相关生产工艺技术创新，那么有助于发展中国家企业在全球价值链地位提升。

第二节　中国技术创新和全球价值链地位的测度分析

一　中国技术创新的描述性统计分析

（一）技术创新的测度方法

关于技术创新的度量方法在已有研究中出现了很多种，比如有投入法、产出法、其他方法等。

第一类是投入法，利用各个行业的研发投入经费作为衡量技术创新能力的指标。蒋伏心和王竹君等（2013）认为创新是包含研究、开发、生产、销售的一个线性过程，在此模式下创新活动水平高低主要取决于投入水平，比如 R&D 水平和科研人员的数量。韩剑和严兵（2013）、娄昌龙和冉茂盛（2016）等采用企业研发密度代表技术创新，研发密度常用的衡量指标有三个：基于收入的研发密度（研发投入/销售收入）、基于资产的研发密度（研发投入/总资产）以及基于人员的研发密度（研发人员/员工总数）。余伟和陈强等（2017）以各行业的研发投入经费作为衡量技术创新能力的指标，发现研发投入资金与企业的技术创新能力存在正向相关关系。

第二类是产出法，利用专利申请量、授权量、科技论文数量等指标。陶长琪和琚泽霞（2016）认为专利是衡量企业技术开发能力的重要指标，因此以专利受理量（项）代表技术开发阶段的技术创新产出；而新产品产值能充分反映技术成果转化为经济价值的能力，用新产品产值衡量技术转化阶段的产出。任胜钢和胡兴等（2016）基于柯布—道格拉斯生产函数构建回归模型，在技术研发阶段，以专利作为产出指标，将研发资本、研发人力作为投入指标；而在技术转化阶段，将新产品作为产出，将研发专利、转化资本和转化人力作为投入。Hsu 等（2014）、刘伟和薛景（2015）、刘伟（2016）、徐浩和温军等（2016）采用国内地区专利申请授权数年增长率来测算地区技术创新水平。

第三类统一归为其他方法。张成等（2011）采用基于数据包络分析（DEA）的 Malmquist 生产率指数方法测度中国 30 个省份工业部门的生产技术进步程度。

（二）中国技术创新测度与分析

首先，用投入法来测度分析中国技术创新。技术创新可以有两个途径，一个途径是企业自主研发新技术和生产新产品，另一个途径是企业从国外引进新的技术和设备，因此技术创新主要有自主创新和技术引进两种方式，本书利用两个指标——R&D 经费内部支出和国外技术引进合同金额分别进行测度分析。

　　R&D 经费内部支出是一个用绝对值量来直接显示企业投入研发的支出，如果 R&D 经费内部支出较大，技术创新的重视度就越高，比如蒋伏心和王竹君等（2013）提出的在研究、开发、生产、销售的线性模式下创新活动水平高低主要取决于 R&D 投入等，图 4 - 4 显示了1991 年以来的中国企业 R&D 经费内部支出，该曲线处于上升趋势，而且近年来的上升趋势越来越明显。除了 R&D 经费内部支出绝对值外，还可以用相对值来观察，图 4 - 4 显示了 1991 年以来的中国企业 R&D 经费占 GDP 比重，该指标不仅消除了物价水平波动的影响，而且可以从时间维度来比较该项支出在 GDP 中的占比，说明企业对科技创新的重视度。中国企业 R&D 经费占 GDP 比重曲线从 1991 年以来略有波动，比如 1992 年之后略有下降，但是总体来看趋势仍然是明显地往上增长。因此，从 R&D 经费内部支出、R&D 经费占 GDP 比重这两个指标来看，中国技术创新水平不断提高。

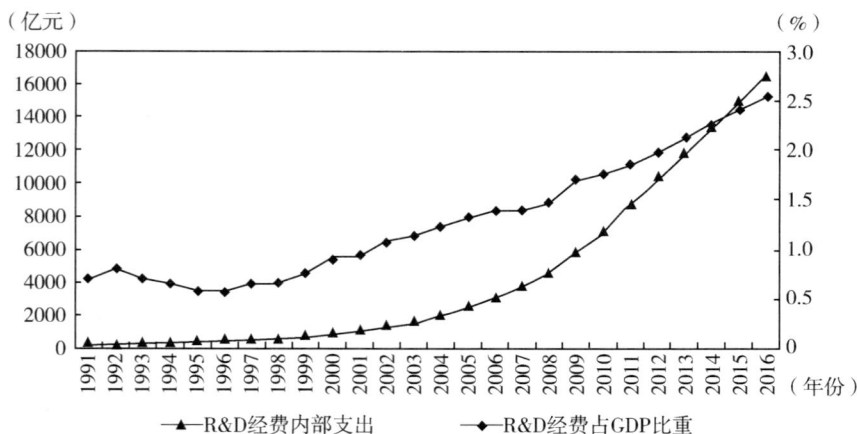

图 4 - 4　R&D 经费内部支出和 R&D 经费占 GDP 比重

　　R&D 经费内部支出是企业自主研发新技术和生产新产品，企业还可以从国外引进新的技术和设备，即通过技术引进方式实现创新目标。图 4 - 5 显示了 1991 年以来中国的国外技术引进合同金额，总体看该指标处于增长趋势之中，其间，1994 年、2001 年、2009 年、2013 年出现了一定幅度的回落，但是很快就恢复增长。从图形来看，2011 年之后，我国国外技术引进合同金额曲线的坡度较大，反映国外技术引进合同金额增长速度加快，这与我国对外开放经济关系以及对技术的重视度有一定的联系。

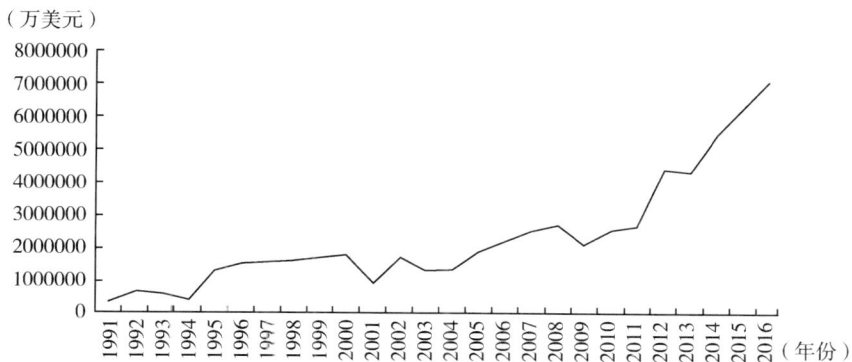

图 4 - 5 中国的国外技术引进合同金额

其次，用产出法来测度分析中国技术创新。产出法考察的主要指标是专利申请量、专利申请授权数、科技论文数量等，专利申请授权数和科技论文是较为典型的科技成果。本书利用这两类指标进行测度分析，图 4 - 6 显示了我国 1991 年以来的国内外三种专利申请授权数、国外主要检索工具收录我国论文总数，这两个指标都有较为明显的增长态势，特别是国内外三种专利申请授权数在 2008 年之后快速增长。国外主要检索工具收录我国论文总数处于较为稳定的增长态势，相对而言波动较小。

最后，本书还以第三章研究工业部门行业分类为基础，统计分析 29 个行业的 R&D 人员全时当量，从行业层面来观测技术创新变化。R&D 人员数量也是技术创新的重要参考指标，比如蒋伏心和王竹君等（2013）、韩剑和严兵（2013）、娄昌龙和冉茂盛（2016）等都将研发

件（篇）

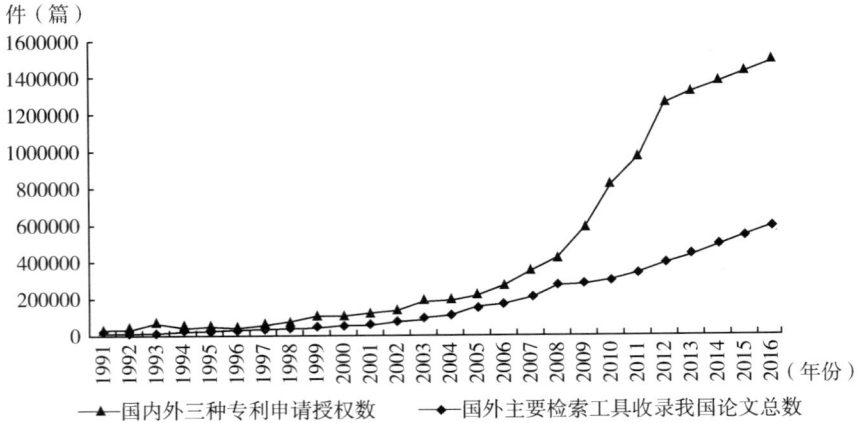

图4-6 国内外三种专利申请授权数和国外主要检索工具收录论文总数

人员数量或研发人员密度作为评价指标。R&D 人员全时当量是 R&D 全时人员（累计工作时间占全部工作时间的90％及以上人员）工作量与非全时人员按实际工作时间折算的工作量之和，同一标准的统计数据较为合理。图4-7 显示的是从 2001 年到 2015 年，R&D 人员全时当量增长最多的行业，增长率都在 1000％ 以上，这些行业在期初的基础较小是一个重要原因，这也反映出近年来我国工业行业对技术创新的重视度有很大提高。图4-8 统计了污染密集型行业（第三章已作界定）的 R&D 人员全时当量变化情况，这些行业 R&D 人员全时当量均有所增长，但是除造纸及纸制品业增长率777.0％外，其他行业的增长率都在 500％ 以下，可能原因是非金属矿物制品业、黑色金属冶炼及压延加工业、有色金属冶炼及压延加工业、化学原料及化学制品制造业基数较大，但也有可能是这些行业的技术创新投入没有其他增长率较高行业的多，而且从增长趋势看不同污染密集型行业近年来的增长势头有较大差异。

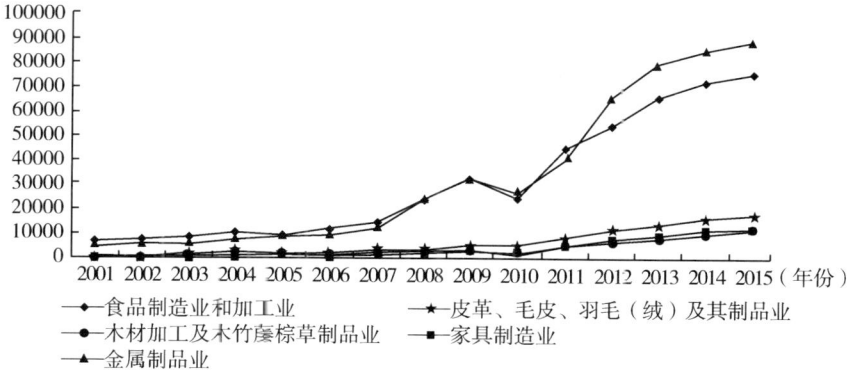

图 4 – 7　中国工业 R&D 人员全时当量增长最多的行业

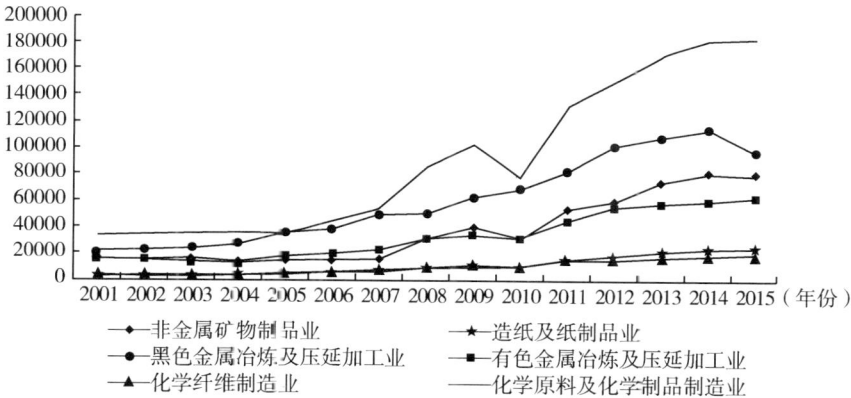

图 4 – 8　中国工业污染密集型行业的 R&D 人员全时当量变化情况

二　中国工业部门全球价值产业链地位

当前世界各国都不同程度地参与了全球价值链（GVC），前文已经通过图形和数学模型分析论证了发展中国家提高环境规制强度，如果其促使企业科技创新特别是企业治污减污技术及相关生产工艺技术创新，则有助于提升发展中国家企业的全球价值链地位。

林桂军和何武（2015）指出，一国价值链地位高低可以用中间品相对复杂程度度量，并使用中间品单价来衡量企业参与全球价值链的整体水平，在 t 时期一个国家或产业 n 的全球价值链地位指数计算公式为：

$$GVC\_Position_t^n = \sum_{i=1}^{k} \left\{ \frac{X_t^{ni}/Q_t^{ni}}{X_t^{wi}/Q_t^{wi}} \cdot \frac{X_t^{ni}}{X_t^{nT}} \right\} \qquad (4-7)$$

式中，k 为一个国家或产业 n 中间品总数，i 为中间品标识；X_t^{ni} 为 t 时期国家或产业 n 第 i 种中间品出口额，Q_t^{ni} 为 t 时期国家或产业 n 第 i 种中间品出口数量，X_t^{wi} 为 t 时期全世界第 i 种中间品出口额，Q_t^{wi} 为 t 时期全世界第 i 种中间品出口数量；$\frac{X_t^{ni}/Q_t^{ni}}{X_t^{wi}/Q_t^{wi}}$ 为 t 时期国家或产业 n 第 i 种中间品相对世界第 i 种中间品的出口单价，$\frac{X_t^{ni}}{X_t^{nT}}$ 为权重；$X_t^{nT} = \sum_{i=1}^{k} X_t^{ni}$ 代表国家或产业 n 所有中间品的出口总额。

林桂军和何武（2015）根据 UN Comtrade 数据计算了中国 2002—2011 年装备制造业的全球价值链地位指数，笔者根据其计算结果绘制图 4 - 9。图中显示了中国装备制造业的全球价值链地位指数有上下波动，整体上有提高趋势。陈雯和赵萍等（2017）剔除本国出口中包含外国增加值的重复计算部分，构建全球价值链地位计算公式，计算世界各国全球价值链位置排序，分析了中国在全球价值链所处的位置呈现阶段性变化。笔者在表 4 - 1 中统计了中国全球价值链排序位置，从其位置变化情况来看，与图 4 - 9 反映情况有相似结果。

表 4 - 1   中国全球价值链地位

年份	1995 年	2000 年	2005 年	2011 年
全球价值链排序位置	18	10	22	12

资料来源：相关研究文献。

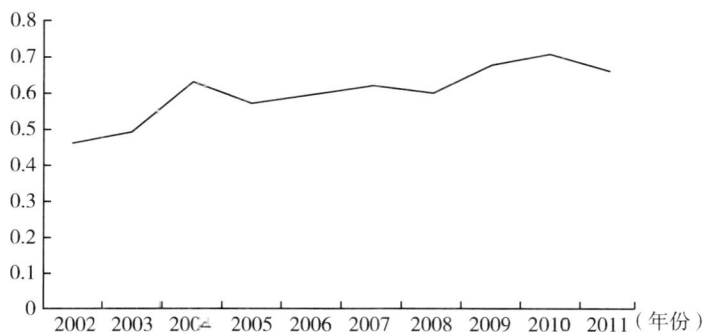

图 4 - 9 中国装备制造业的 GVC 地位

本书基于生产价值链视角分析技术创新对出口贸易结构的影响，探讨中国外贸发展方式转变，前述模型推导已经证实科技水平提升将有助于发展中国家产品生产价值链由加工组装阶段向品牌营销阶段和研发设计阶段的升级，显然在此阶段资本技术密集型产品出口比重提升，资本技术密集型产品出口额在总出口额中所占比重可以作为反映全球价值链地位变化的指标。利用出口产品结构指标进行分析，根据郑展鹏（2010）、郭浩淼（2013）等的研究，可以把出口产品结构度量指标归纳为两种方法：第一种方法是测算出口产品的技术复杂度来界定产品归类，从而分析出口产品结构；第二种方法主要是根据出口产品要素密集度和相关分类标准来确定产品属性，归类不同要素密集度产品从而确定出口产品结构。第二种方法较为常见，而且 Lall（2000）等的研究方法曾被联合国贸发会议所采用。根据联合国商品贸易统计数据库（UN comtrade）中国际贸易标准分类（SITC），将 0—4 类产品定义为初级产品，5—9 类定义为工业制成品，其中工业制成品中 5、7 两类可以作为资本技术密集型产品，将 6、8 两类作为劳动力密集型产品。本书以此为基础，收集数据测算中国高技术产品进出口贸易总额。图 4 - 10 显示了 1991 年到 2014 年中国高技术产品进出口贸易总额和高技术产品进出口贸易总额占所有行业进出口贸易总额比重，高技术产品进出口贸易总额基本处于增长趋势，只有在 2008 年可能受到次贷危机影响而有所下降，这和我国整体出口贸易趋势一致。高技术产品进出口贸易总额占所有行业进出口贸易总额比重指标显示 1997 年到 2007 年有一个快速提升阶段，但是之后的增长趋势有所趋缓，2010 年之后有所下降，与林桂军和何武（2015）等研究结果接近，这种情况反映了我国出口贸易结构在全球价值链地位的提升并不顺利。

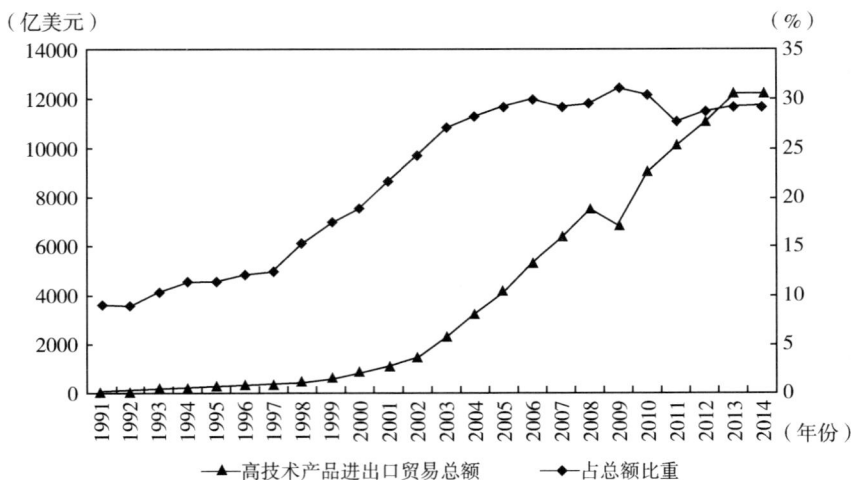

图 4 - 10　中国高技术产品进出口贸易总额及其占比

第三节　环境规制下技术创新影响中国出口
结构实证研究

我国改革开放以来的经济增长和外贸发展，很大程度上是以牺牲环境为代价的，目前依靠资源、劳动和环境等要素投入为主的粗放型外贸增长方式，已经出现不可持续性。前文阐述了环境规制对技术创新具有直接和间接影响作用，环境规制促进技术创新，有可能优化出口结构以提高全球价值链地位，本书尝试构建模型，实证检验我国技术创新对价值链视角下出口结构优化的影响，进而探讨环境规制下通过技术创新转变我国外贸发展方式的路径。

一 实证模型和变量说明

（一）构建模型

一个国家出口产品结构可以很好地反映其在全球价值链上的地位，而一个国家出口产品结构取决于多种因素，影响出口产品结构的因素包括了资本投入、技术创新、人力资本以及发展战略等（郭浩淼，2013；林毅夫和蔡昉等，1999；邸玉娜，2013）。本书为了检验分析环境规制、技术创新以及两者的相互作用对我国出口结构的影响，构建如下实证分析模型：

$$\ln EXS = \alpha_0 + \alpha_1 \ln TEI + \alpha_2 \ln FDI + \alpha_3 \ln HUC + \alpha_4 \ln TOD + \varepsilon_\alpha \quad (4-8)$$

$$\ln EXS = \beta_0 + \beta_1 \ln ERS + \beta_2 \ln FDI + \beta_3 \ln HUC + \beta_4 \ln TOD + \varepsilon_\beta \quad (4-9)$$

其中，EXS 代表出口产品结构；TEI 代表技术创新；ERS 代表环境规制；其他变量作为控制变量，FDI 代表外商直接投资，TOD 代表对外开放度，HUC 代表人力资本；ε 代表随机误差项。为消除数据异方差影响，模型指标数据采用自然对数形式。

为了进一步分析环境规制通过促进技术创新对我国出口结构优化产生影响的存在性，本书进一步构建环境规制与技术创新交叉项进行实证检验分析，得到新的实证分析模型为：

$$\ln EXS = \gamma_0 + \gamma_1 \ln TEI + \gamma_2 \ln ERS + \gamma_3 \ln ERS \cdot TEI + \gamma_4 Z + \varepsilon_\gamma \quad (4-10)$$

其中，$ERS \cdot TEI$ 代表环境规制与技术创新交叉项，Z 代表控制变量。

（二）变量和数据说明

关于因变量出口产品结构 EXS。许多研究者对出口产品结构指标进行探讨，如前所述郑展鹏（2010）、郭浩淼（2013）等归纳了两种方法：一是测算出口产品的技术复杂度来界定产品归类，从而分析出口产品结构，二是根据出口产品要素密集度和相关分类标准来确定产品属性，归类不同要素密集度产品从而确定出口产品结构。本书基于生产价值链视角分析出口产品结构变化，来探讨中国外贸发展方式转变，前述模型推导已经证实科技水平提升将有助于发展中国家产品生产价值链上由加工组装阶段向品牌营销阶段和研发设计阶段升级。本书把资本技术密集型产品出口额在总出口额中所占比重作为衡量中国出口产品结构指标。根据联合国商品贸易统计数据库（UN comtrade）中国际贸易标准分类（SITC），将0—4类产品定义为初级产品，5—9类定义为工业制成品，其中工业制成品中5、7两类可以作为资本技术密集型产品，将6、8两类作为劳动力密集型产品。

　　关于自变量技术创新 *TEI*。在已有研究中关于技术创新的测度指标有不同选择，蒋伏心和王竹君等（2013）考虑到指标的可获得性，采用各行业的研发投入经费作为衡量技术创新能力的指标。韩剑和严兵（2013）以及娄昌龙和冉茂盛（2016）采用企业研发密度代表技术创新，采用研发总额/企业营业收入来表示研发密度。陶长琪和琚泽霞（2016）认为专利是体现企业资源投入到实现技术开发能力的重要指标，用专利受理量（项）衡量技术开发阶段技术创新产出；新产品产值是能充分反映技术成果转化为经济价值的能力，用新产品产值衡量技术转化阶段的产出。投入法能够获得比较准确的数据，本书采用投入法来测度技术创新，考虑到技术创新有自主创新和技术引进两种方式，而且是本书研究的重要目标，因此选择 R&D 经费内部支出和国外技术引进合同金额两个变量来检验，分别用 TEI^d 和 TEI^f 代表。

　　关于自变量环境规制 *ERS*。环境规制变量的表示方式有很多种，如何度量环境规制强度，到目前为止并没有统一的标准，前文梳理文献归纳了五种度量方法：一是计算污染治理和控制支出占生产成本或产值的比重，即单位产出或成本所对应的污染治理和控制支出（Cole Elliott et al.，2005；Lanoie Patry et al.，2008）；二是计算人均收入水平作为衡量内生性环境规制强度的替代变量（陆旸，2009）；三是利用治理污染设施运行费用或人均运行费用来度量（张成、于同申等，2010）；四是计算单位产出或增加值的污染排放强度来度量环境规制强度（赵细康，2003；张文彬、张理芃等，2010）；五是直接构建一个综合评价指标体系（傅京燕、李丽莎，2010；李玉楠、李廷，2012）。为了从不同角度测度和考察环境规制强度，本章采用人均收入水平来表示环境规制强度，兰采用对数形式。

关于控制变量的选择。开放经济体中外商直接投资对于一个国家或地区的外贸产业资本投入及其发展具有直接影响，而且影响较大，这种影响一定程度上会决定其产品出口结构，本书选择外商直接投资实际使用金额 FDI 代表资本投入变量。一国开放程度对于出口产品结构的影响也较大，直接决定经济体对外经济关系的发展程度，本书利用进出口总额在国民生产总值中所占比重来衡量对外开放度 TOD，实际上这也是外贸依存度指标，一方面可以衡量一国开放度，另一方面也可以反映外贸活动对经济发展的影响。人力资本是决定出口产品结构的间接因素，可利用受教育程度指标来代替，计算方法是不同学历层次对应的受教育年限与该学历层次对应就业人口占当年总就业人口的比重的乘积之和。

二　实证检验和结果分析

本书实证分析所用数据来源为 Wind 数据库、国研网数据库、联合国商品贸易统计数据库（UN comtrade）以及各年的《中国统计年鉴》和《中国科技统计年鉴》等，根据数据可获得性和完整性，选择实证检验时间为 1990 年至 2014 年，相关数据根据汇率换算并消除物价上涨因素和统一量纲。

（一）平稳性检验、协整检验和格兰杰因果关系检验

如果时间序列数据不平稳，进行实证检验时容易产生伪回归（Spurious Regression）现象，因此本书对时间序列数据进行平稳性检验。平稳性检验方法采用 ADF（Augmented Dickey-Fuller Test）方法，分析软件为 Eviews7.2，采用 AIC 准则确定时间序列模型的滞后项。各个时间序列数据的 ADF 平稳性检验的结果见表 4 – 2，结果显示时间各个序列数据 $\ln EXS$、$\ln TEI^d$、$\ln TEI^f$、$\ln ERS$、$\ln FDI$、$\ln HUC$、$\ln TOD$ 在 5% 显著性水平下接受检验设定的原假设，即时间序列数据是不平稳的，进一步进行差分检验，各时间序列数据的一阶差分在 1% 显著性水平下拒绝原假设，也就是说各个时间序列数据一阶差分后具有平稳性。

表 4 – 2　　　　　　　　　　　数据平稳性检验

变量	水平检验结果			一阶差分检验结果		
	ADF-t 值	ADF-t 临界值	AIC	ADF-t 值	ADF-t 临界值	AIC
$\ln EXS$	– 1.026684	– 3.004861 **	– 2.539220	– 4.187035	– 3.029970 **	– 3.222530
$\ln TEI^d$	1.030880	– 3.004861 **		– 2.932000	– 2.646119 *	– 2.274298
$\ln TEI^f$	– 2.515825	– 3.004861 **	0.772982	– 7.168952	– 3.012363 **	0.799251
$\ln ERS$	6.106854	– 3.004861 **	– 3.784120	– 6.362330	– 3.020686 **	– 3.753910
$\ln FDI$	1.648170	– 1.608175 *	0.104058	– 4.311596	– 3.012363 **	– 0.951492
$\ln HUC$	0.308348	– 3.012363 **	– 3.545321	– 8.346707	– 3.012363 **	– 3.635291
$\ln TOD$	– 1.473765	– 3.004861 **	– 1.321031	– 4.128136	– 3.012363 **	– 1.164831

注：*、**分别表示 1% 和 5% 的临界值显著性水平。

上述基于 ADF 方法的数据平稳性检验结果显示，各个时间序列数据 $\ln EXS$、$\ln TEI^d$、$\ln TEI^f$、$\ln ERS$、$\ln FDI$、$\ln HUC$、$\ln TOD$ 都是 I（1）的单位根过程，说明这些数据满足协整检验的要求。本书针对上述实证检验模型，采用 Johansen 极大似然估计法，对变量 $lnEXS$、$lnTEI^d$、$lnTEI^f$、$lnERS$、$lnFDI$、$lnHUC$、$lnTOD$ 进行协整检验。变量之间的协整检验结果见表 4 - 3，$lnEXS$ 分别和 $lnTEI^d$、$lnTEI^f$、$lnERS$，$lnEXS$ 和 $lnERS$、$lnFDI$、$lnHUC$、$lnTOD$，以及 $lnEXS$ 和 $lnTEI^d$、$lnTEI^f$、$lnFDI$、$lnHUC$、$lnTOD$，在 5% 显著性水平下存在协整关系，可以进行建模回归分析。这个结果反映了中国出口产品结构变化与中国 R&D 经费内部支出、国外技术引进合同金额以及人均收入存在长期均衡关系，同时与外商直接投资、对外开放度、人力资本等因素也存在长期稳定关系。

表 4 - 3　　　　　　　　Johansen 协整检验结果

协整变量	协整方程数	特征值	似然比	5% 临界值	概率
$lnEXS$ 和 $lnTEI^d$	None*	28.22487	15.49471	15.49471	0.0004
	At most 1*	0.401581	10.78275	3.841466	0.0010
$lnEXS$ 和 $lnTEI^f$	None*	0.592406	25.39165	15.49471	0.0012
	At most 1*	0.267757	6.544494	3.841466	0.0105
$lnEXS$ 和 $lnERS$	None*	0.556243	17.07234	15.49471	0.0287
	At most 1	0.000491	0.010313	3.841466	0.9188
$lnEXS$ 和 $lnERS$、$lnFDI$、$lnHUC$、$lnTOD$	None*	0.959417	166.5785	69.81889	0.0000
	At most 1*	0.850595	99.28620	47.85613	0.0000
	At most 2*	0.816790	59.36317	29.79707	0.0000
	At most 3*	0.632203	23.72360	15.49471	0.0023
	At most 4	0.121439	2.718871	3.841466	0.0992
$lnEXS$ 和 $lnTEI^d$、$lnTEI^f$、$lnFDI$、$lnHUC$、$lnTOD$	None*	0.972185	205.1043	95.75366	0.0000
	At most 1*	0.933585	129.8786	69.81889	0.0000
	At most 2*	0.785426	72.93032	47.85613	0.0001
	At most 3*	0.687260	40.60918	29.79707	0.0020
	At most 4*	0.433829	16.19916	15.49471	0.0391
	At most 5*	0.183337	4.253103	3.841466	0.0392

注：* 表示在 5% 显著性水平下拒绝原假设。

　　上述协整检验证明中国出口产品结构与技术创新、环境规制、外商直接投资、对外开放度、人力资本之间存在长期稳定关系，但是上述检验并未指出变量之间的影响方向，以下利用基于 VAR 的格兰杰因果关系检验方法检测变量 $\ln EXS$ 与 $\ln TEI^d$、$\ln TEI^f$、$\ln ERS$ 之间的影响关系。格兰杰因果检验结果见表 4-4，结果显示在 10% 显著性水平下，$\ln TEI^d$、$\ln TEI^f$、$\ln ERS$ 都是 $\ln EXS$，也就是说代表中国科技创新的变量 R&D 经费内部支出、国外技术引进合同金额以及代表环境规制强度的人均收入都是中国出口产品结构改善的格兰杰原因。

表 4-4　　　　　　　　　　　　格兰杰因果检验结果

原假设	F 统计量	概率
$\ln TEI^d$ 不是 $\ln EXS$ 的格兰杰原因	5. 74633	0. 0100
$\ln EXS$ 不是 $\ln TEI^d$ 的格兰杰原因	0. 72132	0. 5569
$\ln TEI^f$ 不是 $\ln EXS$ 的格兰杰原因	4. 46455	0. 0230
$\ln EXS$ 不是 $\ln TEI^f$ 的格兰杰原因	1. 82946	0. 1915
$\ln ERS$ 不是 $\ln EXS$ 的格兰杰原因	4. 87012	0. 0193
$\ln EXS$ 不是 $\ln ERS$ 的格兰杰原因	1. 89400	0. 1881

（二）回归分析

　　本书根据上述已经构建的回归模型，实证检验分析 $\ln EXS$ 与 $\ln TEI^d$、$\ln TEI^f$ 之间的关系，并加入控制变量进行对比分析。回归结果见表 4-5，模型 I 直接简单回归 $\ln EXS$ 与 $\ln TEI^d$ 以及 $\ln EXS$ 与 $\ln TEI^f$ 的关系，为检验分析结果的稳健性，模型 II 相比模型 I 增加了 $\ln FDI$、$\ln HUC$、$\ln TOD$ 等控制变量进行回归。$\ln EXS$ 与 $\ln TEI^d$ 的回归结果显示，中国出口结构优化与 R&D 经费内部支出呈正向关系且显著，说明 R&D 经费内部支出增加，推动了我国资本技术密集型产品出口，改善了我国价值链上的产品出口结构。$\ln EXS$ 与 $\ln TEI^f$ 的回归结果显示，中国出口结构优化与国外技术引进合同金额呈正向关系且显著，说明国外技术引进合同金额增加，有助于改善我国价值链上的产品出口结构。$\ln EXS$ 与 $\ln TEI^d$ 以及 $\ln EXS$ 与 $\ln TEI^f$ 的回归结果，验证了上述因果关系检验结论。

表 4-5　　　　　　　$\ln EXS$ 与 $\ln TEI^d$、$\ln TEI^f$ 回归估计结果

变量	$\ln EXS$		变量	$\ln EXS$	
	模型 I	模型 II		模型 I	模型 II
$\ln TEI^d$	0.274*** (10.415)	0.135** (2.661)	$\ln TEI^f$	0.554*** (4.726)	0.145** (2.493)
$\ln FDI$		0.0153 (0.166)	$\ln FDI$		−0.001 (−0.005)
$\ln HUC$		0.750 (1.025)	$\ln HUC$		1.437*** (3.047)
$\ln TOD$		0.422** (2.440)	$\ln TOD$		0.595*** (4.032)
常数项	−2.739*** (−15.694)	−3.147*** (−3.116)	常数项	−3.363*** (−6 546)	−4.117*** (−5.591)
Adjusted R-squared	0.8300	0.8532	Adjusted R-squared	0.8023	0.8494

注：①括号内的数值为系数 t 值；②*、**、***分别表示在 10%、5%、1%的统计水平上显著。

模型 II 增加控制变量之后进行回归，回归结果显示提高了回归拟合度。$\ln EXS$ 与 $\ln TEI^d$ 的模型 II 回归方程中只有 $\ln TOD$ 的系数显著且为正，代表开放经济环境变量的对外开放度加入方程中有效，说明中国提高经济开放度有助于改善我国价值链上的产品出口结构。$\ln EXS$ 与 $\ln TEI^f$ 的模型 II 回归方程中，$\ln HUC$ 和 $\ln TOD$ 的系数显著且为正，说明中国提高受教育程度和提高经济开放度有助于改善我国价值链上的产品出口结构。但是，外商直接投资指标 $\ln FDI$ 的回归系数未通过 T 检验，可能外商直接投资对促进我国出口产品结构优化并没有发挥

效应，推测其中原因：一方面可能是中国引进 FDI 的过程，确实没有促进出口结构优化、提升我国外贸在全球价值链地位，这也是我国目前出口产品总体上还处于全球价值链低端的一个原因所在；另一方面，可能在于本章实证研究的出口产品结构优化是整体效应，而 FDI 促进出口产品结构优化的效应存在行业间的差异，本书其他章节将进行行业面板分析，有助于探索行业结构差异。

　　本书根据上述已经构建的回归模型，实证检验分析 $\ln EXS$ 与 $\ln ERS$ 之间的关系，并加入控制变量进行对比分析。回归结果见表 4 - 6，直接回归分析 $\ln EXS$ 与 $\ln ERS$ 得到的结果显示，$\ln ERS$ 系数为正且显著，说明中国环境规制强度提高对促进出口产品结构优化和价值链地位提升具有正向作用。为检验分析结果的稳健性，模型 Ⅱ 相比模型 Ⅰ 增加了 $\ln FDI$、$\ln HUC$、$\ln TOD$ 等控制变量进行回归，回归结果的拟合度从 0.6933 显著提高到 0.8307，$\ln ERS$ 系数同样为正且显著，得到同样的结论，即环境规制强度提高，可以促进出口产品结构优化和价值链地位提升。除此之外，控制变量回归系数中 $\ln HUC$ 和 $\ln TOD$ 系数为正且显著，说明人力资本提升、对外开放加强等都有助于我国出口产品结构优化和价值链地位提升。表 4 - 6 中，除了模型 Ⅰ 和模型 Ⅱ 进行回归分析之外，还增加了模型 Ⅲ 回归分析，即仅仅针对控制变量 $\ln FDI$、$\ln HUC$、$\ln TOD$ 回归分析，并将结果与模型 Ⅰ 回归分析结果对比，可见增加 $\ln ERS$ 后的模型 Ⅰ 回归结果相比模型 Ⅲ 回归结果，拟合度更高，验证了环境规制确实是促进出口结构优化和价值链地位提升的重要影响因素。

表 4 – 6   **ln*EXS* 与 ln*ERS* 回归估计结果**

ln*EXS*	模型 I	模型 II	模型 III
ln*ERS*	0.434 *** (7.123)	0.002 (0.218)	
ln*FDI*		0.033 (0.340)	0.033 (0.353)
ln*HUC*		1.736 * (2.257)	1.747 *** (3.995)
ln*TOD*		0.578 *** (3.588)	0.579 *** (3.812)
常数项	0.004 (0.030)	− 4.308 ** (− 2.388)	− 4.338 *** (− 5.829)
Adjusted R-squared	0.6933	0.8307	0.8396

注：①括号内的数值为系数 t 值；②＊、＊＊、＊＊＊分别表示在 10%、5%、1% 的统计水平上显著。

为更好地检验环境规制通过促进技术创新对出口产品结构优化和价值链地位提升的影响作用，本书构建交叉项进行回归分析，交叉项即环境规制强度变量和技术创新变量的乘积项。根据模型进行实证检验，分别回归分析 ln*EXS* 与 ln*TEI*^{d}、ln*ERS* 和 ln*TEI*^{d} · ln*ERS* 的关系以及 ln*EXS* 与 ln*TEI*^{f}、ln*ERS* 和 ln*TEI*^{f} · ln*ERS* 的关系。从表 4 – 7 的回归结果看，ln*TEI*^{d}、ln*ERS* 的系数为正且显著，说明中国 R&D 经费内部支出和环境规制单独或者共同促进了出口产品结构优化和价值链地位提升；加入两者交叉项之后，回归结果显示环境规制确实通过技术创新（自主创新为主）发挥了促进出口产品结构优化和价值链地位提升的作用。从表 4 – 8 的回归结果看，ln*TEI*^{f}、ln*ERS* 的系数为正且显著，说明中国国外技术引进合同金额和环境规制促进了出口产业结构优化和价值链地位提升，但是两个变量 ln*TEI*^{f} 和 ln*ERS* 放在一起回归的时候，ln*TEI*^{f} 系数不显著。在方程中加入两者交叉项之后，回归结果显示环境规制确实通过技术创新（技术引进为主）发挥了促进出口产品结构优化和价值链地位提升的作用。

表 4 - 7　　　　　　 lnEXS 与交叉项 lnTEI^d · lnERS 回归估计结果

变量	lnEXS			
lnTEI^d	0. 274 *** (10. 415)	0. 687 ** (7. 076)	1. 253 ** (2. 853)	1. 519 *** (4. 629)
lnERS		0. 727 ** (4. 339)	1. 596 * (2. 215)	5. 058 *** (5. 607)
lnTEI^d · lnERS			0. 217 *** (3. 284)	0. 566 *** (6. 455)
lnFDI				- 0. 323 *** (- 4. 975)
lnHUC				0. 771 ** (2. 520)
lnTOD				- 0. 322 *** (- 2. 953)
常数项	- 2. 739 *** (- 15. 694)	- 7. 028 *** (- 7. 051)	1. 239 (0. 468)	12. 230 *** (3. 691)
Adjusted R-squared	0. 8300	0. 9081	0. 9383	0. 9756

注：①括号内的数值为系数 t 值；②*、**、***分别表示在 10%、5%、1% 的统计水平上显著。

表 4 - 8　　　　　　 lnEXS 与交叉项 lnTEI^d · lnERS 回归估计结果

变量	lnEXS			
lnTEI^f	0. 554 *** (4. 726)	0. 142 (1. 013)	- 1. 320 ** (- 4. 011)	- 0. 987 ** (- 2. 671)
lnERS		0. 362 ** (3. 847)	2. 992 *** (5. 264)	2. 236 *** (3. 070)
lnTEI^f · lnERS			0. 551 *** (4. 659)	0. 441 *** (3. 188)
lnFDI				- 0. 140 (- 1. 557)

续表

变量	lnEXS			
lnHUC				1. 311 ** (2. 148)
lnTOD				0. 374 ** (2. 538)
常数项	− 3. 363 *** (− 6. 546)	− 0. 775 (0. 991)	6. 212 *** (3. 890)	2. 455 (0. 910)
Adjusted R-squared	0. 7523	0. 8937	0. 8495	0. 8976

注：①括号内的数值为系数 t 值；②＊、＊＊、＊＊＊分别表示在10%、5%、1%的统计水平上显著。

（三）稳健性检验

为增加研究结果的可靠性，本书参考已有研究引入新的变量，把"高技术产品占总额比重"作为出口产品结构衡量标准进行回归分析，选取《中国科技统计年鉴》专项"高技术产品、工业制成品、初级产品的进出口贸易额"中的高技术产品数据进行计算。根据新的出口产品结构变量 $lnEXS^n$，回归分析 $lnEXS^n$ 与 $lnTEI^d$、$lnERS$ 和交叉项 $lnTEI^d \cdot lnERS$ 的关系以及 $lnEXS^n$ 与 $lnTEI^f$、$lnERS$ 和交叉项 $lnTEI^f \cdot lnERS$ 的关系。

表 4 − 9 回归结果显示，$lnTEI^d$、$lnERS$ 回归的系数为正且显著，说明中国 R&D 经费内部支出、环境规制强度都有助于优化新的出口产品结构变量。交叉项 $lnTEI^d \cdot lnERS$ 回归分析结果显示，环境规制会通过自主科技创新促进出口结构优化和价值链地位提升，与上述分析得到的结论相同。表 4 − 10 回归结果显示，$lnTEI^f$、$lnERS$ 回归的系数为正且显著，说明中国国外技术引进合同金额、环境规制强度都有助于优化出口产品结构。交叉项 $lnTEI^d \cdot lnERS$ 回归分析结果显示，环境规制会通过国外技术引进方式的技术创新促进出口产品结构优化和价值链地位提升，同样验证了上述分析结论。

表 4 – 9　　　　lnEXS^n 与交叉项 lnTEI^d · lnERS 回归估计结果

变量	lnEXS^n			
lnTEI^d	0. 366 *** (10. 186)	1. 018 ** (9. 318)	− 0. 620 ** (− 5. 836)	− 0. 520 *** (− 9. 888)
lnERS		1. 149 ** (− 6. 090)	− 0. 056 (− 0. 665)	− 0. 206 *** (− 4. 776)
lnTEI^d · lnERS			0. 191 *** (16. 039)	0. 179 *** (26. 897)
lnFDI				0. 045 *** (4. 343)
lnHUC				0. 440 ** (5. 238)
lnTOD				− 0. 047 *** (− 1. 978)
常数项	0. 584 ** (2. 451)	− 6. 193 *** (− 5. 519)	3. 100 *** (4. 745)	1. 142 ** (2. 904)
Adjusted R-squared	0. 8236	0. 9351	0. 9953	0. 9990

注：①括号内的数值为系数 t 值；② * 、 * * 、 * * *分别表示在10% 、5% 、1% 的统计水平上显著。

表 4 – 10　　　　lnEXS^n 与交叉项 lnTEI^d · lnERS 回归估计结果

变量	lnEXS^n			
lnTEI^f	0. 700 *** (4. 215)	0. 115 (0. 579)	− 0. 660 ** (− 21. 070)	− 0. 662 ** (− 19. 772)
lnERS		0. 514 ** (3. 869)	− 0. 092 *** (0. 022)	− 0. 139 *** (− 5. 560)
lnTEI^f · lnERS			0. 250 *** (37. 486)	0. 245 *** (28. 624)
lnFDI				0. 043 ** (2. 382)
lnHUC				0. 290 * (1. 926)
lnTOD				− 0. 023 (− 0. 553)

续表

变量	$\ln EXS^n$			
常数项	−0.076 (−0.104)	3.601*** (3.258)	2.374*** (17.586)	1.469*** (4.185)
Adjusted R-squared	0.7226	0.6592	0.9952	0.8976

注：①括号内的数值为系数 t 值；②＊、＊＊、＊＊＊分别表示在 10%、5%、1% 的统计水平上显著。

第四节　环境规制下技术创新影响中国出口结构研究启示

本书总结如下三点研究启示。

一　积极发挥科技创新的关键作用，实现"优进优出"的外贸新格局

我国已经借助对外贸易全方位融入全球生产价值链条，显著提升了国际分工地位。我国进出口贸易总额已经位居世界第一，但是还未从贸易大国转变为贸易强国。中国外贸要从"大进大出"转向"优进优出"，形成开放型经济新格局（李克强，2015）。加快转变外贸发展方式可以激发技术进步效应、产业结构动态调整、资源优化配置、缓解经济风险等多重效应。出口商品结构调整带动产品结构升级，服务贸易和高新技术产品出口不断发展，先进科技创新能力可以弥补短缺资源的生产力缺失，因此需要加快转变外贸发展方式（汪素芹，2014）。技术进步是实现经济发展方式转变的关键，也是推动国际分工和国际贸易模式有序演进的首要驱动因素，本书中相关理论模型、描述性统计和实证检验结果都说明技术创新对我国价值链地位提升和出口结构优化具有显著的积极作用。相比国外技术引进合同金额，我国 R&D 经

费中内部支出在改善价值链出口结构上发挥了更大作用，有助于加强对国外先进技术的引进。我国作为开放经济体，不仅需要积极发挥自主创新的能力，同时还可以进一步与国际接轨，充分利用国际先进科学技术的溢出效应，有选择地进口紧缺先进技术、关键设备和重要零部件，实现出口高档次、高附加值产品，推动产品、技术、服务"全产业链出口"的"优出"目标。

二　探索构建自己主导的全球产业价值链，实现国际新标准下的出口结构优化

本书协整分析结果证实我国资本技术密集型产品出口额在总出口额中所占比重与技术创新、外商直接投资、对外开放度、人力资本多个因素存在长期稳定关系，推动外贸发展方式转变既需要处理好各影响因素之间的协调关系，又需要抓住重点升级。面对制造业 4.0 改变全球产业链分工格局的挑战和机遇，我国可以规避传统产业中相比国外企业不具有优势的行业，大力发展战略新兴产业，着力构建自己主导的全球产业价值链，目前启动的"一带一路"建设以及高铁、航空行业发展已经具有很好的引导和示范效应。国际上美欧日主导的国际贸易新规则对环境标准提出新要求，而我国出口产品中高能耗高污染产品比重较大，有可能形成的新贸易壁垒会进一步削弱我国出口成本优势；国内由于受到土地、劳动力、环境等资源要素的压力，一些劳动和资源密集型产业开始向东南亚国家转移，挤占了我国外贸份额。我国经济发展受到的资源和环境约束日益增强，在转变外贸发展方式的过程中需要特别重视环境资源标准下的出口结构优化，因此需要发展低碳产业、加强低碳产品出口竞争力，其关键就是通过技术创新实现经济低碳转型。我国政府和行业部门应该加大清洁能源技术和减排技术开发，

引进国外先进技术与自主创新相结合，引导 FDI 进入到国内低碳技术和低碳行业，以及加快相关制度建设，实施环境税政策、提高环境规制强度，通过碳税等环境规制手段促使企业技术创新，促进产业结构优化和产品结构绿化，提升出口产品国际竞争力（李秀珍、唐海燕，2013）。

三　着力优化人力资源配置，发挥人力资本对科技创新和外贸转型的核心作用

我国拥有大量廉价劳动力，是推动我国低附加值出口贸易快速增长的重要原因，当前我国劳动力成本持续提高，这符合我国产业结构升级对中高技术水平劳动力需求增加的实际情况，也是我国较高教育程度和专业技术熟练劳动力增加的反映。人力资本积累可以通过多个途径改善外贸出口结构，即可以替代物质资本数量和普通劳动数量，提高劳动和资本生产率；可以促进科技进步和发展，提高全要素生产率的增产作用；可以产生集聚效应和规模效应，促进集约式增长；可以推动物质资本、技术和劳动协同发展，获得提高生产的外部性（郭浩淼，2013），但是实证分析结果显示我国人力资本对出口结构优化的支持作用还未充分体现出来。中国经济进入"新常态"后发生的变化之一，就是以往经济发展最主要的支撑力——劳动力资源条件发生变化，人力资本是一个国家长期增长的最核心资源，经济"新常态"需要劳动力市场的改革和中国的创新能力与生产效率的改进（陈玉宇，2014）。中国需要通过发展教育和促进"干中学"进一步提高人力资本水平，一方面需要继续加大教育投入，比如加强基础教育、延长义务教育年限；另一方面需要尽快建立一个全国一体化、具有较大灵活性和较强功能性的劳动力市场，有效率地优化配置劳动力资源，比如调整原来限制劳动力市

配置效率的法律、户籍制度，构建更符合市场规律的收入分配制度。只有劳动力资本及其配置不断与产业结构转变下的企业新需求迅速配对、吻合、互相促进，才可以提高我国出口产品竞争力、推动我国外贸发展方式转变。

第五章　要素流动视角下环境规制的贸易效应

——基于贸易竞争力的理论推导和模拟分析

前文总结了环境规制可能产生的负面或正面贸易效应，实证研究还表明环境规制对贸易的影响可能是不确定的或者不明显的，已有研究主要从要素禀赋和技术创新角度分析环境规制贸易效应。本书引入要素流动这一新视角，分析环境规制对贸易竞争力的影响，构建两要素、三部门理论模型，推导分析环境税变动对不同行业产品贸易竞争力与要素产出弹性系数联系，并通过案例解析与函数推导来求证环境税直接增加产品成本及价格，还影响总成本构成进而间接地影响产品竞争力。环境规制从要素流动上影响贸易竞争力的结论，对于我国不同行业特别是高碳行业出口贸易对碳税等环境规制政策的反映具有全新的启示意义，有助于优化政策。

第一节　环境规制影响贸易竞争力理论分析

一　环境规制影响贸易竞争力研究评析

学术界很早就关注到环境规制对经济贸易的影响，目前关于环境规制是否或者如何影响一个国家贸易竞争力的研究，还未取得一致性结论，实证研究利用不同方法从不同角度进行探讨，与之相伴的理论研究在实证检验结果的启发下也不断取得突破。

许多研究者提出提高环境规制强度比如开征或提高碳税，会增加国内企业生产成本和价格，削弱本国出口产品竞争力，导致本国出口贸易转移至其他国家，发生"环境规制成本的贸易转移效应"（Thille，2001）。Jeffe 和 Palmer（1997）、Beer 和 Den Bergh（1997）、Mulatu 和 Raymond（2004）等运用引力模型等方法研究环境规制对出口的影响，证明严格的环境规制会削弱出口竞争力。魏涛远和格罗姆斯洛德（2002）、高鹏飞和陈文颖（2002）、朱启荣（2007）、李玉楠和李廷（2012）、傅京燕和李丽莎（2010）、郑晓博（2010）、兰天和陈昊（2013）等针对中国的研究认为中国提高环境规制强度，影响出口贸易竞争力，不利于经济发展。总体来看，这些研究认为环境规制对出口贸易造成不利影响，主要理由是提高环境规制强度使企业的生产成本提高，出口价格上升，因此各国都存在部分行业特别是污染密集型行业反对提高环境标准的政策，担心影响其竞争力和出口贸易。从企业生产成本和出口价格角度的研究认为，提高环境规制强度会降低本国出口产品特别是污染密集型产品出口竞争力，然而也有一些研究的观点与之相反。比如前文分析环境规制"波特假说"理论，环境规制促进技术创新可以形成出口竞争优势，黄德春和刘志彪（2006）研究认为环境规制给企业带来直接费用的同时也会激发创新，部分或全部地抵消这些费用成本。除了规制可以激发创新以提升竞争力外，还有一些学者从政策组合的实施效果进行分析，David Pierce（1996）认为征收碳税并把收入用于再分配具有双倍红利的效果；Greedy 和 Sleeman（2006）以碳税对新西兰消费品价格和社会福利的影响为研究对象，指出碳税引起的超额边际负担很小，可以通过收入再分配得到相应补偿。

　　环境规制对贸易竞争力影响的研究还未取得一致性结论，原因可能在于以下三方面。第一，从研究方法和设计上看，实证研究多为模拟估测，受到数据不足等因素的影响，与理论推导结论存在较大偏差，而理论建模推导常常设置较为严格的假设条件，与经济贸易领域实际情况也存在较大差异，所以在不同条件下理论与实证研究结论无法一致，当然不一致性也有可能是分析不全面和研究遗漏引起的。第二，从已有研究结论来分析，环境规制手段对经济贸易影响在不同时间段是不一样的，比如短期内增加成本和价格会降低产业竞争力，而长期看可能通过激发创新和收入再分配而提升竞争力，而且出口竞争力和出口贸易的决定因素并不是唯一的，也就是说除了环境规制影响外的其他因素所起的作用可能更大。除了上述两点，笔者认为对出口竞争力概念的理解偏差是导致研究结论迥异和排斥环境规制的重要原因之一。某一行业出口竞争力是某个国家或地区特定行业相对于其他国家或地区同一行业在生产效率、满足市场需求、持续获利等方面所体现的竞争能力（张景华，2011）。出口竞争力最终体现于产品、企业及产业的市场实现能力，而相对价格优势是最重要的隐性指标，所以竞争力是表现竞争优势的一个相对属性概念，简单地以提高环境规制强度会提升产品成本和价格就判断竞争力一定降低，显然缺少了比较分析，使相对概念狭隘化为绝对指标，下文基于此构建环境规制下出口竞争力模型进行推理分析。

二　构建纳入环境规制的三部门模型

　　上文指出出口竞争力是某个国家或地区特定行业相对于其他国家或地区同一行业在生产效率、满足市场需求、持续获利等方面所体现的竞争能力（张景华，2011），出口竞争力是表现出口产品竞争优势的一个相对属性概念，所以本书使用产品相对价格作为研究和比较对象，规避简单地以提高环境规制强度提升产品成本和价格来判断竞争力的不足。

本书在 Corden 和 Neary（1982）、Chua（2003）等研究基础上，构建两要素、三部门理论模型，推导分析环境规制对产品相对价格的影响，进而通过产品出口竞争力间接分析环境规制对外贸出口影响。

假设一：假设存在三个部门（$i = a$，b，c），其中部门 a 和部门 b 为生产部门，提供产品 A 和 B，部门 c 是专门提供减少排污或降低污染密集度服务（产品）的部门。

假设二：三个部门生产产品或提供减排服务（产品）均需投入生产要素资本 K_i 和劳动 L_i，各部门生产函数采用 Cobb-Douglas 函数。

假设三：假定生产部门排放一单位污染物需要纳税 τ，该税率由政府决定即属于模型外生，在开征环境税的情况下要素资源投入到生产产品部门和减排服务部门实现收益零差异。

理论模型中假定一个部门（部门 c）专门提供减排服务供生产排污部门来购买，不同于已有相关研究大多把排污设定为一种"虚拟"投入要素，其他资本和劳动等要素归为另一类"真实"投入要素的研究方法，这样可以规避"虚拟"投入要素对原有生产函数的干扰以及可能存在的边际成本递变规律的影响。根据上述假设，得到三个部门（$i = a$，b，c）的生产函数为：

$$y_a = A_a L_a^\alpha K_a^{1-\alpha} \tag{5-1}$$

$$y_b = A_b L_b^\beta K_b^{1-\beta} \tag{5-2}$$

$$y_c = A_c L_c^\gamma K_c^{1-\gamma} \tag{5-3}$$

其中，y_i 代表部门产出（服务）；A_i 代表部门 i 的综合技术水平；K_i 和 L_i 分别代表资本和劳动要素投入；α、β 和 γ 分别代表三个部门劳动产出弹性系数，要素规模报酬不变，所以资本产出弹性系数分别为 $1-\alpha$、$1-\beta$ 和 $1-\gamma$。

假设生产部门 i（$i = a$，b）生产一单位产品产生的污染排放物为

λ_i 单位，生产部门可以向减排部门 c 购买服务以抵消其部分排污 $\lambda_i y_i$[①]，为简便起见假设减排部门 c 不产生污染排放。如果生产企业排污不需要承担任何费用，在理性经济决策下不会主动购买减排服务；如果政府提高环境规制强度而开征环境税或者提高原有环境税率（本书以环境税为例），那么生产企业将在纳税与购买减排服务之间进行比较选择。

生产部门排放一单位污染物需要纳税 τ，税率由政府决定，属于模型外生变量，在开征环境税的情况下要素资源投入到生产产品部门和减排服务部门将实现收益零差异，当然设置环境税也无法实现完全减排。假设部门 a 生产产品价格为 1，部门 b 生产产品价格为 $p_{b/a}$（相对于部门 a 产品的价格），部门 c 提供减排服务价格为 p_c，三个部门的利润表达式为：

$$\pi_a = y_a - \tau \left(\lambda_a y_a - y_{c,a} \right) - wL_a - rK_a - p_c y_{c,a} \qquad (5-4)$$

$$\pi_b = p_{b/a} y_b - \tau \left(\lambda_b y_b - y_{c,b} \right) - wL_b - rK_b - p_c y_{c,b} \qquad (5-5)$$

$$\pi_c = p_c y_c - wL_c - rK_c \qquad (5-6)$$

$$y_c = y_{c,a} + y_{c,b} \qquad (5-7)$$

其中，w 和 r 分别代表劳动和资本的回报率；$y_{c,a}$ 和 $y_{c,b}$ 分别代表部门 a 和 b 购买的减排服务数量，两者之和为部门 c 的总产出 y_c。

生产企业在购买减排服务和交纳环境税之间进行选择，依据是支出成本最小化，结果是最后单位减排服务价格 p_c 等于环境税 τ，也就是说，均衡状态下企业针对最后单位排污所支付税费 τ 或购买减排服务支付 p_c 无成本差异，对其利润无影响。把 $p_c = \tau$ 代入式（5-1）到式（5-3），各部门利润函数为：

$$\pi_a = y_a \left(1 - \tau \lambda_a \right) - wL_a - rK_a \qquad (5-8)$$

---

① 类似于 CDM 机制运作，发达国家企业向发展中国家特殊项目进行投资或技术支持帮助其减排，可以获得认证碳排放权 CERs，抵消本国生产过程中的二氧化碳排放量，当然专门提供碳捕获、碳封存服务与 CDM 项目运作机制和背景有差异。

$$\pi_b = y_b \ (p_{b/a} - \tau\lambda_b) \ - wL_b - rK_b \tag{5-9}$$

$$\pi_c = \tau y_c - wL_c - rK_c \tag{5-10}$$

三 环境规制影响出口竞争力因素分析

根据生产产品部门和减排服务部门的生产函数及利润函数，可以推导产品相对价格（影响出口竞争力）对环境规制变动所作出的反应，本书环境规制变动以环境税变动为代表。

把各部门生产函数代入式（5-8）到式（5-10）得到：

$$\pi_a = A_a L_a^\alpha K_a^{1-\alpha} \ (1 - \tau\lambda_a) \ - wL_a - rK_a \tag{5-11}$$

$$\pi_b = A_b L_b^\beta K_b^{1-\beta} \ (p_{b/a} - \tau\lambda_b) \ - wL_b - rK_b \tag{5-12}$$

$$\pi_c = \tau A_c L_c^\gamma K_c^{1-\gamma} - wL_c - rK_c \tag{5-13}$$

上述三个公式中，分别对 L_a 和 K_a 求导得到：

$$A_a \left(\frac{K_a}{L_a}\right)^{1-\alpha} \alpha \ (1 - \tau\lambda_a) \ = w \tag{5-14}$$

$$A_a \left(\frac{K_a}{L_a}\right)^{-\alpha} (1 - \alpha) \ (1 - \tau\lambda_a) \ = r \tag{5-15}$$

$$A_b \left(\frac{K_b}{L_b}\right)^{1-\beta} \beta \ (p_{b/a} - \tau\lambda_b) \ = w \tag{5-16}$$

$$A_b \left(\frac{K_b}{L_b}\right)^{-\beta} (1 - \beta) \ (p_{b/a} - \tau\lambda_b) \ = r \tag{5-17}$$

$$A_c \left(\frac{K_c}{L_c}\right)^{1-\gamma} \gamma\tau = w \tag{5-18}$$

$$A_c \left(\frac{K_c}{L_c}\right)^{-\gamma} (1 - \gamma) \ \tau = r \tag{5-19}$$

求解上述等式组合，得到部门 b 产品价格 $p_{b/a}$ 的表达式：

$$p_{b/a} = \Omega \frac{A_a}{A_b} \left(\frac{A_c}{A_a}\tau\right)^{\frac{\beta-\alpha}{\gamma-\alpha}} (1 - \tau\lambda_a)^{\frac{\gamma-\beta}{\gamma-\alpha}} + \tau\lambda_b$$

$$\Omega = \left[\left(\frac{-\gamma}{-\alpha} \right)^{1-\gamma} \left(\frac{\gamma}{\alpha} \right)^{\gamma} \right]^{\frac{\beta-\alpha}{\gamma-\alpha}} \left(\frac{1-\alpha}{1-\beta} \right)^{1-\beta} \left(\frac{\alpha}{\beta} \right)^{\beta} \qquad (5-20)$$

部门 b 产品价格 $p_{b/a}$ 是部门 b 和部门 a 产品相对价格，对 τ 求导得到 $p_{b/a}$ 对环境税 τ 变动的反应：

$$\frac{\mathrm{d}p_{b/a}}{\mathrm{d}\tau} = \Omega \frac{A_a}{A_b} \left(\frac{A_c}{A_a} \right)^{\frac{\alpha-a}{\gamma-a}} \left[\left(\frac{\beta-\alpha}{\gamma-\alpha} - \tau\lambda_a \right) \tau^{\frac{1-\gamma}{\gamma-a}} \left(1 - \tau\lambda_a \right)^{\frac{a-\beta}{\gamma-a}} \right] + \lambda_b$$

$$\Omega = \left[\left(\frac{1-\gamma}{1-\alpha} \right)^{1-\gamma} \left(\frac{\gamma}{\alpha} \right)^{\gamma} \right]^{\frac{\beta-\alpha}{\gamma-\alpha}} \left(\frac{1-\alpha}{1-\beta} \right)^{1-\beta} \left(\frac{\alpha}{\beta} \right)^{\beta} \qquad (5-21)$$

$dp_{b/a}/d\tau$ 的符号代表环境税变动后两个部门产品相对价格的变化情况，符号为正说明环境税提高，产品 b 价格相对产品 a 价格提高更多，部门 b 竞争力下降；符号为负说明环境税提高，产品 b 价格相对产品 a 价格提高要少，部门 b 竞争力上升。

根据式（5-21）可以判断，$dp_{b/a}/d\tau$ 的符号即环境税变动对产品竞争力的影响，不仅取决于两个生产部门（$i = a, b$）单位产品污染排放量 λ_a 和 λ_b，而且与三个部门生产函数的要素产出弹性系数具有密切联系。因此，仅从行业排污强度来判断环境税对行业竞争力的影响是不充分的，污染密集型行业承担环境税负较重、产品价格上升较多导致竞争力下降的结论也是不准确的，忽略了要素产出弹性系数等其他因素在市场运行机制作用下对产品相对价格和竞争力的影响，以下从模型推导过程来分析内在化市场机制的作用路径和关键因素。

第二节　要素流动视角下环境规制贸易效应推导分析

一　基于要素产出弹性系数的环境规制模拟推导

（一）案例模拟推导：要素回报率比值的影响

为提高环境规制强度而开征或提高环境税，会增加产品生产成本和价格，污染密集型行业承担的环境税负高于其他行业，其产品成本和价格增幅也相对较大，这是对产品竞争力的直接影响，也是许多研究者和企业判断环境规制影响污染密集型企业竞争力的理由所在。但是除此直接影响，前文模型分析已经证实各行业部门要素产出弹性系数对产品价格及竞争力具有间接影响。

由于目前没有实施环境税的数据可用于实证检验，无法用实际数据来回归减排行业要素产出弹性系数，未来国际减排行业碳捕获、碳封存技术更为成熟，在政策推动和市场需求拉动下形成专门性的减排行业后可进行实证检验。下文结合特殊案例解析，研究要素产出弹性系数，从数学逻辑推导和求解过程来分析要素回报率的影响原理和作用机制。为使分析结果具有针对性和显著性，本书以式（5-15）的特殊情况为例进行模拟分析。如果部门 b 与部门 c 的劳动要素产出弹性系数相等且与部门 a 不等，即：

$$\beta = \gamma \neq \alpha$$

计算得到：

$$\Omega = 1$$

那么，式（5-21）就可以简化为：

$$\frac{\mathrm{d}p_{b/a}}{\mathrm{d}\tau} = \frac{A_c}{A_b} + \lambda_b \qquad (5-22)$$

分析公式，由于 A_c 和 A_b 代表企业综合技术水平，λ_b 代表生产部门 b 生产一单位产品产生的污染排放量，均为正值，所以上述公式的值可以判断大于 0，即：

$$\frac{\mathrm{d}p_{b/a}}{\mathrm{d}\tau} = \frac{A_c}{A_b} + \lambda_b > 0$$

根据函数一阶导数大于零的法则判断，提高环境税 τ 会导致 $p_{b/a}$ 增加，即产品 B 价格相对产品 A 价格提高更多，那么部门 b 竞争力相对下降。

在 $\beta = \gamma \neq \alpha$ 这一特殊条件下，$\mathrm{d}p_{b/a}/\mathrm{d}\tau$ 的符号始终为正，与不同生产部门单位产品污染排放量 λ_i（无论是 $\lambda_a > \lambda_b$ 或 $\lambda_a < \lambda_b$）没有关系。也就是说，在比特殊条件下不同部门产品相对价格即竞争力变化与部门是否为污染密集型行业没有关系。显然，要素产出弹性系数对于开征或提高环境税改变行业竞争力具有重要影响。

进一步分析数学逻辑推导和求解过程，式（5－14）—式（5－19）两两相除得到一个相同比值 w/r。w/r 表达式为：

$$\frac{w}{r} = \frac{\alpha K_a}{(1-\alpha) L_a} = \frac{\beta K_b}{(1-\beta) L_b} = \frac{\gamma K_c}{(1-\gamma) L_c} \qquad (5-23)$$

w/r 是一个特殊比值，表示的是劳动回报率与资本回报率的比值，即两种要素回报率比值。要素回报率是要素报酬，决定了产品的生产成本，其变动必然会影响产品价格及竞争力，所以要素回报率比值是一个重要的影响变量。这里假定 $\varphi = w/r$，进一步对其分析，通过代入和重新排列得到：

$$\varphi = \mho \left(\frac{\tau}{1-\tau\lambda_a} \right)^{\frac{1}{\gamma-\alpha}}$$

$$\mho = \left[\frac{A_c \gamma^\gamma (1-\gamma)^{1-\gamma}}{A_a \alpha^\alpha (1-\alpha)^{1-\alpha}} \right]^{\frac{1}{\lambda-\alpha}} > 0 \qquad (5-24)$$

分析 φ 对环境税 τ 变动的反应，式（5－24）对环境税 τ 求导得到：

$$\frac{\mathrm{d}\varphi}{\mathrm{d}\tau} = \frac{\mho}{\gamma-\alpha} \left[\frac{\tau^{1-(\gamma-\alpha)}}{(1-\tau\lambda_a)^{1+\gamma-\alpha}} \right]^{\frac{1}{\gamma-\alpha}}$$

$$\mho = \left[\frac{A_c \gamma^\gamma (1-\gamma)^{1-\gamma}}{A_a \alpha^\alpha (1-\alpha)^{1-\alpha}} \right]^{\frac{1}{\lambda-\alpha}} > 0 \qquad (5-25)$$

从式（5－25）可见，要素回报率比值对于环境税变动的反应取决于 γ 和 α 的大小。如果 $\gamma > \alpha$，那么 $\mathrm{d}\varphi/\mathrm{d}\tau > 0$，说明环境税提高，劳动与资本回报率比值增大；如果 $\gamma < \alpha$，那么 $\mathrm{d}\varphi/\mathrm{d}\tau < 0$，说明环境税提高，劳动与资本回报率比值变小。

（二）案例模拟再推导：要素产出弹性系数决定总成本构成的影响

由模型推导求解过程可知，不同行业部门的要素产出弹性系数、要素回报率比值与产品相对价格存在内在影响关系。唐小我和慕银平等（2005）研究了任意多种生产要素的柯布—道格拉斯生产函数条件下的长期成本函数，赋予要素产出弹性系数新的经济解释，提出某要素产出弹性系数是该要素产生成本占总成本比例的 η 倍（η 是各要素产出弹性系数之和），而且产出弹性系数越大，该要素产生成本占总成本的比重越大。

本书以部门 a 为例，借鉴上述方法推导，求解如下约束条件下极值：

$$\min TC_a = wL_a + rK_a$$
$$s.\,t.\ y_a = A_a L_a^\alpha K_a^{1-\alpha} \tag{5-26}$$

构建拉格朗日函数：

$$Z = wL_a + rK_a + \lambda\ (y_a - A_a L_a^\alpha K_a^{1-\alpha}) \tag{5-27}$$

TC_a 取极值的必要条件为：

$$\frac{\partial Z}{\partial L_a} = \frac{\partial Z}{\partial K_a} = 0$$

所以：

$$L_a = \frac{\lambda \alpha y_a}{w}$$

$$K_a = \frac{\lambda\ (1-\alpha)\ y_a}{r} \tag{5-28}$$

代入求解：

$$\lambda = A_a \left(\frac{L_a}{w}\right)^\alpha \left(\frac{K_a}{r}\right)^{(1-\alpha)}$$

$$TC_a = wL_a + rK_a = \lambda \alpha y_a + \lambda\ (1-\alpha)\ y_a \tag{5-29}$$

式（5-28）除以式（5-29）得到：

$$\frac{L_a w}{TC_a} = \alpha$$

$$\frac{K_a r}{TC_a} = 1 - \alpha \qquad\qquad (5-30)$$

$L_a w$ 和 $K_a r$ 分别是部门 a 中劳动要素和资本要素所形成的成本，可见各种生产要素所产生成本占总成本比重由该要素产出弹性系数决定，本书假设生产函数为规模报酬不变即各要素弹性系数值之和 η 等于 1，那么直接比较不同生产函数中同一种要素的弹性系数大小就可以判断该要素在不同生产部门形成的成本占总成本比重的大小。

根据这个结论继续分析前述 $\beta = \gamma$ 这个特例。如果 $\gamma > \alpha$，那么 $\beta > \alpha$。根据要素产生成本占总成本比重由该要素产出弹性系数决定的结论，部门 b 劳动要素产生成本占总成本比例相比部门 a 要大，当环境税提高时劳动与资本回报率比值增大，劳动报酬率比资本报酬率增大更多，显然环境税通过影响要素回报率增加部门 b 的成本相比增加部门 a 的成本要更多，证实部门 b 竞争力相对下降。如果 $\gamma < \alpha$，那么 $\beta < \alpha$。根据要素产生成本占总成本比重由要素产出弹性系数决定的结论，部门 b 资本要素产生成本占总成本比例相比部门 a 要大，当环境税提高时劳动与资本回报率比值变小，资本报酬率比劳动报酬率增大更多，显然环境税通过影响要素回报率增加部门 b 的成本相比增加部门 a 的成本要更多，证实部门 b 竞争力相对下降。因此，开征或提高环境税并不是简单的绝对量增加生产成本，而是会通过要素回报率改变要素产出弹性系数决定的总成本构成，不同投入要素所形成的成本增量是不同的。

可见，开征或提高环境税除了直接增加产品绝对成本及价格外，还通过要素回报率变动对要素产出弹性系数所决定的总成本构成产生影响，从而间接地对不同行业产品相对价格发生作用，影响产品竞争力。要素报酬率变动是国际贸易领域重要的研究对象，贸易对要素流动及其报酬率的影响已经得到证明，"斯托尔珀—萨缪尔森定理"（Stolper-Samuelson Theorem）就表述过，开展国际贸易后，无论何种行业，长期来看，出口产品生产中密集使用的生产要素（即本国充裕的生产要素）的报酬将提高，而进口产品生产中密集使用的生产要素（即本国稀缺的生产要素）的报酬将下降。

（三）环境规制影响行业竞争力渠道：以环境税为例

开征或者提高环境税会增加产品的生产成本及价格，污染密集型行业增加的税负要高于其他非污染密集型（清洁）行业，产品成本和价格相应增幅也相对较大，这种影响污染密集型行业竞争力的渠道主要依据是不同行业污染排放强度不同，所以称为"排放强度渠道"。

但是，产品价格不仅仅取决于环境税成本，其他劳动、资本等投入要素回报率及其在环境税影响下的变动同样具有影响作用，本书理论模型及案例分析已经说明，开征或提高环境税通过要素回报率变动对要素产出弹性系数所决定的总成本构成产生影响，从而间接地对不同行业产品相对价格发生作用，影响产品竞争力，这一影响渠道与行业污染排放强度无关，主要依据是不同要素回报率差异，称为"要素回报渠道"。两个渠道对同一行业竞争力的影响结果可能相反，因而开征或者提高环境税对不同行业（包括污染密集型行业）竞争力的最终影响是不确定的，关键在于"要素回报渠道"是否会抵消甚至超过"排放强度渠道"的作用。

二　基于跨行业要素流动的环境规制贸易效应分析

（一）环境规制下要素流动模型和图形分析

本书以污染强度为划分标准，把行业分为污染密集型行业与非污染密集型行业两大类，构建模型进行推导分析，然后借助图形对比分析环境规制强度与产出及污染排放之间的关系，所作假设如下：

假设一：存在两个污染排放强度不同的部门，e 为高污染排放部门即污染密集型行业，f 为低污染排放部门即非污染密集型行业，两个

部门均投入要素生产产品,产出分别为 Q_e 和 Q_f;

假设二:无治理情况下,部门产出与污染排放存在较为稳定的比例关系,即能源消耗等生产技术水平短期内没有较大改变,部门产出与能源消耗及污染排放存在稳定的正比例关系;

假设三:由于生产投入要素是有限的,在有环境规制要求的条件下,各企业需要把部分投入要素用于环境治理即实施减排,形成环境治理成本;

假设四:所有部门投入各种生产要素生产不同的产品,符合经济学生产一般理论,存在边际收益递减规律。

用 Q_e 和 Q_f 分别表示部门 e 和部门 f 的产出,两个部门的生产函数分别为:

$$Q_e = K_{e1}^{\alpha} L_{e1}^{\beta}$$

$$Q_f = K_{f1}^{\gamma} L_{f1}^{\eta}$$

用 E_e 和 E_f 分别表示部门 e 和部门 f 的污染排放。两个部门的排放函数分别为:

$$E_e = Q_e e_e$$

$$E_f = Q_f e_f$$

用 π_e 和 π_f 分别表示部门 e 和部门 f 的利润,两个部门的利润函数分别为:

$$\pi_e = Q_e P_e - (K_{e1} r_e + L_{e1} w_e) - (K_{e2} r_e + L_{e2} w_e) \qquad (5-31)$$

$$\pi_f = Q_f P_f - (K_{f1} r_f + L_{f1} w_f) - (K_{f2} r_f + L_{f2} w_f) \qquad (5-32)$$

生产投入要素的约束条件为:

$$K_e = K_{e1} + K_{e2}$$

$$L_e = L_{e1} + L_{e2}$$

$$K_f = K_{f1} + K_{f2}$$

$$L_f = L_{f1} + L_{f2}$$

其中,r_i 和 w_i $(i = e, f)$ 分别为要素 K 和 L 的回报率;α、β、γ、

η 为要素产出弹性系数；K_{e1} 和 L_{e1} 为部门 e 用于生产的要素投入，而 K_{e2} 和 L_{e2} 为部门 e 用于减排等环境治理的要素投入，K_e 和 L_e 为部门 e 的要素约束；K_{f1} 和 L_{f1} 为部门 f 用于生产的要素投入，而 K_{f2} 和 L_{f2} 为部门 f 用于减排等环境治理的要素投入，K_f 和 L_f 为部门 f 的要素约束；e_i 表示产出污染排放系数，E_i 表示部门污染排放量，在能源消耗等生产技术没有发生重大变化情况下与产出成正比。

图 5 - 1 的纵坐标表示环境质量 $U_i = U_0 - E_i$，横坐标表示部门产出 Q_i。当横坐标为 0，没有投入生产要素进行生产，此时没有产出和污染排放，环境质量处于原始最好状态 OA、OB。逐渐增加要素投入生产一定产品，会随之产生污染排放，但在一定范围内可以实现产出增加而环境质量保持不变，因为投入要素中有一部分可以用于环境治理，比如在碳排放上，可以通过碳捕获与封存实现零排放，图中 AH_e 和 BH_f 处于水平状态，表示环境质量不发生变化。但是由于生产投入要素存在稀缺性，因此存在要素投入总量约束，生产和环境治理的要素投入达到上限 K_e 和 L_e 以及 K_f 和 L_f 时，无法在不影响环境情况下增加产出，产量继续增加导致环境质量下降。在技术水平和投入要素稳定以及充分就业情况下，产出规模的扩大将导致环境质量的下降（强永昌，2002）。

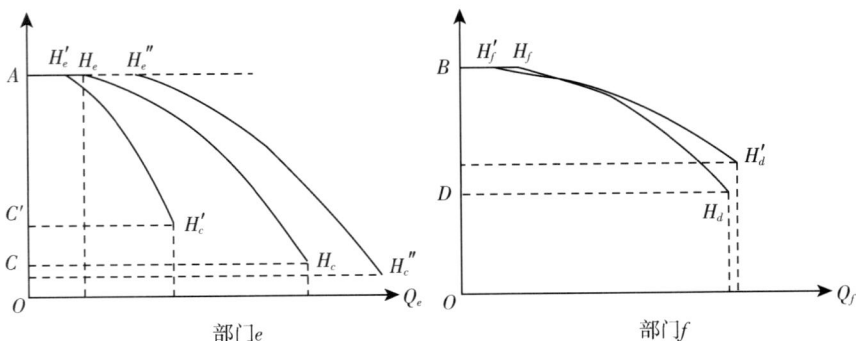

图 5 - 1　环境规制与产出变动

产出规模与污染排放之间存在正相关关系，原因主要在于：一方面产出扩大直接增加了污染排放量，另一方面扩大生产要素的投入，减少了环境治理的要素投入量，产出增加将导致环境质量下降。图 5-1 中 H_e 和 H_f 点之后曲线随着产出增加而逐渐向右下方倾斜，用公式表示为：$U'(Q_i) < 0$。

两个部门的生产存在边际收益递减规律，图 5-1 中 H_c 和 H_d 分别表示两个部门逐渐增加生产投入要素后产量所能达到的最大值，此时投入生产的要素为 K_{e1}^* 和 L_{e1}^* 以及 K_{f1}^* 和 L_{f1}^*。在产出最大值点上两部门的环境质量分别为 CO 和 DO，显然所有要素投入部门 f 进行生产形成的环境质量要优于投入部门 e。$H_e H_c$ 和 $H_f H_d$ 分别表示以牺牲环境治理为代价，可以达到的生产水平，由于环境质量水平随着产量增加，其下降速度越来越快，所以 $H_e H_c$ 和 $H_f H_d$ 均是凹向原点的函数。

上文分析了投入要素总量在生产和环境治理之间的分配效果，以下首先分析环境规制强度发生变化后部门产出变化情况。环境规制强度变化对碳排放强度不同的行业部门将形成不同的影响，政府制定环境标准就是要求部门生产排污行为对环境所造成的负面影响不能突破设定的底线。以部门 e 为例，如果政府制定环境标准（可以是污染排放总量或排放强度上限）所要求的环境质量低于 CO，那么部门最大产出点可以为 H''_c，用于生产的投入要素大于 K_{e1}^* 和 L_{e1}^*；但是如果政府制定环境标准所要求的环境质量高于 CO 为 $C'O$，那么用于环境治理的要素投入增加，用于生产的投入要素小于 K_{e1}^* 和 L_{e1}^*，部门最大产出点变小为 H'_c。环境标准提高导致用于环境治理的投入要素相应增加，同等条件下可用于生产的要素相对减少，产出也就相应减少，图 5-1 中环境保持最好状态的 A 点，其产出 AH''_e 比 AH_e 长，AH'_e 比 AH_e 短。总结一般性规律，政府提高环境标准，排污部门将投入更多要素在环境治理上，产出会相应减少，曲线 $H_e H_c$ 左移至 $H'_e H'_c$。这种变化与行业部门的污染密集度是正相关的，污染密集度越高的产业，曲线移动幅度越大；污染密集度较低的产业，曲线移动幅度越小（贾晓蕾，2003）。

其次，再分析跨部门要素流动的影响结果。利润函数和生产函数决定了部门产出还取决于要素总投入约束，本部门环境标准提高的产出减少效应引致利润减少，要素自由流动情况下部分要素资源从高排放部门向低排放部门转移。也就是说，如果政府制定环境标准所要求的环境质量提高，部门要素约束 K_e 和 L_e 变小而 K_f 和 L_f 变大，这样导致的结果是污染排放强度相对较低的部门 f 获得了更广发展空间的可能。环境规制强度提高也会增加部门 f 用于治理环境的要素投入但增幅有限，图 5-1 中环境质量最优状态下 H'_f 小于 H_f，但由于获得要素流入其最终产出可以增大到 H'_d，图中曲线 $H_f H_d$ 调整为 $H'_f H'_d$。环境规制强度提高的最终结果为碳排放强度相对较低的部门产出扩大，而全社会环境质量得到改善。需要指出，还有一种在实践中经常使用的方法，政府实行减排政策最初是针对某一个部门（比如电力部门征收碳税），如果仅对部门 e 而没有对部门 f 提高环境规制强度，那么部门 f 所获得要素的流入和产出将更大。

（二）环境规制影响出口贸易的要素路径

前述分析证明开征或者提高环境税会增加产品的生产成本及价格，污染密集型行业增加的税负要高于其他非污染密集型（清洁）行业，产品成本和价格相应增幅也相对较大，这种影响污染密集型行业竞争力的渠道称为"排放强度渠道"。开征或提高环境税通过要素回报率变动对要素产出弹性系数所决定的总成本构成产生影响，从而间接地对不同行业产品相对价格发生作用，影响产品竞争力，这一影响渠道的主要依据是不同要素回报率差异，称为"要素回报渠道"。因而开征或者提高环境税对不同行业（包括污染密集型行业）竞争力的最终影响是不确定的，关键在于"要素回报渠道"是否会抵消甚至超过"排放强度渠道"的作用。

本书进一步对环境规制下要素流动模型推导和图形进行分析，比较直观地说明环境规制强度提高以后，两个污染排放强度不同的部门以及两部门之间的不同要素分配与流动情况。从要素流动视角分析环境规制影响出口贸易路径，不仅分析环境规制强度提高对本部门成本和价格影响，而且把政策影响拓展至经济体系各部门产出变动，可以更全面地归纳环境规制对出口贸易的多重影响。某个行业环境规制提高以后，该行业要素发生两方面流动，一是本行业为部分原用于生产的要素流入到用于治污，二是部分原投入本行业的要素流入到其他相对清洁行业。要素投入决定了产出，而在技术水平没有重大改变情况下产出与碳排放成对应的正比例关系，产出规模则决定了出口贸易，所以可以得到环境规制影响出口贸易的要素路径：环境规制—要素流动—产出（污染排放）—出口贸易。

本书分析证明环境税在"要素回报渠道"影响下可能相对提高污染密集型行业的竞争力，其判断依据是各行业部门的要素产出弹性系数。我国目前还没有成熟的专门提供碳捕获、碳封存等减排服务（产品）的企业，所以无法回归估测该行业的要素产出弹性系数，有待以后在政策推动和需求拉动下形成专门性的减排服务行业，收集相关数据进行估测和对比分析。但是，本书分析结果对于开征环境税这项影响国民经济的系统工程来说具有新的启示，有助于提高实施环境税的政治意愿和可行性，强调了全面、合理评估环境税政策的重要性。如何顺应国际经贸发展趋势，制定逐步提高环境规制的策略和实施步骤，是发挥环境规制对我国进出口贸易乃至整个经济产业发展的推动作用的关键。我国实施渐进性环境税政策已经得到充分论证和认可，所以在政策设计以及实施效果评估工作中，应该特别重视和综合评估对环境税敏感性较高行业部门的变化情况。下文分析我国竞争力现状以及推导投入产出模型测算中国各个行业部门出口贸易的国内碳排放情况，对可能成为"污染避难所"的行业部门提出规制策略，厘清行业差异和政策重点关注对象。

第三节　中国行业出口竞争力与碳税影响分析

一　中国行业出口竞争力描述性统计分析：以工业部门为例

（一）出口竞争力测算方法

关于产业国际竞争力的测度工具，国内外学者大都采用国际市场占有率、产业内贸易指数、贸易竞争指数和显示性比较优势指数等（郑展鹏，2010）。余道先和刘海云（2008）、杨汝岱和朱诗娥（2008）总结了以下几种测算方法：

第一，国际市场占有率（MSR），是指一个国家出口某行业产品在全球该行业产品出口中的占比，即一个国家出口产品在国际市场上的份额，这直接体现该国这个行业产品的总体国际竞争力。用 X_i 表示这个国家的产品 i 的出口金额，X_{wi} 表示全球 i 产品的总的出口金额，MSR_i 表示 i 产品的国际市场占有率，得到计算公式为：

$$MSR_i = \frac{X_i}{X_{wi}} \qquad (5-33)$$

第二，产业内贸易指数（IIT），是指一个国家生产的某种产品中进口中间品所占的比重，从概念上来说，要精确计算产业内贸易程度则需要每一种产品生产的中间投入品构成，然后计算中间投入品中的进口中间品所占比重。实际使用中，投入产出表可以找到中间投入品的构成，但是投入产出表相对而言分类太粗，所以在使用产业内贸易指数计算时候常常采用简化处理，把进口品中的中间投入比例视作相同，对进口品不区分作为中间投入还是作为最终消费品，全部记为中间投入品。用 X_{ij} 表示 i 国第 j 种产品的出口金额，用 M_{ij} 表示 i 国第 j 种产品的进口金额，那么产业内贸易指数计算公式为：

$$IIT_{ij} = 1 - \frac{|X_{ij} - M_{ij}|}{X_{ij} + M_{ij}} \qquad (5-34)$$

一般使用的判别方法是，IIT 值为 0 时表示完全的产业间贸易，IIT 值为 +1 时表示产业内贸易程度非常高，该产业的进口额等于出口额。需要注意的是，产业内贸易指数计算与所选商品分类标准关系密切，比如按照 SITC3 一位数分类和两位数分类分别计算 IIT 得到的结果差异很大，一般而言，分类越粗产业内贸易程度越高。

第三，显性比较优势指数（RCA），是一个国家相对于另一个国家所表现出来的出口比较优势，计算过程为测算一个国家某一产业出口在该国家所有出口中所占比重与该产业出口在世界贸易出口中所占比重之比，本书在第三章关于贸易比较优势测度时作了详细介绍。用 X 表示出口，下标 i 表示某一个国家，下标 w 表示世界总体，上标 k 表示某一个产业，上标 z 表示某个国家或世界的总出口，RCA_i^k 代表国家 i 的产业 k 出口的显性比较优势指数，那么显性比较优势指数的计算公式为：

$$RCA_i^k = \frac{|X_i^k / X_i^z|}{|X_w^k / X_w^z|} \qquad (5-35)$$

常用的简单判别方法是，如果 RCA 值大于 1，表示某国家第 i 产业产品在本国出口占比大于该产业的世界平均出口比重，那么该国第 i 产业具有显性比较优势；如果 RCA 值小于 1，表示该国第 i 产业产品在本国出口占比小于该产业的世界平均出口比重，那么该国第 i 产业具有显性比较劣势。如果研究目标产业的贸易方式以产业间贸易方式为主，用 RCA 来度量出口竞争力。RCA 可以比较方便地对比一个国家或地区的某一个产业的出口比较优势，具有较为广泛的应用度，但是这个指数忽略了国际贸易中进口对于比较优势度量的重要性，当一个国家或地区的经济规模较大时这种计算方法所得到的结果容易产生偏差。

第四，国际竞争力系数（ICC），是用某行业商品的净出口额与总贸易额的比值来度量，在一定程度上可以比较好地反映这个产业由引进到发展成熟、再到向外出口的完整阶段性差异。用 i 表示产业，t 表示时间，EX_{it} 表示一个国家第 i 产业在第 t 年的出口金额，IM_{it} 表示一个国家第 i 产业在第 t 年的进口金额，那么国际竞争力系数计算公式为：

$$ICC_{it} = \frac{(EX_{it} - IM_{it})}{(EX_{it} + IM_{it})} \qquad (5-36)$$

ICC_{it} 计算所得值在 -1 和 $+1$ 之间，-1 表示这个国家该产业出口为 0，只有进口，为该产业引进阶段；$+1$ 表示这个国家进口为 0，只有出口，为该产业发展很成熟，主要向国外出口产品。如果 ICC_{it} 计算所得值在 0 和 $+1$ 之间，说明这个国家该产业的出口大于进口，该产业产品出口具有竞争力；如果 ICC_{it} 计算所得值在 -1 和 0 之间，说明这个国家该产业的进口大于出口，该产业产品出口没有竞争力。

第五，出口结构相似指数（SSI），是指对比两个国家出口结构的相似度，两个国家的出口结构可以通过计算每个行业或产品的出口比重得到。如果两个国家每种产品出口比重基本相同，那么这两个国家的出口结构比较接近。用 $[s(ij, t)]j$ 表示 i 国所有出口产品的出口份额序列，$s(kj, t)$ 表示 i 国 j 种产品在 t 年的出口份额，那么 i 国 t 年和 k 国出口结构相似指数（SSI）的计算公式为：

$$SSI = Corr\ (\ [s(ij, t)]j, [s(kj, p)]j) \qquad (5-37)$$

Glick 和 Rose（1998）曾经提出一个出口相似性指数，史智宇（2003）在此基础上修改为式（5-38），可以适应不同分类方式，$S(i, k)$ 表示 i 国和 k 国的出口相似指数，x_{il} 表示 i 国第 l 种商品的出口金额，X_i 表示 i 国的总出口金额，x_{kl} 表示 k 国 l 种商品的出口额，X_k 表示 k 国的总出口金额，计算公式为：

$$S(i, k) = \sum_l \left\{ \frac{x_{il}/X_i + x_{kl}/X_k}{2} \left[1 - \left| \frac{x_{il}/X_i - x_{kl}/X_k}{x_{il}/X_i + x_{kl}/X_k} \right| \right] \right\} \qquad (5-38)$$

如果 $S(i, k)$ 计算值为 1，那么 i 国和 k 国的出口结构完全相同；如果 $S(i, k)$ 计算值为 0，那么 i 国和 k 国的出口结构完全不相同。

（二）中国出口竞争力测算分析

显性比较优势指数（RCA）可以比较好地反映出口产品的国际竞争力，可以使用的范围也比较广，但是 RCA 不包含进口产品的信息，国际竞争力系数（ICC）包含进口和出口产品，可以弥补 RCA 的不足。一般而言，显性比较优势指数和国际竞争力系数适合分析产业间贸易的情况，而 20 世纪 80 年代以来，全球产业内贸易发展很快，产业内贸易占比也越来越高，所以产业内贸易指数（IIT）也是重要的测度指标。

表 5 - 1 显示了中国工业部门 29 个行业的显性比较优势指数（RCA），表 5 - 2 显示的是中国工业部门 29 个行业的国际竞争力系数（ICC）。RCA 值大于 1，表示产业具有显性比较优势；RCA 值小于 1，表示产业具有显性比较劣势。ICC 值在 0 和 +1 之间，说明这个国家该产业的出口大于进口，该产业产品出口具有竞争力；如果 ICC 值在 -1 和 0 之间，说明这个国家该产业的进口大于出口，该产业产品出口没有竞争力。从两个表格计算值可以看出，中国工业部门的各个行业的国际竞争力各有差异，两个表格反映的不同指标计算值也存在差异，但是整体上国际竞争力得到提升的较多，比如纺织业和服装业、橡胶制品和塑料制品业、金属制品业。其中，也反映有些行业的国际竞争力有所下降，比如煤炭开采和洗选业、石油和天然气开采业、非金属矿采选业。

表 5 - 1　　中国工业部门 29 个行业的显性比较优势指数（RCA）

行业＼年份	2001	2004	2008	2012	2015
煤炭开采和洗选业	2.574	1.598	0.519	0.090	0.037
石油和天然气开采业	0.092	0.034	0.020	0.012	0.018
黑色金属矿采选业	0.003	0.001	0.001	0.002	0.001
有色金属矿采选业	0.061	0.174	0.094	0.022	0.007
非金属矿采选业	1.423	0.669	0.561	0.408	0.334
食品制造业和加工业	0.665	0.466	0.340	0.347	0.322
饮料制造业	0.240	0.159	0.141	0.120	0.112
烟草制品业	0.255	0.189	0.117	0.141	0.158
纺织业和服装业	3.680	3.256	3.375	3.229	2.858
皮革、毛皮、羽毛（绒）及其制品业	1.352	1.076	0.785	0.837	0.632
木材加工及木竹藤棕草制品业	0.852	0.819	0.871	0.833	0.717
家具制造业	4.141	4.755	5.864	7.308	6.080
造纸及纸制品业	0.332	0.319	0.459	0.697	0.851
印刷业和记录媒介的复制	0.661	0.963	1.660	1.386	1.081
文教体育用品制造业	1.600	1.228	1.109	0.774	0.736
石油加工、炼焦及核燃料加工业	2.132	1.607	1.273	1.151	1.372
化学原料及化学制品制造业	0.564	0.473	0.561	0.508	0.526
医药制造业	0.263	0.178	0.203	0.209	0.182
化学纤维制造业	0.085	0.136	0.319	0.386	0.367
橡胶制品和塑料制品业	1.758	1.492	1.437	1.676	1.626
非金属矿物制品业	0.568	0.563	0.629	0.741	0.788
黑色金属冶炼及压延加工业	0.490	0.696	1.157	0.838	1.042
有色金属冶炼及压延加工业	3.521	4.253	3.802	3.076	2.609
金属制品业	1.255	1.111	1.213	1.792	1.408
通用和专用设备制造业	0.442	0.507	0.861	0.785	0.762
交通运输设备制造业	0.258	0.273	0.416	0.497	0.408
电气机械及器材制造业	1.471	1.666	1.643	1.626	1.609
通信设备、计算机及其他电子设备制造业	2.168	3.200	3.576	3.696	3.229
仪器仪表及文化、办公用机械制造业	0.553	0.581	0.675	0.734	0.600

表 5 - 2　　　中国工业部门 29 个行业的国际竞争力系数（ICC）

行业＼年份	2001	2004	2008	2012	2015
煤炭开采和洗选业	0.935	0.618	0.165	-0.898	-0.925
石油和天然气开采业	-0.758	-0.915	-0.948	-0.975	-0.964
黑色金属矿采选业	-0.999	-1.000	-1.000	-0.999	-1.000
有色金属矿采选业	-0.901	-0.732	-0.912	-0.982	-0.994
非金属矿采选业	-0.026	-0.358	-0.469	-0.470	-0.384
食品制造业和加工业	0.272	0.108	0.030	0.004	0.010
饮料制造业	0.668	0.588	0.352	0.019	-0.098
烟草制品业	0.703	0.614	0.565	0.670	0.151
纺织业和服装业	0.587	0.706	0.824	0.833	0.837
皮革、毛皮、羽毛（绒）及其制品业	0.642	0.669	0.703	0.740	0.691
木材加工及木竹藤棕草制品业	0.231	0.428	0.599	0.293	0.193
家具制造业	0.892	0.881	0.922	0.917	0.918
造纸及纸制品业	-0.631	-0.540	-0.205	-0.025	0.081
印刷业和记录媒介的复制	0.304	0.212	0.353	0.316	0.294
文教体育用品制造业	0.893	0.876	0.870	0.813	0.821
石油加工、炼焦及核燃料加工业	-0.268	-0.360	-0.352	-0.221	0.106
化学原料及化学制品制造业	-0.467	-0.478	-0.256	-0.286	-0.183
医药制造业	0.204	0.243	0.280	0.080	-0.058
化学纤维制造业	-0.814	-0.635	0.058	-0.008	0.069
橡胶制品和塑料制品业	0.488	0.450	0.514	0.543	0.628
非金属矿物制品业	0.404	0.502	0.670	0.605	0.631
黑色金属冶炼及压延加工业	-0.546	-0.255	0.447	0.404	0.532
有色金属冶炼及压延加工业	-0.325	-0.262	-0.264	-0.440	-0.316
金属制品业	0.652	0.603	0.673	0.736	0.624
通用和专用设备制造业	-0.395	-0.329	0.113	0.109	0.226
交通运输设备制造业	-0.078	-0.016	0.235	0.067	0.026
电气机械及器材制造业	0.090	-0.077	0.362	0.446	0.535
通信设备、计算机及其他电子设备制造业	0.052	0.244	0.207	0.201	0.198
仪器仪表及文化、办公用机械制造业	-0.061	-0.360	-0.252	-0.169	-0.131

本书还计算了产业内贸易指数（IIT），具体数值见表 5-3，在全球产业内贸易发展越来越快的形势下，这个指标具有重要意义。IIT 值为 0 时表示完全的产业间贸易，IIT 值为 +1 时表示产业内贸易程度非常高，该产业的进口额等于出口额。从计算结果看，2001 年到 2015 年很多行业的产业内贸易指数（IIT）发生较大变化，而且大多是 IIT 计算值变大，比如石油和天然气开采业 IIT 从 0.242 变为 0.036，烟草制品业 IIT 从 0.297 变为 0.849，木材加工及木竹藤棕草制品业 IIT 从 0.769 变为 0.807，化学纤维制造业 IIT 从 0.186 变为 0.931，化学原料及化学制品制造业 IIT 从 0.533 变为 0.817，说明这些行业的产业内贸易趋势明显。

表 5-3　　　中国工业部门 29 个行业的产业内贸易指数（IIT）

行业 ＼ 年份	2001	2004	2008	2012	2015
煤炭开采和洗选业	0.065	0.382	0.835	0.102	0.075
石油和天然气开采业	0.242	0.085	0.052	0.025	0.036
黑色金属矿采选业	0.001	0.000	0.000	0.001	0.000
有色金属矿采选业	0.099	0.268	0.088	0.018	0.006
非金属矿采选业	0.974	0.642	0.531	0.530	0.616
食品制造业和加工业	0.728	0.892	0.970	0.996	0.990
饮料制造业	0.332	0.412	0.648	0.981	0.902
烟草制品业	0.297	0.386	0.435	0.330	0.849
纺织业和服装业	0.413	0.294	0.176	0.167	0.163
皮革、毛皮、羽毛（绒）及其制品业	0.358	0.331	0.297	0.260	0.309
木材加工及木竹藤棕草制品业	0.769	0.572	0.401	0.707	0.807
家具制造业	0.108	0.119	0.078	0.083	0.082
造纸及纸制品业	0.369	0.460	0.795	0.975	0.919
印刷业和记录媒介的复制	0.696	0.788	0.647	0.684	0.706
文教体育用品制造业	0.107	0.124	0.130	0.187	0.179
石油加工、炼焦及核燃料加工业	0.732	0.640	0.648	0.779	0.894

续表

行业 ＼ 年份	2001	2004	20C8	2012	2015
化学原料及化学制品制造业	0.533	0.522	0.744	0.714	0.817
医药制造业	0.796	0.757	0.720	0.920	0.942
化学纤维制造业	0.186	0.365	0.942	0.992	0.931
橡胶制品和塑料制品业	0.512	0.550	0.436	0.457	0.372
非金属矿物制品业	0.596	0.498	0.330	0.395	0.369
黑色金属冶炼及压延加工业	0.454	0.745	0.553	0.596	0.468
有色金属冶炼及压延加工业	0.675	0.738	0.736	0.560	0.684
金属制品业	0.348	0.397	0.327	0.264	0.376
通用和专用设备制造业	0.605	0.671	0.837	0.891	0.774
交通运输设备制造业	0.922	0.984	0.755	0.933	0.974
电气机械及器材制造业	0.910	0.923	0.638	0.554	0.465
通信设备、计算机及其他电子设备制造业	0.948	0.756	0.793	0.799	0.802
仪器仪表及文化、办公用机械制造业	0.939	0.640	0.748	0.831	0.869

二　中国高碳行业出口竞争力分析：开征碳税的预测

（一）我国开征碳税需求分析

本书证明了提高环境规制强度除了直接增加产品绝对成本及价格外，还间接地对不同行业产品相对价格发生作用，影响产品竞争力。"要素回报渠道"和"排放强度渠道"对同一行业竞争力的影响结果可能相反，因而开征或者提高环境税对不同行业（包括污染密集型行业）竞争力的最终影响是不确定的。但是，一般而言污染密集型行业增加的税负要高于其他非污染密集型（清洁）行业，产品成本和价格相应增幅也相对较大，因此需要特别重视开征或提高环境税对污染密集型行业的影响。本书上述模型推导是以开征碳税为例，以下继续以碳税为例进行分析。

IEA（2009）研究报告数据显示我国 2007 年成为全球第一大二氧化碳（CO_2）排放国①，在国际气候谈判会议上我国面临越来越大的减排压力，我国在 2009 年提出到 2020 年单位国内生产总值的碳排放比 2005 年下降 40%—45% 的减排目标；在 2015 年又提出在 2030 年左右使二氧化碳排放达到峰值并争取尽早实现，2030 年单位国内生产总值二氧化碳排放比 2005 年下降 60%—65%。从国际发展趋势看，美国等西方国家已经开始用自身环境标准施压于其他国家，比如欧盟在 2008 年 11 月就提出要将国际航空纳入欧盟碳排放交易体系（EU ETS），对飞往欧盟的飞机征收碳排放费，美国 2009 年 6 月先后通过《限量及交易法案》和《清洁能源与安全法案》，实质上形成了碳关税法案。我国进出口贸易总额已经位列世界第一，进出口贸易对国民经济平稳发展具有重要影响，出口贸易中高能耗、高碳行业产品比重较大，出口贸易隐含碳（Embodied Carbon）数量巨大（闫云凤、赵忠秀，2012；张云、杨来科，2012）。因此，开征或者提高碳税对我国出口贸易产生影响，需要重点关注出口贸易隐含碳较大的行业部门。

（二）我国各行业碳排放测算

学术界关注碳税对碳密集度较高行业的影响，原因是征税对其成本增加效应较为直接和明显，但是很多研究直接根据能源消耗和产出计算各行业碳排放强度，对于开放经济而言忽略了中间投入中进口产品在国外生产造成碳排放的实际情况，而且无法有针对性地分析可能的"污染避难所"行业。本书结合中国投入产出表（见表 5-4），对单区域生命周期投入产出模型进行逻辑推导和结构分解，推导出口贸易国内碳排放的计算公式②，计算各部门出口贸易形成的国内碳排放

---

① IEA. , *CO_2 Emissions from Fuel Combustion* 2008 *Edition*, International Energy Agency（IEA），Head of Communicational and Information Office. 2009.

② 笔者在相关研究中对出口贸易国内碳排放计算公式进行了探索性推导，本书在原有基础上进行改进。

情况。为提高计算准确度，还将重估各类能源碳排放系数，体现我国能源消耗技术的实际水平。

表 5 - 4   中国投入产出表

		中间使用				最终使用			进口（－）	其他	总产出
		部门 1	…	部门 j	…	部门 n	最终消费	资本形成	出口		
中间投入	部门 1										
	…										
	部门 i			X_{ij}						M_i	X_i
	…										
	部门 n										
增加值	劳动者报酬										
	生产税净额										
	固定资产折旧										
	营业盈余										
	总投入										

注：根据《中国投入产出表（2007 年）》制作简表。

根据投入产出法，一国总产出可以表示为：

$$X = AX + F$$

移项得到：

$$X = (I - A)^{-1}F \qquad (5 - 39)$$

其中，$A = \{x_i/x_j\}$ 是直接消耗系数矩阵；$(I - A)^{-1}$ 是里昂惕夫逆矩阵，即完全需求系数矩阵；X 是总产出（列向量）；F 是最终需求。

上述公式描述了封闭经济体没有进出口贸易的情况，而目前国际经贸领域各国或多或少均参与国际分工或进口产品用于中间投入，对于一个开放经济体而言对外贸易进口商品中一部分用于满足最终使用，另又有一部分用于国内生产中间投入。根据中国投入产出表（见表 5 – 4），投入产出关系表达式为：

$$X = AX + F^g + F^c - J \qquad (5-40)$$

其中，X 是国内总产出；F^g 是国内最终需求，包括最终消费（居民消费、政府消费）和资本形成的投资；F^c 是满足国外需求的出口；J 是进口。

进一步分析各部门的进口情况，如果单个部门 i 的进口额用 J_i 来表示，考虑到各个部门投入与产出均一性关系，假设部门 i 进口额 J_i 与总消费 $AX + F^g + F^c$ 存在稳定的比例关系，那么可以得到进口系数 j_i 的计算公式：

$$j_i = J_i / \ (AX + F^g + F^c) \qquad (5-41)$$

计算各个部门的进口系数，得到衡量各部门对进口依赖程度的进口系数对角矩阵 $\bar{J}$，上述投入产出关系表达式修改为：

$$X = AX + F^g + F^c - \bar{J} \ (AX + F^g + F^c)$$

移项得到：

$$X = [I - \ (I - \bar{J}) \ A]^{-1} \ [\ (I - \bar{J}) \ F^g + \ (I - \bar{J}) \ F^c] \qquad (5-42)$$

上式中，$(I - \bar{J}) \ A$ 是投入系数 A 减去了进口部分，可以视为国内产品投入系数；$(I - \bar{J}) \ F^g$ 是国内产品用于国内最终需求部分；$(I - \bar{J}) \ F^c$ 是国内产品满足国内外需求的出口部分。所以，满足国外需求的国内总产出计算公式为：

$$X^c = [I - \ (I - \bar{J}) \ A]^{-1} \ (I - \bar{J}) \ F^c \qquad (5-43)$$

如果用 E^g 来表示国内单位产出的直接碳排放强度矩阵，可以得到满足国外需求的国内总产出形成的国内碳排放为：

$$Q_e = E^g \ [I - \ (I - \bar{J}) \ A]^{-1} \ (I - \bar{J}) \ F^c \qquad (5-44)$$

计算直接碳排放强度矩阵 E^g，利用行业部门的能源消耗量和各种能源二氧化碳排放系数（见表5-5）计算二氧化碳排放总量，然后依据各行业部门的产出计算国内单位产出直接碳排放强度矩阵 E^g[①]。其中，各种能源二氧化碳排放系数计算公式依据来源于 IPCC（2006）[②]，第 k 种能源的二氧化碳排放系数 θ_k 计算公式为：

$$\theta_k = NCV_k \times CC_k \times COF_k \times （44/12）\quad k = 1，2，3，\cdots （5-45）$$

其中，NCV_k 是指平均低位发热量，单位是 kJ/kg 或 kJ/m³；CC_k 是碳排放因子，单位 kg/GJ；COF_k 是碳氧化因子，IPCC 取缺省值1；44 和 12 分别为二氧化碳和碳的分子量。

表5-5　　　　　　　各种能源的二氧化碳排放系数

能源（单位）	排放系数	能源（单位）	排放系数
原煤（kgCO₂/kg）	1.8953	煤油（kgCO₂/kg）	3.0933
洗精煤（kgCO₂/kg）	2.3881	柴油（kgCO₂/kg）	3.1571
其他洗煤（kgCO₂/kg）	0.7581	燃料油（kgCO₂/kg）	3.2328
焦炭（kgCO₂/kg）	3.0735	液化石油气（kgCO₂/kg）	3.1623
焦炉煤气（kgCO₂/m³）	1.2381	炼厂干气（kgCO₂/kg）	3.3749
其他煤气（kgCO₂/m³）	0.3869	其他石油制品（kgCO₂/kg）	3.0952
其他焦炭产品（kgCO₂/kg）	2.6882	天然气（kgCO₂/m³）	2.1825
原油（kgCO₂/kg）	3.0643	热力（kgCO₂/MJ）	0.1130
汽油（kgCO₂/kg）	2.9826	电力（kgCO₂/（kW·h））	1.1040

注："其他煤气""其他焦化产品"和"其他石油制品"的平均低位发热量为平均数。

根据我国国家统计局公布的投入产出表《中国投入产出表（2007年)》"基本流量表"所列 42 个行业和《中国能源统计年鉴》所列 45 个行业，经过比对、合并和归类，最后调整得到统计口径相对一致、

---

① 国内单位产出直接碳排放强度矩阵计算过程较复杂，计算数据较多，限于篇幅不列出，如有需要可联系作者。
② IPCC 是联合国政府间气候变化专门委员会（Intergovernmental Panel on Climate Change）的简称，1988 年由世界气象组织（WMO）及联合国环境规划署（UNEP）联合建立。

统计数据具有延续性的 29 个行业部门分类。可利用上述公式计算得到 29 个行业部门生产所形成的国内二氧化碳排放总量以及这些行业出口产品的国内二氧化碳排放量。

从行业碳排放计算结果来看，各部门国内生产总排放行业分布结构与满足国外需求的国内碳排放分布结构具有相似性。农林牧渔业、交通运输及仓储邮政业、非金属矿物制品业、化学工业、金属冶炼及压延加工业五个行业的排放量之和占所有国内生产碳排放量的近 70%，其中除了非金属矿物制品业之外的四个行业也居于所有行业出口贸易国内碳排放量的前五位，另外一个出口贸易国内碳排放量排名前五的行业是纺织业。部分行业出口贸易的国内碳排放占国内生产总排放的比重较高，其中通信设备计算机及其他电子设备制造业、仪器仪表及文化办公用机械制造业、纺织业这三个行业的占比分别达到 77.63%、75.88%、71.90%，还有金属制品业、化学工业、纺织服装鞋帽皮革羽绒及其制品业、电气机械及器材制造业、造纸印刷及文教体育用品制造业、木材加工及家具制造业、金属矿采选业、金属冶炼及压延加工业等部门出口贸易碳排放占比大于 40%。

就单位产值的碳排放强度指标来看，排放强度较高的行业集中在农业以及金属、煤炭等矿产开采和冶炼为主的重化工业，表 5 - 6 列出了单位产出国内碳排放和单位出口贸易国内碳排放最大的五个行业及其排放强度，行业总体来看，大部分行业出口贸易国内碳排放强度要远高于国内碳排放强度且出口贸易国内碳排放强度（3.246 tCO_2/wRMB，单位为吨碳排放量/万元人民币）是国内碳排放强度（1.305 tCO_2/wRMB）的 2.5 倍左右。这说明我国为满足国外消费需求而导致的碳排放强度要远高于各行业国内生产碳排放强度平均值，这一点对于我国应对国际气候谈判和环境贸易壁垒具有重要意义。

表 5 – 6　　　　　　　　　区内碳排放强度最大的行业部门

行业部门	单位产出国内排放强度（tCO$_2$/wRMB）	行业部门	单位出口贸易国内排放强度（tCO$_2$/wRMB）
农林牧渔业	7.538	电力热力的生产和供应业	180.453
金属冶炼及压延加工业	2.876	农林牧渔业	104.563
非金属矿物制品业	2.637	金属矿采选业	37.002
水的生产和供应业	2.146	煤炭开采和洗选业	31.342
煤炭开采和洗选业	1.976	石油和天然气开采业	18.234

（三）碳税对我国高碳行业影响预测分析

World Bank（2008）研究报告利用引力模型实证研究碳税对 OECD 国家产业国际竞争力的影响，也发现碳税对能源密集型产业的国际竞争力有明显的负面影响。Aldy 和 Pizer（2008）以美国 400 多个制造行业为样本，估计征收 15 美元/吨二氧化碳的单边碳税情况，测算出这些行业生产海外转移范围为 0.7%—0.9%，一些能源密集型产业预计会有 0.3%—1.8% 的竞争力影响。张明喜（2010）对我国开征碳税的 CGE 模型进行了模拟研究，发现碳税对经济结构中各个行业的产出具有负面影响，其中对矿产采掘业的影响最大。可见，我国如果开征碳税，会对我国一些污染密集型行业（主要为高碳行业）产生较大影响。

根据上述测算，我国电力热力的生产和供应业、农林牧渔业、金属矿采选业、煤炭开采和洗选业、石油和天然气开采业、通信设备计算机及其他电子设备制造业、仪器仪表及文化办公用机械制造业、纺织业等部门的出口贸易对开征或提高碳税敏感度较高，是我国开征或者提高碳税需要重点关注的部门，在碳税政策设计和效果评估中需要重点分析。从"排放强度渠道"看，碳税可能对这些行业部门的出口竞争力产生较大的负面影响，有研究指出我国贸易比较优势集中于劳动密集型产业，环境规制强度可提升工业行业比较优势①，这说明可以在渐进化过程中逐步消化碳税，增加成本对这些部门产品出口竞争力的影响。另一方面，国内劳动力成本提升、原材料价格上涨、人民币升值、资源价格改革等因素都会对要素回报率产生重要甚至变革性的影响，因此需要增加从"要素回报渠道"视角评价碳税实施效果，提供综合评估的准确性，以完善碳税制度设计和实施。针对这些行业要素产出弹性系数和回报率差异，可以考虑进行国内外要素回报率对比评估，设计我国行业差异化碳税策略，帮助这些行业消化"排放强度渠道"的负面影响，优化资源配置，增加全社会福利。

第四节　环境规制下要素流动影响贸易竞争力研究启示

开征或提高环境税会通过要素报酬率改变要素产出弹性系数决定的总成本构成，从而间接地对不同行业产品相对价格发生作用，影响产品竞争力，我国需要"恰当设计"环境规制制度，循序渐进发挥"要素回报渠道"作用。

一　我国政府和行业对于提高环境规制强度、开征碳税等环境税政策，应该持积极的态度

本书证实开征或提高环境税影响行业部门产品竞争力，取决于两方面，一是不同行业单位产品污染排放量，二是行业部门生产要素的产出弹性系数。所以，我们需要改变从行业排污强度来判断环境税影响行业竞争力的直觉感受，积极实施环境税、提高环境规制强度，推

---

① 参见李小平、卢现祥、陶小琴《环境规制强度是否影响了中国工业行业的贸易比较优势》，《世界经济》2012 年第 4 期。

动我国产业结构优化和产品结构绿化，提升我国出口产品的绿色贸易国际竞争力。

欧美等发达国家在长期实践中已经形成了较为完整的环境规制体系，从研究结论判断，它们实施严格环境规制未必一定会降低其产品国际竞争力、增强发展中国家污染密集型产业产品国际竞争力。近期，部分发达国家倡导推行包括环境标准在内的新贸易标准，施压于其他国家、巩固其国际规则制定者的地位，比如跨太平洋伙伴关系协定（Trans-Pacific Partnership Agreement，简称 TPP），虽然 TPP 没有受到新一届美国政府的青睐，但是上一届美国政府则是努力推动，TPP 附有独立文件《环境合作协议》，展示了国际贸易对环境标准的新要求。国际上碳关税已经付诸实践，从"莫斯科会议宣言"到"最后期限"的提出表明，中国绝对不可能作为旁观者（林伯强、李爱军，2012）。

我国需要更为积极地实施环境税、提高环境规制强度，比如尽早开征碳税。从我国国际贸易长期发展来看，一方面，开征碳税有助于缓解我国出口行业特别是污染密集型出口行业的国际减排压力，也可以有效地规避部分国家已经或即将实施的环境贸易壁垒。另一方面，开征碳税也有助于推动我国国内经济贸易发展方式转变，我国已经宣布碳减排目标，即 2020 年单位国内生产总值的碳排放比 2005 年下降 40%—45% 以及 2030 年碳排放达到峰值，要实现减排目标迫切需要我国改变高能耗、粗放式经济贸易发展方式；开征碳税还有助于弥补碳交易平台建设试验和推广时间较长的缺陷，碳税和碳排放交易平台建设配合运作可以更好地发挥政府和市场协调减排的作用，通过实施碳税等环境税，可以把污染排放负外部性内部化，进而修正被扭曲的价格信号，优化国内资源配置，调整产业结构，有效引导各行业实现发展转型，减少污染排放，同时增加全社会福利。

二 "恰当设计"环境规制制度，循序渐进发挥"要素回报渠道"作用，实现最优效果

在设计环境税等环境规制制度时，需要考虑开征或者提高环境税会增加产品的生产成本及价格，前文分析了"排放强度渠道"决定了污染密集型行业的税负要高于非污染密集型行业，同时还需要考虑"要素回报渠道"决定了并不是所有污染密集型行业竞争力都会下降。应该在考虑污染密集型行业承担环境税负较重、产品价格上升较多导致竞争力下降的基础上，充分分析要素产出弹性系数等其他因素在市场运行机制作用下对产品竞争力的影响作用。

"恰当设计"的环境规制制度极为重要，一方面，已有研究中经常出现的观点认为，设计合理的环境规制可以推动被规制企业生产技术和工艺的创新，进而形成技术领先的绝对竞争优势，而且已有研究证实，合理的税收收入再分配可以有效减少环境税对企业的影响（Zhang 等，2004）；另一方面，由于实施环境税提高了环境规制强度，对中国行业内和行业间的要素流动产生影响，环境规制强度提升需要有阶段性"度"的控制，理性企业在环境规制强度循序渐进提高的过程中进行科学分析和预判，采取针对性调解措施，而行业部门则会呈现有计划地不断优化要素投入情况。我国开征或提高环境税，需要设计一个公平合理的税收征收体系以及循序渐进的推进策略，使经济主体能够依据自身情况选择最优的转型路径。

实施环境税、循序渐进地提高环境规制强度的过程，需要注重环境规制效果的综合评估，进而进行优化调整。提高环境规制强度在"排放强度渠道"作用下，对污染密集型行业如高碳行业的直接效应是增加要素流出、提高适应性成本、降低国际竞争力，而技术创新、收入再分配以及"要素回报渠道"作用则会调整企业资源、土地、资本等要素投入、推动技术创新，改善各个行业国际竞争力。因此，实

施环境规制政策的过程中需要结合国内外经济形势、特别是出口贸易的实际情况，不断优化调整环境税制度和实施进程。我国开征或提高环境税，需要政府加强综合评估、调整优化政策制度设计和推进速度；另外，我国出口贸易中高能耗、高污染行业产品比重相对较大，而且各个地区经济贸易发展水平也不平衡，所以在实施环境税、循序渐进地提高环境规制强度的过程中还需要考虑行业差异化和地区差异化的制度设计。

第六章 环境规制下中国外贸发展方式转变及评估研究

在国际国内经济发展新时期，提高环境规制强度成为经济贸易发展的必然趋势，新时期环境规制下我国转变外贸发展方式具有必要性。前述理论和实证研究阐释了环境规制对中国外贸发展的影响，理论研究厘清了环境规制下我国外贸发展方式转变的理论逻辑，实证检验结果则为环境规制下我国转变外贸发展方式提供了可行性论证。我国对外经济贸易发展方式转变取得一定成效，但缺乏有效的评价方法会影响政策效果判断和措施调整优化，本书以前述环境规制的不同贸易效应研究为基础，构建环境规制下中国外贸发展方式转变的综合评估指标体系，利用主成分分析法进行测度和分析。

第一节 新时期环境规制下我国外贸发展方式转变必要性

当前国际国内经济发展都进入新时期，国际经济发展处于"后危机时期"，而国内经济处于"新常态时期"，"后危机时期"和"新常态时期"都对环境规制提出了更为明确的新要求，甚至赋予促进经济发展的新期望，新时期环境规制下我国转变外贸发展方式具有必要性。

一　"后危机时期"环境规制下我国外贸发展方式转变存在必要性

唐海燕（2008）研究国际金融危机后各国加快对外经济发展方式转变的战略，指出金融危机导致国际分工体系出现新的变化，各国也同时面对经济发展方式的转变与国际分工地位的重新洗牌；中国外源性、粗放式的对外经济发展方式的缺陷与不适应性正在凸显，加快对外经济发展方式转变的内部压力正在转变成内在动力。王放（2009）以国际金融危机与我国出口企业外贸发展方式转变为研究对象，指出金融危机加剧了贸易保护主义，恶化了我国外贸条件，目前欧美等国经济发展前景堪忧，市场萎缩、失业率上升等导致贸易保护主义逐渐抬头，美国对华反倾销、技术性壁垒、标准性及绿色贸易保护手段更是频繁出现。裴长洪（2010）分析了金融危机发生之后世界经济呈现出来的新特点和新态势，指出国家资本和私人垄断资本直接融合是实施救援的重要手段，而且国家资本跨国化趋势适应于刺激经济发展的新需要，全球经济治理改革成为经济全球化情况下全新的利益诉求，全球新科技革命及其产业化正在酝酿中；其分析中还指出中国经济发展仍将长期面对贸易保护主义的困扰、降低碳排放的压力以及扩大世界市场的迫切需要，西方一些国家可能借助其在碳排放上的有利地位，在扩大低碳产品与技术出口的同时，限制高碳产品的进口和消费，甚至试图修改贸易规则，以满足自身利益，因此中国加速转变经济发展方式已经迫在眉睫。商务部课题组李钢等（2010）着眼于后危机时代中国外贸发展战略的选择问题，指出发达国家企图通过全球气候变化和环境规则的制定，使用约束性减排义务、边境碳税等手段，牢牢占据低碳经济和环保产业领域的国际分工主导地位，从而制约发展中国家进一步发展的权利，因此我国未来可能面临发达国家强加的环境枷锁，经济发展空间和潜力将会受到深远影响。蒲晓晔和赵守国（2010）提出 2007 年美国"次贷危机"引发了全球性的经济衰退，以投资拉动和出口导向型的经济增长方式导致中国经济发展进退失据的两难状态，基于新的国际经济背景，中国应着眼于动态的内生比较优势来优化对外贸易结构，并且通过经济发展调整在国际分工框架中的比较利益结构，促使比较优势向竞争优势的转化。张建中和梁珊（2011）对比分析金融危机前后中国对外贸易发展现状，探讨后危机时代中国对外贸易的发展趋势，提出后危机时代中国对外贸易发展需要调整出口退税政策、加工贸易政策等，妥善应对贸易摩擦。商务部课题组李健等（2012）认为国际金融危机重新调整全球经济贸易格局：一是伴随着需求结构变化和经济增速下降，部分发达国家为改善贸易失衡状况，大力支持实体经济发展，激励制造业回归；二是为应对危机，一些国家提出"绿色新政"，促进新一轮科技革命在全球兴起，带来科技创新和产业升级的新突破；三是国际经济关系和治理体系面临新变革，各国将围绕气候变化、能源资源安全等问题展开新的合作与博弈。魏彩慧和张开旺（2013）指出后危机时代的世界经济复苏势头缓慢，我国对外贸易面临诸多问题，比如贸易保护日趋严重、贸易摩擦逐渐增多，国际分工地位较低、出口产品仍处于全球价值链的中低端位置，资源环境约束增强，等等，制约对外贸易稳定发展，并由此指出后危机时代我国对外贸易发展的对策。郭熙保和陈志刚（2013）指出后危机时期世界经济增长、生产和贸易的格局出现深刻调整，中国亟须加快外贸发展方式的转变，优化外贸空间布局，拓展对外贸易规模，提升对外贸易质量与效益，进一步促进对外贸易的健康可持续发展。黄安（2014）指出国际金融危机对我国外贸的实质影响主要体现在对发展方式的冲击，如何利用金融危机提供的客观机遇，转变外贸发展方式，推动外贸实现转型，已成为我国外贸可持续发展中的一个突出问题。熊珍琴和吴迪（2016）提出 2007 年之后全球碳关税兴起与发展，促进世界经济步入绿色经济、低碳发展时代，因此我国传统的粗放式外贸发展方式必须向低能耗、高附加值、高技术含量的集约型外贸发展方式转变。

二　"新常态时期"环境规制下我国外贸发展方式转变存在必要性

张彩兰（2015）分析了新常态经济背景下我国对外贸易的发展遇到新挑战，即世界经济复苏艰难、全球性经济危机风险仍然存在，贸易保护主义升温、国际贸易摩擦风险持续增大；新兴经济体已崛起、传统对外贸易竞争优势弱化；同时面临机遇，全面深化改革开放、对外贸易持续发展的红利将延续，经济发展优势明显、对外贸易转型发展具备良好基础。刘慧君和洪泳（2015）分析"新常态"下外贸发展趋势，即出口增长放缓、进口增速继续趋缓，出口产品结构及贸易方式发生变化，进口结构不断优化，指出我国外贸面临挑战：外贸增速放缓、出口有较大不确定性，要素成本上升及汇率波动制约外贸企业发展，出口放缓对经济的冲击。祁春凌和徐丽（2015）分析我国外贸进入新常态情况，指出我国外贸步入中低速发展阶段，原有全要素成本优势已经呈现弱化趋势，劳动力成本的比较优势逐渐弱化、资源约束增强和环境成本上升，国际经贸制度环境愈加复杂。郑铁桥和张建中（2015）认为2009年以来中国经济进入新常态，经济发展呈现结构性减速状况，一系列宏观经济指标也出现新的性状，新常态下我国出口贸易形势严峻，我国对外出口贸易增速趋于下降，对发达国家和地区的出口贸易增速下跌尤其剧烈；我国贸易账户盈余增长率快速下跌，贸易账户平衡压力加剧；如何在新常态下保持我国经济平稳中速增长，并确保对外出口贸易平稳优质发展，亟须探讨新的思路与对策。代玉簪和王春艳（2016）分析了新常态下中国对外贸易的新特点与问题，指出我国外贸发展方式的不合理性，出口产品结构仍以高污染、高能耗的产品为主，对外贸易经营模式仍为"大进大出，两头在外"，对外贸易产业结构仍集中于劳动密集型为主的制造加工业，高能耗、高污染、资源浪费等现象比比皆是。侯本乾（2016）分析了新常态下我国对外贸易发展的现状及对策，提出面临新形势、新常态、新挑战，紧紧抓住转变外贸发展方式这条主线，需要更加注重优化营商环境，更加注重加速贸易和产业融合，更加注重发挥"走出去"的激励作用，更加注重培育新的商业模式，更加注重实施积极的进口战略，更加注重金融财政的支持力度，更加注重提升国际经贸规则的积极性。

综上分析可见，我国对外贸易发展面临"新时期"的环境特征，在国际经济发展处于"后危机时期"而国内经济处于"新常态时期"，我国对外贸易发展方式转变存在必要性。"后危机时期"世界经济出现了若干新特点和新态势，国际分工体系发生新的变化，贸易保护主义重新抬头，比如美国对华反倾销、技术性壁垒、标准性及绿色贸易保护手段时常出现，新的"绿色革命"为代表的科技革命及其产业化正在酝酿之中，我国以资源高消耗为手段、以环境遭破坏为代价的粗放型对外经济发展模式已经不适应新发展要求。"新常态时期"，我国外贸发展速度有所减缓，出口面临较大的不确定性，探寻其中原因，许多学者提出我国全要素成本优势已经开始弱化，比如劳动力成本的比较优势减弱，资源约束逐渐增强和环境成本也逐渐上升。几乎所有的学者都提出"后危机时期"和"新常态时期"下我国对外贸易发展方式转变是必要的，其中"新时期"环境特征下国际国内经济注重环境规制成本、绿色科技革命等是对外经济贸易发展方式转变的主流。

第二节　环境规制下中国外贸发展方式
转变评估指标体系

一　中国外贸发展方式转变评估指标体系研究总结

近年来我国越来越注重经济转型和保护生态环境，环境规制要求下中国对外经济发展方式转变取得一定成效，但同时面临不同的评价。有些研究者开始关注我国外贸发展转型的成功与不足之处，并尝试进行定量评价分析，以下针对评估指标体系进行分阶段梳理和总结。

第一阶段是探索性的外贸发展方式评价指标体系构建和评价研究。

范爱军和刘云英（2007）构建了包含 1 个总目标系统、3 个分目标系统和 18 个具体指标的外贸增长方式综合评价指标体系，涉及三个方面，分别为外贸结构、外贸综合效益和外贸可持续发展，然后以山东省为例进行实测。霍强和罗卫（2008）的研究是从四个面（外贸结构、综合效益、外贸安全、发展基础）对我国外贸增长方式构建评价指标体系，然后对我国实际情况进行综合评价。黄小峰（2008）构建的外贸增长方式评价指标体系包括五个方面，分别为量性发展、效益提高、结构优化、可持续发展、国际竞争力。在生态环境越发受到重视的情况下，还有一些研究者专门从资源和能源等角度对外贸的可持续发展进行定量研究。袁永友和刘建明（2004）分析了中国外贸可持续发展构建评价指标体系所涉及的一些要素，比如设计取向、方法建议、基本原则等，并在此基础上了设定七类指标。谷志红和牛东晓等（2005）提出构建多因素多层次模糊优选模型，来评价分析我国外贸可持续发展，涉及指标包括经济效益、社会效益、生态效益等。周茂荣和周念利（2005）提出从出口的经济效益和生态效益两个方面建立分层评价指标体系，引入灰色关联分析方法，建立出口贸易可持续发展水平时序评价模型进行实证研究。蒲艳萍和王玲（2007）研究建立我国外贸可持续发展评价指标体系后，采用层次分析法对我国对外贸易可持续发展能力和现状，进行了综合分析与评价。上述这个阶段的研究，在生态环境保护要求下中国外贸发展方式转变评价指标体系构建进行了有益探索，具有较好的借鉴作用。有的研究构建的外贸发展评价指标体系较为完善，但是也存在一些不足，比如指标体系在社会经济和环境规制新形势下已出现不够全面的问题，还有一些指标体系的分类或分层不合理、不科学。

第二阶段是相对更为完善的外贸发展方式评价指标体系构建和评价研究。

本书梳理具有代表性的研究文献，重点分析这些指标体系构建中所涉及的分层和分类情况。王宇华（2010）构建了具备 25 个指标的对外贸易发展方式转变评价指标体系，并且分别设置指标体系的目标层、准则层、子准则层、指标层等，该指标体系中涉及的资源和环境指标主要归类于外贸效益这个准则层，具体包含资源效益和环境效益两个子准则层指标，涵盖能源消费弹性系数、初级产品效益度、单位出口额废气排放量、单位出口额废水排放量、单位出口额固体废物排放量共计 5 个指标。李玲玲和张耀辉（2011）研究建立了三层指标的经济发展方式转变评价体系，该体系涉及 4 个一级指标、12 个二级指标、29 个三级指标，其中设置的关于资源环境的指标，包含能源可持续指标、土地利用效率指标、环境可持续指标。陈海波和朱华丽（2012）基于全球价值链视角，建立包含 4 个一级指标、11 个二级指标和 32 个三级指标的中国对外贸易发展方式转变评价体系，指标体系关于资源和环境的指标为可持续发展指标，包括生态效益和资源效益2 个二级指标，三级指标具体为：单位出口价值废水排放量、单位出口价值废气排放量、单位出口价值废物排放量、单位出口价值能耗、初级产品效益度、能源消费弹性系数。

汪素芹多次对全国和部分地区的外贸发展方式转变进行定量测度分析，汪素芹和孙佳佳等（2011）构建了包含 5 个一级系统、14 个二级指标与 39 个三级指标的中国外贸发展方式转变评价指标体系，其中一级系统包括：规模指标系统、效益指标系统、结构指标系统、可持续发展指标系统、竞争力指标系统，该指标体系涉及资源和环境指标归类在可持续发展指标这个一级指标系统，包括环境效益和资源效益 2 个二级指标，具体又包括：进出口贸易废水净排放量、进出口贸易废气净排放量、进出口贸易废物净排放量、综合能源进出口比率、初级产品效益度、可持续发展指标 6 个三级指标。汪素芹和周健（2012）在研究技术创新对中国外贸发展影响时，构建了涵盖 1 个总目标系统（目标层）、4 个分目标系统（一级指标）、10 个方面（二级指标）和 30 个具体指标的中国对外贸易发展方式评价指标体系，其中可持续发展指标这个一级指标，与前述汪素芹和孙佳佳等（2011）研究相同。汪素芹（2013）研究我国区域外贸发展方式转变时候，借鉴已有研究并考虑数据可得性，构建包含 5 个一级指标、12 个二级指标、27 个三级指标的中国对外贸易发展方式转变评价指标体系，其中涉及资源和环境指标归类在可持续发展指标这个一级指标，同样包括环境效益和资源效益 2 个二级指标，具体包括：出口贸易工业废水排放强度（逆）、出口贸易工业废气排放强度（逆）、出口贸易工业废物排放强度（逆）、出口贸易工业能源消耗强度（逆）4 个三级指标。汪素芹（2014）研究中国经济发展方式转变与外贸发展方式转变相互影响时，又构建了包含 5 个一级指标、17 个二级指标、34 个三级指标的中国对外贸易发展方式转变评价指标体系进行实证测度，其中涉及资源和环境指标存在于外贸可持续发展指标这个一级指标之下，包括环境保护和资源节约 2 个二级指标，具体包括：出口贸易工业废水排放强度（逆）、出口贸易工业废气排放强度（逆）、出口贸易

工业废物排放强度（逆）、出口贸易工业废水排放量（逆）、出口贸易
工业废气排放量（逆）、出口贸易工业废物排放量（逆）、出口贸易工
业能源消耗量（逆）、出口贸易工业能源消耗强度（逆）、能源依存度
（逆）9 个三级指标。从汪素芹的研究进展看，其构建我国对外贸易发
展方式转变评价体系所包含的内容分层和具体指标都在不断补充和完
善之中，相关实证测评也取得较好的结果，支持相关理论分析和政策
建议。

　　上述构建指标体系的两阶段研究都具有较好的参考价值，许多研
究在构建中国对外贸易发展方式转变评价指标体系中，考虑到了独立
性、概括性、数据可得性原则，但也存在一些不足之处，比如指标体
系不够全面，服务贸易对外贸发展的影响没有体现，还有一些指标体
系缺少贸易竞争力指标和社会效益指标等，这需要在兼顾指标科学性、
数据可得性与指标全面性的基础上进行优化和改进。本书在参考已有
研究的基础上，立足于当前我国经济、社会、环境发展要求，尝试构
建充分考虑指标体系、环境规制等要求的中国对外贸易发展方式转变
评估指标体系，采用主成分分析法（Principal Components Analysis，简
称 PCA）来确定指标权重、计算综合指数，评估中国对外贸易发展方
式转变程度。

二　中国外贸发展方式转变评估指标体系构建

　　构建中国外贸发展方式转变评估指标体系需要遵循三大原则：第
一个原则是客观性原则。指标体系的设定要以科学理论和原理为准绳，
以客观事实为基础，与我国国内经济社会发展实际情况相符合，尽量
规避主观因素的影响，在数据收集中需要尽可能地采用直接数据，而
且数据来源也需要具有权威性和可信度，比如数据最好来自国家统计
部门发布的统计数据。第二个原则是科学性原则。构建中国对外贸易

发展方式转变评估指标体系，需要根据我国经济贸易发展趋势和转变要求，选择既能反映我国外贸发展历史情况和特征，又能反映我国外贸发展方式转变当前和未来趋势的指标，反映外贸发展方式转变的动态过程；还需要兼顾指标相关性和独立性，全面准确概括和结构层次合理。第三个原则是可操作性原则。中国对外贸易发展方式转变评估指标体系需要考虑指标数据实际存在性和可获得性，各项指标数据收集、整理和计算需要能够保证反映实际经济意义。

　　本书参考已有相关研究，以环境规制下中国对外贸易发展方式转变内涵为基础，通过结构化和层次分解法构建中国对外贸易发展方式转变评估指标体系。前文在总结已有研究的基础上，归纳和分析环境规制的负面、正面和不定贸易效应，提炼了环境规制影响外贸发展的三大关键性问题，一是基于环境要素禀赋理论的环境规制与贸易比较优势问题，二是基于技术创新影响价值链地位理论的环境规制与出口结构问题，三是基于要素流动视角的环境规制与出口竞争力问题。除了环境规制影响外贸发展之外，贸易发展也影响环境问题，所以第四个需要重点关注的指标体系是关于贸易发展对环境的影响。本书综合上述四个问题，构建中国外贸发展方式转变评估指标体系，包含 4 个一级指标体系，分别为：基于贸易比较优势效应的一级指标体系 A1，基于贸易结构优化的一级指标体系 A2，基于贸易竞争力的一级指标体系 A3，基于环境规制目标的一级指标体系 A4。一级指标体系又包含 15 个二级指标和 35 个三级指标，具体见表 6 − 1，不赘述。

表 6－1 中国对外贸易发展方式转变评估指标体系

目标层	一级指标	二级指标	三级指标	指标性
环境规制下外贸发展方式转变	基于贸易比较优势效应的一级指标体系 A1	外贸发展规模 B1	货物贸易额 C1	适度
			货物贸易额占世界比重 C2	正指标
			服务贸易额 C3	正指标
			服务贸易额占世界比重 C4	正指标
		外贸发展速度 B2	货物贸易增长率 C5	适度
			服务贸易增长率 C6	正指标
		外贸发展效益 B3	外贸依存度 C7	适度
			外贸对地区经济平衡发展影响力 C8	正指标
			外贸对促进就业贡献 C9	正指标
	基于贸易结构优化的一级指标体系 A2	产品结构 B4	机电产品出口比重 C10	正指标
			高新技术产品出口比重 C11	正指标
		主体结构 B5	民营企业出口比重 C12	正指标
			外资企业出口比重 C13	逆指标
		方式结构 B6	一般贸易出口比重 C14	正指标
			加工贸易出口比重 C15	逆指标
		国别结构 B7	出口市场分布度 C16	正指标
		地区结构 B8	出口地区结构分布度 C17	逆指标
	基于贸易竞争力的一级指标体系 A3	研发成果 B9	专利授权率 C18	正指标
			万名就业人员专利申请量 C19	正指标
			研发投入占 GDP 的比重 C20	逆指标
		企业竞争力 B10	进入世界 500 强国际化企业数 C21	正指标
		贸易 RCA 指数 B11	货物贸易 RCA 指数 C22	正指标
			服务贸易 RCA 指数 C23	正指标
		净直接投资率 B12	对外投资/利用外资 C24	正指标
		贸易摩擦 B13	国外对华反倾销数 C25	逆指标
			国外对华反倾销数占世界比重 C26	逆指标
	基于环境规制目标的一级指标体系 A4	环境保护 B14	出口贸易工业废水排放强度 C27	逆指标
			出口贸易工业废气排放强度 C28	逆指标
			出口贸易工业废物排放强度 C29	逆指标
			出口贸易工业废水排放量 C30	逆指标

续表

目标层	一级指标	二级指标	三级指标	指标性
环境规制下外贸发展方式转变	基于环境规制目标的一级指标体系A4	环境保护B14	出口贸易工业废气排放量C31	逆指标
			出口贸易工业废物排放量C32	逆指标
		资源节约B15	出口贸易工业能源消耗强度C33	逆指标
			出口贸易工业能源消耗量C34	逆指标
			能源依存度C35	逆指标

第三节　环境规制下中国外贸发展方式转变现状评估

一　主成分分析法（PCA）基本原理

上述研究构建了环境规制要求下中国外贸发展方式转变评估指标体系，包括4个一级指标体系、15个二级指标和35个三级指标。在中国外贸发展方式转变评估指标体系构建和计算中，设定各个指标的权重极为重要，指标权重反映了各个指标对中国外贸发展方式转变所起作用的程度。为了确保中国外贸发展方式转变评估指标体系的科学性和完整性，需要科学地对体系中每个指标的权重进行赋值，而权重赋值的差异也会影响最终综合评价结果。梳理已有方法，确定指标体系指标权重的方法主要包括主观赋权法、客观赋权法以及主客观结合的综合集成赋权法。主观赋权法往往需要由专家通过主观判断来确定一定的指标影响力或对比影响力，常见主观赋权法包括层次分析法（AHP）、专家调查法（德尔菲法）、模糊分析法等。客观赋权法则是根据指标数据本身变化规律以及单个指标数据在整体数据中的贡献，利用测算模型和技术方法进行权重赋值，常用方法有主成分分析法、变异系数法、熵值法、方差法等。总体而言，主观赋权法容易受各种主观因素对指标权重设计的影响，而客观赋权法可以避免主观因素的影响，通过软件可以对指标进行较为精确的赋值（王威，2013）。本书尝试采用主成分分析法（Principal Components Analysis，简称 PCA）来确定指标权重和计算综合指数。

主成分分析法（PCA）是借助降维的方法，把多个单一性指标简化为少数几个综合性指标。首先分析原始指标变量的相关矩阵内在结构关系，建立影响某个经济过程的少数几个综合性指标，作为综合性指标的一般是原始指标变量的某种线性组合，可以保留原始指标变量主要信息，同时剔除原始指标变量间存在的相关性，更有助于抓住主要矛盾。在实证研究中，为了提高研究的全面性和系统性，一般都需要纳入尽量多的影响因素（指标变量），这些指标变量反映不同层面信息，而且相互之间可能存在一定相关性，所以这些指标变量所反映的信息可能存在相当的重叠性；同时，统计方法一般研究的都是多变量问题，问题较为复杂、计算量巨大，所以实证研究希望可以用尽量少的变量得到主要的信息。

主成分分析法（PCA）主要通过一个正交变换 T，把变量矩阵分量有关的随机向量 $X = (X_1, X_2, \cdots, X_P)^T$，转化为一个新的随机向量 $U = (U_1, U_2, \cdots, U_P)^T$，这个新向量的成分向量是不相关的，代数意义就是把 X 的协方差阵转变成对角形阵，从几何图形看就是把原坐标系转化为一个新正交坐标系，使指向样本点散布最开 p 个正交方向，然后再对多维变量系统进行降维，把一个相对较高精度变量系统转化为低维度的变量系统，进一步构造价值函数，把低维度体系转变为一维体系。在应用过程中，往往把原来 p 个指标的线性组合作为新的综合指标。线性组合 F 方差 Var 越大，表示线性组合 F 包含信息越多，经典做法就是选择方差最大的选择线性组合 F_1 作为第一主成分。如果第一主成分 F_1 尚无法代表原有 p 个指标的信息，那么就考虑选择第二个线性组合 F_2，而且 Cov$(F_1, F_2) = 0$，F_2 就成为第二主成分。

利用同样的原理，逐步构造第三个主成分、第四个主成分，…，第 p 个主成分。可以得到简化的主成分模型：

$$\begin{cases} F_1 = a_{11}X_1 + a_{21}X_2 + , \cdots , a_{p1}X_p \\ F_2 = a_{12}X_1 + a_{22}X_2 + , \cdots , a_{p2}X_p \\ \vdots \qquad\qquad \vdots \qquad\qquad \vdots \\ F_3 = a_{1p}X_1 + a_{2p}X_2 + , \cdots , a_{pp}X_p \end{cases}$$

满足以下条件：

$a_{1i}^2 + a_{2i}^2 + \cdots + a_{pi}^2 = 1$ （$i = 1，2，\cdots，m$），即每个主成分系数平方和为 1；

$\mathrm{Cov}\ (F_i，F_j) = 0，(i，j = 1，2，\cdots，m)$，即主成分之前互不相关；

$\mathrm{Var}\ (F_1) \geqslant \mathrm{Var}\ (F_2) \geqslant \cdots \mathrm{Var}\ (F_p)$，即主成分方差依次递减。

二　基于 PCA 的中国外贸发展方式转变测度与分析

本书数据来自相关年份《中国统计年鉴》《中国教育统计年鉴》《中国人口统计年鉴》《中国对外贸易统计年鉴》等统计年鉴以及 Wind 数据库、国研网数据库等。计算中为消除量纲和数量级不统一问题，对各指标原始数据进行标准化处理。本书进行主成分分析法（PCA）计算的软件是 SPSS18.0 统计软件，得到特征值及其贡献率见表 6 - 2。从表格中可以得到，变量相关矩阵中最大的四个特征值为 24.858、4.053、2.466、1.830，值均大于 1，而且这四个特征值的累积方差贡献率达到 94.878%。本书选择前四个主成分进行下一步计算，因为这四个主成分可以包含原有指标变变量中的绝大部分信息。

表6-2　　　　　　　　方差分解主成分提取分析　　　　　　单位：%

成分	初始特征值			提取平方和载入		
	合计	方差贡献率	累积方差贡献率	合计	方差贡献率	累积方差贡献率
1	24.858	71.022	71.022	24.858	71.022	71.022
2	4.053	11.581	82.603	4.053	11.581	82.603
3	2.466	7.047	89.650	2.466	7.047	89.650
4	1.830	5.228	94.878	1.830	5.228	94.878
5	0.738	2.110	96.988	0.738	2.110	96.988
6	0.447	1.276	98.264	0.447	1.276	98.264
7	0.279	0.798	99.062	0.279	0.798	99.062
8	0.120	0.342	99.404	0.120	0.342	99.404
9	0.109	0.312	99.716	0.109	0.312	99.716
10	0.061	0.173	99.890	0.061	0.173	99.890
11	0.027	0.078	99.968	0.027	0.078	99.968
12	0.011	0.032	100.000	0.011	0.032	100.000
13	0.000	0.000	100.000			
14	0.000	0.000	100.000			
15	0.000	0.000	100.000			
16	0.000	0.000	100.000			
17	0.000	0.000	100.000			
18	0.000	0.000	100.000			
19	0.000	0.000	100.000			
20	0.000	0.000	100.000			
21	0.000	0.000	100.000			
22	0.000	0.000	100.000			
23	0.000	0.000	100.000			
24	0.000	0.000	100.000			
25	0.000	0.000	100.000			
26	0.000	0.000	100.000			
27	0.000	0.000	100.000			
28	0.000	0.000	100.000			
29	0.000	0.000	100.000			

续表

成分	初始特征值			提取平方和载入		
	合计	方差贡献率	累积方差贡献率	合计	方差贡献率	累积方差贡献率
30	0.000	0.000	100.000			
31	0.000	0.000	100.000			
32	0.000	0.000	100.000			
33	0.000	0.000	100.000			
34	0.000	0.000	100.000			
35	0.000	0.000	100.000			

　　计算得到成分矩阵（见表6－3），利用成分矩阵数据除以主成分相对应的特征值开平方根，可以得到表6－4显示的四个主成分中每个指标变量对应系数，获得四个主成分函数。然后进一步计算每个主成分对应特征值占所提取主成分特征值之和的比例作为权重，得到主成分综合模型，综合模型中各个指标变量的系数见表6－4。

表6－3　　　　　　　　　　　成分矩阵

	成分											
	1	2	3	4	5	6	7	8	9	10	11	12
C1	0.959	0.058	0.249	-0.005	-0.071	-0.029	-0.084	-0.024	0.012	-0.010	-0.020	-0.018
C2	0.990	0.017	0.103	-0.034	0.072	0.003	-0.014	0.025	0.037	0.003	-0.002	-0.007
C3	0.975	-0.072	0.155	0.129	0.017	-0.006	0.057	-0.008	-0.020	-0.003	-0.009	0.005
C4	0.980	-0.084	0.122	0.098	0.059	-0.008	0.053	0.036	0.004	0.026	0.009	0.013
C5	-0.742	-0.113	0.550	-0.264	-0.047	0.065	0.045	0.194	-0.006	-0.135	-0.013	-0.008
C6	-0.512	0.079	0.752	-0.061	-0.158	-0.038	0.348	-0.073	0.088	0.043	-0.019	-0.013
C7	-0.856	0.442	0.234	0.107	0.038	-0.033	0.020	0.022	0.021	0.010	0.006	0.032
C8	0.946	-0.201	0.174	0.169	-0.043	-0.034	0.001	-0.019	-0.010	0.035	-0.017	0.010
C9	-0.827	0.483	0.257	0.108	0.038	-0.035	0.018	0.021	0.023	0.009	0.004	0.032
C10	0.563	0.678	-0.230	-0.379	0.124	-0.012	0.055	0.050	-0.030	0.056	0.034	-0.024
C11	0.464	0.591	-0.277	-0.499	0.179	-0.265	0.036	0.035	0.073	-0.017	0.007	0.004

续表

	成分											
	1	2	3	4	5	6	7	8	9	10	11	12
C12	0.960	−0.030	−0.134	−0.089	0.090	−0.117	0.154	−0.025	−0.023	−0.062	0.033	0.031
C13	−0.881	0.381	−0.138	−0.222	0.040	0.018	−0.013	−0.072	−0.002	−0.043	−0.017	0.022
C14	0.955	−0.063	0.149	0.166	−0.061	0.113	0.041	0.068	−0.071	−0.028	0.063	0.036
C15	−0.979	0.066	−0.115	−0.121	0.054	−0.005	−0.012	−0.064	0.027	−0.006	−0.031	0.010
C16	0.909	0.292	−0.004	−0.187	−0.163	0.098	0.030	−0.046	−0.110	−0.045	−0.020	−0.021
C17	0.918	−0.139	0.267	0.193	−0.101	−0.106	−0.014	−0.046	−0.056	0.038	−0.013	0.026
C18	0.504	−0.463	−0.119	−0.648	−0.039	0.259	0.031	0.110	0.046	0.102	−0.041	0.025
C19	0.962	−0.148	0.140	0.117	0.044	−0.029	−0.070	0.064	0.048	0.057	0.035	−0.001
C20	0.989	0.009	0.043	−0.055	0.083	−0.062	−0.055	−0.005	0.048	0.001	−0.031	0.008
C21	0.974	−0.130	0.146	0.080	0.029	−0.034	−0.035	0.016	0.053	0.009	0.015	−0.020
C22	0.737	−0.179	−0.385	0.252	0.359	0.144	0.251	−0.010	0.005	−0.018	0.011	−0.021
C23	−0.850	0.027	0.065	−0.356	−0.341	−0.120	0.014	−0.002	−0.074	0.059	0.079	−0.010
C24	0.992	0.011	−0.005	0.060	−0.012	−0.028	0.062	0.042	−0.077	−0.011	−0.009	0.008
C25	0.359	0.365	−0.534	0.491	−0.373	−0.203	0.054	0.138	0.093	−0.004	−0.029	−0.005
C26	0.126	0.797	−0.360	0.214	−0.212	0.354	0.032	−0.023	0.035	0.009	0.007	0.016
C27	−0.935	−0.319	−0.070	0.126	0.047	−0.002	0.005	0.034	−0.001	0.012	−0.003	0.003
C28	−0.963	−0.208	−0.023	0.087	0.038	0.082	−0.032	−0.005	0.098	−0.018	0.034	0.010
C29	−0.866	−0.477	−0.043	0.136	0.027	0.011	−0.007	0.037	0.012	0.014	0.004	−0.017
C30	−0.921	0.314	0.060	0.177	0.106	0.027	0.055	0.042	−0.028	0.040	−0.003	0.005
C31	0.721	0.492	0.418	0.061	−0.031	0.181	−0.110	−0.026	0.099	−0.030	0.039	−0.023
C32	−0.965	−0.124	−0.011	0.178	0.127	−0.003	0.037	0.015	0.021	0.023	0.043	−0.014
C33	−0.947	−0.260	−0.049	0.109	0.133	−0.040	−0.025	0.020	−0.017	0.010	0.008	0.009
C34	−0.105	0.777	0.478	0.196	0.313	−0.004	−0.087	0.063	−0.073	0.054	−0.027	−0.005
C35	0.945	−0.164	0.151	−0.175	0.051	−0.026	−0.065	−0.055	0.116	−0.026	0.028	0.023

表6−4　　　　　　　　　主成分各指标变量的系数

	A1 （第一主成分）	A2 （第二主成分）	A3 （第三主成分）	A4 （第四主成分）	ZA （综合模型系数）
C1	0.192	0.029	0.159	−0.004	0.158853

续表

	A1 （第一主成分）	A2 （第二主成分）	A3 （第三主成分）	A4 （第四主成分）	ZA （综合模型系数）
C2	0.199	0.009	0.065	-0.025	0.153513
C3	0.196	-0.036	0.098	0.095	0.154838
C4	0.197	-0.042	0.078	0.072	0.152101
C5	-0.149	-0.056	0.35	-0.195	-0.10312
C6	-0.103	0.039	0.479	-0.045	-0.03924
C7	-0.172	0.22	0.149	0.079	-0.08648
C8	0.19	-0.1	0.111	0.125	0.145153
C9	-0.166	0.24	0.164	0.08	-0.07838
C10	0.113	0.337	-0.147	-0.28	0.099377
C11	0.093	0.294	-0.176	-0.359	0.072099
C12	0.192	-0.015	-0.085	-0.056	0.131944
C13	-0.177	0.189	-0.088	-0.154	-0.125
C14	0.192	-0.031	0.095	0.123	0.153774
C15	-0.196	0.033	-0.073	-0.039	-0.15302
C16	0.182	0.145	-0.003	-0.138	0.146111
C17	0.184	-0.069	0.17	0.143	0.149819
C18	0.101	-0.23	-0.076	-0.479	0.015494
C19	0.193	-0.073	0.089	0.086	0.146911
C20	0.198	0.004	0.027	-0.041	0.14845
C21	0.195	-0.065	0.093	0.059	0.148194
C22	0.148	-0.089	-0.245	0.186	0.091975
C23	-0.17	0.013	0.042	-0.263	-0.13704
C24	0.199	0.006	-0.003	0.045	0.151953
C25	0.072	0.181	-0.34	0.363	0.070737
C26	0.025	0.396	-0.229	0.158	0.058747
C27	-0.187	-0.159	-0.045	0.093	-0.15761
C28	-0.193	-0.103	-0.015	0.064	-0.15463
C29	-0.174	-0.237	-0.027	0.1	-0.15567
C30	-0.185	0.156	0.038	0.13	-0.1094
C31	0.145	0.244	0.266	0.045	0.160561

	A1 （第一主成分）	A2 （第二主成分）	A3 （第三主成分）	A4 （第四主成分）	ZA （综合模型系数）
C32	−0.194	−0.061	−0.007	0.132	−0.14591
C33	−0.19	−0.129	−0.031	0.081	−0.15581
C34	−0.021	0.386	0.304	0.145	0.061965
C35	0.19	−0.082	0.096	−0.13	0.132186

　　把 2003 年到 2015 年的各年数据代入综合模型，得到每一年的中国对外贸易发展方式转变程度具体得分值，本书将各年得分值汇总为图 6 − 1。从计算的中国外贸发展方式转变的综合得分看，中国对外贸易从 2003 年到 2015 年基本处于递增趋势，也就是说中国对外贸易发展方式处于不断优化阶段。其中，只有 2008 年和 2009 年中国对外贸易发展方式优化趋势不是很明显，分析其原因可能是受到国际金融危机影响，中国对外贸易特别是出口贸易受到较大冲击，因此外贸发展方式转变出现暂缓的情况。同时，这种情况也印证了国际经济发展处于"后危机时期"和国内经济进入"新常态时期"，对环境规制提出了新要求，以及赋予促进经济发展的新期望，说明了新时期环境规制下我国转变外贸发展方式具有必要性。

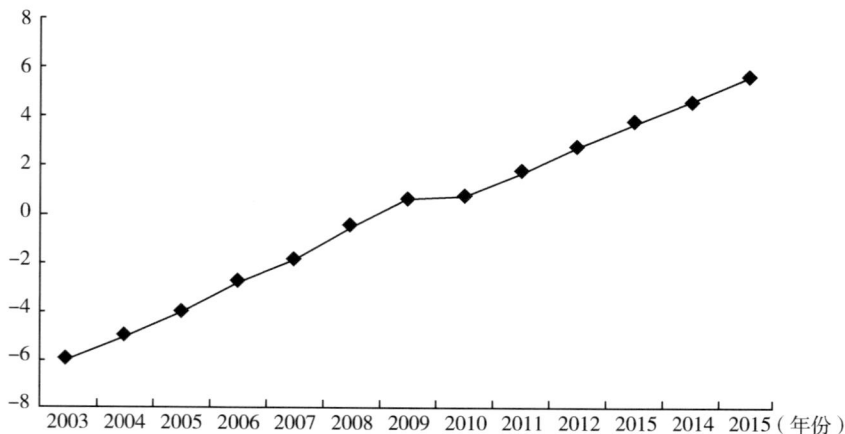

图 6 − 1　各年综合模型计算得分

第四节　环境规制下中国外贸发展方式
转变评估研究启示

中国近年来已经开始重视保护环境和对外经济特别是对外贸易发展方式转变，并且已经取得了一定成效，同时也面临不同的评价，特别是在没有一个合理、可操作的外贸发展方式转变评价方法情况下，环境规制对我国外贸发展的影响以及我国外贸发展方式转变的实际效果难以得到客观的评价，对政府而言也无法调整优化相关政策措施。已有研究证实环境规制对外贸发展的影响存在不同效应，因此研究环境规制下我国外贸发展方式转变的成功与不足，构建综合指标体系进行定量分析评估，对探索我国对外贸易发展方式转变具有重要意义。

相比已有研究，新时期下我国对外贸易发展方式转变具有新的内涵和新的内容，需要实施新的转变路径的措施，相关研究指出了环境规制、环境资源在新时期下的重要影响和发展趋势，但是关于环境规制影响因素分析以及对外贸易发展方式路径选择，研究中并未把环境规制、环境资源作为重要影响因素和重要路径。国际经济处于"后危机时期"和国内经济进入"新常态时期"，已经进入界定比较明确的"新时期"；原有关于对外贸易发展方式转变存在的问题，主要强调体制机制不完善、产业结不合理、创新能力不足、劳动力成本上升等，但是在新时期环境条件下国际国内经济注重环境规制强度、绿色科技革命等，资源和能源约束、环境规制成本应该成为新时期我国对外贸易发展方式转变的重要决定因素；因此，在理论探索上需要纳入环境要素禀赋、环境规制成本等影响因素，在实证研究中需要充分考虑环境规制要求以及构建生态环境评估指标，在政策建议中需要充分考虑新时期国际国内经济发展转型的环境规制要求及其所带来的路径选择。

　　已有研究尝试构建指标体系来定量评估我国外贸发展方式转变的成效，一方面论证了定量评价我国对外贸易发展方式转变的重要性和可行性，另一方面可以评估我国对外贸易发展方式转变的成效以及不足，比如分析出口结构不合理、出口产品竞争优势不强、外贸经济效益不佳等问题，在此基础上提出改进的政策建议。本书构建包括 4 个一级指标、15 个二级指标和 35 个三级指标的中国对外贸易发展方式转变评估体系，然后基于主成分分析法（PCA）进行中国外贸发展方式转变测度与分析，相关结果有两个重要结论：第一个是中国对外贸易发展方式从 2003 年到 2015 年不断优化，说明我国较好地处理环境规制要求下外贸发展方式转变进程，有效发挥环境规制技术创新、收入再分配和要素流动等因素中对外贸发展的积极作用，取得较好转变成效，因此在新时期我国可以继续提高环境规制强度和实现环境规制下外贸发展方式转变；第二个是评估结果显示 2008 年和 2009 年受到国际金融危机影响，中国对外贸易发展方式优化趋势出现暂缓，这说明国际经济发展处于"后危机时期"和国内经济进入"新常态时期"，提高环境规制强度既是保护环境意识增强的必然要求，也是促进经济创新发展的新动力，在新时期环境规制下我国转变外贸发展方式具有必要性。

第七章　研究结论和政策建议

环境规制影响外贸发展可能产生不同影响效应，本书从要素禀赋理论、技术创新影响、要素流动视角，实证研究中国贸易比较优势和中国出口结构发展以及推导分析贸易竞争力变化，并构建环境规制下中国外贸发展方式转变评估指标体系进行测度分析。

第一节　研究结论

一　要素禀赋理论下基于贸易比较优势的环境规制贸易效应研究结论

第一，关于纳入环境要素的贸易比较优势理论解析。本书参考已有研究，在李嘉图比较优势基本模型中加入环境要素，也就是在要素投入中加入环境成本设定环境成本系数。通过数理推导可知一个国家环境成本系数相对低于另一个国家时，有助于增加生产比较优势，如果一个国家环境成本系数相对高于另一个国家时，则会减少生产比较优势，甚至丧失存在比较优势的状态。关注要素差异影响比较优势的赫克歇尔—俄林模型（H－O）是要素禀赋理论，本书以经典的 2 × 2 × 2 模型为基础，分析纳入环境要素的 H－O 模型，把环境资源看作一种要素，把资本和劳动等看成另一种生产要素，利用图形分析推理可知两个国家都专业化生产自己丰裕要素密集型产品，即环境要素相对丰裕的国家专业化生产环境密集型产品，另一种生产要素相对充裕国家生产另一种产品，扩大生产和参与自由贸易，通过国际贸易都可以增加自身利益。

第二，关于中国贸易比较优势的描述性统计分析。关于国际贸易比较优势的度量方法主要有显性比较优势指数（RCA）、净出口指数（NEX）、Michaely 指数（MIC）。本书利用不同方法测度分析了中国工业部门 29 个行业 2001—2016 年的贸易比较优势，NEX 计算结果显示有些行业 NEX 值在该期间发生较大变化，煤炭开采和洗选业、非金属矿采选业等的 NEX 值从正值变为负值；造纸及纸制品业、石油加工、炼焦及核燃料加工业、化学纤维制造业、通用和专用设备制造业等行业的 NEX 值从负值变化为正值。MIC 计算结果也显示部分行业的 MIC 值发生较大变化。除此之外，本书根据已有研究以及测算各行业二氧化硫排放情况，界定主要污染密集型行业，专门分析这些行业的贸易比较优势变化情况，有的行业比如非金属矿采选业的贸易比较优势从大变为小，有的行业比如造纸及纸制品业的贸易比较优势从小变为大，无法简单确定中国工业部门污染密集型行业成为其他国家的"污染避难所"。

第三，关于环境规制影响中国贸易比较优势实证研究。本书构建中国工业部门面板模型，验证分析中国工业部门细分行业以及污染密集型行业的环境规制与贸易比较优势关系，探索环境规制要求下中国贸易比较优势的发展情况。从中国工业部门整体回归分析来看，中国工业部门环境规制强度提高可以增加行业整体的贸易比较优势，而且结合 NEX 作为被解释变量回归中二次项和一次项系数分析，长期看环境规制强度提高可以促进贸易比较优势。从中国工业部门整体来看，人力资本投入增加有助于提升贸易比较优势，物质资本强度并没有提升贸易比较优势；结合二次项和一次项系数回归结果分析，长期来看人力资本对贸易比较优势的促进作用先提升然后会逐渐消减，但是物质资本强度也有可能提升贸易比较优势。而且，交叉项回归显示，环境规制强度提高通过提升人力资本强度而增加贸易比较优势，环境规制强度提高通过物质资本强度增加对贸易比较优势带来负面影响。

专门针对中国工业部门污染密集型行业的回归分析显示，环境规制强度降低了这些污染密集型行业的贸易比较优势，这个结果符合理论模型推理结论，中国工业部门污染密集型行业存在环境要素禀赋形成的贸易比较优势。结合二次项和一次项系数回归结果分析，长期来看环境规制强度对贸易比较优势的影响是先降低然后提升。人力资本系数的回归分析说明，中国污染密集型行业人力资本投入短期内促进贸易比较优势，长期看又降低贸易比较优势；中国污染密集型行业物质资本短期内降低了贸易比较优势，长期看又提高了贸易比较优势。交叉项回归结果显示，环境规制通过人力资本可能减少污染密集型行业的竞争优势，结果并不确定；环境规制通过物质资本减少污染密集型行业的比较优势。

二　技术创新影响下基于出口结构的环境规制贸易效应研究结论

本书基于价值链视角分析环境规制影响技术创新和出口结构，以出口产品结构优化来探讨中国外贸发展方式转变的实际情况。

首先，本书分析了环境规制影响技术创新的"波特假说"理论，总结了"波特假说"促进企业加快创新、提升竞争力需满足的前提条件；从生产价值链视角归纳环境规制对技术创新的影响效应可以分为直接效应和间接效应两大类。直接效应可以分为正面的"补偿效应"和负面的"抵消效应"。其中正面的"补偿效应"包括企业污染成本增加和政府支持企业治污，负面的"抵消效应"主要包括企业创新资金的挤出效应和投资资金的挤出效应；间接效应本质上也是抵消效应，作用途径包括影响 FDI 投资带来的技术溢出效应、弱化大企业资金和规模优势、降低企业当前利润率、减少企业培训费用等人力资本支出。从生产价值链角度来分析，企业进行技术创新经过三个步骤，分别为研究开发创新、产业化应用和市场实际运作，这三个步骤完成从研发资源投入到科技创新的技术开发阶段以及技术创新成果实现经济效益的技术转化阶段，利用价值链分析工业企业的技术创新活动，可以细化环境规制影响企业创新，以及实现治理污染和减少污染目标的过程，也揭示了环境规制影响技术创新活动的内在作用机制。

其次，本书从全球价值链视角下分析环境规制影响技术创新，一个产品的生产流程包括许多生产价值增值阶段，所形成的价值链主要可以划分为三个环节：研发阶段、加工组装、品牌营销阶段，研发阶段和品牌营销阶段具有较高的附加值，处于生产价值链高端环节，而加工组装阶段附加值较低，属于生产价值链低端环节。在全球生产价值链上发展中国家往往位于价值链低端环节，而发达国家则位于生产价值链高端环节。本书构建两要素模型并区分高技术型劳动力和低技术型劳动力，推导论证发展中国家在该产品生产价值链上由加工组装阶段向研发设计阶段升级，也是从低附加值环节向高附加值环节升级，发展中国家提高环境规制强度，如果其能促使企业科技创新特别是企业治污减污技术及相关生产工艺技术创新，那么将有助于发展中国家企业在全球价值链地位提升。在定性分析基础上，本书结合已有研究利用投入法和产出法测度指标以及出口结构指标，测度分析中国技术创新和高技术产品进出口占贸易总额比重，结果显示我国近年来技术创新和出口结构都有提升优化趋势，但也存在波动。

最后，本书聚焦于研究技术创新对生产价值链视角下出口结构的影响，构建数学模型进行实证检验，中国 R&D 经费内部支出增加推动了我国资本技术密集型产品出口，改善我国价值链上的产品出口结构，中国国外技术引进合同金额增加同样有助于资本技术密集型产品出口占比，这说明科技创新有助于改善价值链上我国出口产品结构。本书还构建环境规制强度变量和科技创新变量的交叉项进行回归分析，回归结果显示环境规制确实通过科技创新（自主创新和技术引进）发挥了促进出口产业结构优化和价值链地位提升的作用。为增加研究结果的可靠性，本书引入"高技术产品占总额比重"作为出口结构衡量替代变量进行回归分析，中国 R&D 经费内部支出、环境规制强度都有助于优化高技术产品占总额比重即新的出口产品结构变量，交叉项回归分析结果显示环境规制会通过自主科技创新和国外技术引进方式促进出口产业结构优化和价值链地位提升，同样验证了理论推导分析结论。回归结果还显示外商直接投资没有发挥促进我国出口产品结构优化的作用，原因可能在于实证研究结果为出口产品的整体效应，而 FDI 促进出口产品结构优化的效应存在行业间的差异。

三 要素流动视角下基于贸易竞争力的环境规制贸易效应研究结论

第一，学术界从企业生产成本和出口价格角度的研究认为，提高环境规制强度会降低本国出口产品特别是污染密集型产品的出口竞争力，然而也有一些研究的观点与之相反，相关研究未取得一致性结论，原因可能在于三方面：一是实证研究多为模拟估测，受到数据不足等的影响，而理论建模常常设置较为严格的假设条件；二是环境规制手段对经济贸易影响在不同时间段是不一样的，而且出口竞争力和出口贸易的决定因素并不是唯一的；三是笔者认为对出口竞争力概念的理解偏差是导致研究结论迥异和排斥环境规制的重要原因之一。本书界定出口竞争力具有相对性，构建并推导两要素、三部门理论模型，分析不同行业的产品相对价格对于开征环境税的反应，证明环境税变动对不同行业产品竞争力的影响，不仅取决于不同行业部门单位产品污染排放量，而且与行业部门生产函数的要素产出弹性系数具有密切联系，因此仅从行业排污强度来判断环境税对行业竞争力的影响是不充分的，污染密集型行业承担环境税负较重、产品价格上升较多导致竞争力下降的结论也是不准确的，忽略了要素产出弹性系数等其他因素在市场运行机制作用下对产品相对价格和竞争力的影响。

第二，本书结合特殊案例，从数学逻辑推导和求解过程来分析要素回报率的影响原理和作用机制，解析内在化市场机制的作用路径和关键因素。在假设条件案例分析中，数学推理证明不同行业部门产品竞争力变化与部门是否为污染密集型行业没有关系，要素产出弹性系数对于开征或提高环境税改变行业竞争力具有重要影响作用，要素回报率比值对于环境税变动的反应取决于不同行业部门的劳动产出弹性系数，可知不同行业部门的要素产出弹性系数、要素回报率比值与产品相对价格存在内在关系。本书求解约束条件下数学模型极值问题，证实开征或提高环境税并不是简单的绝对量增加生产成本，而是会通过要素报酬率改变要素产出弹性系数决定的总成本构成，不同投入要素所形成的成本增量是不同的。因此，开征或提高环境税除了直接增加产品绝对成本及提高价格外，还通过要素回报率变动对要素产出弹性系数所决定的总成本构成产生影响，从而间接地对不同行业产品相对价格产生影响，从而影响产品竞争力。环境规制下要素流动模型推导和图形分析说明，某个行业环境规制提高以后行业要素发生两方面流动，一是本行业内部分原用于生产的要素转变用于治污，二是部分原投入本行业的要素流入到其他相对清洁行业，环境规制影响出口贸易的要素路径：环境规制—要素流动—产出（污染排放）—出口贸易。

第三，本书梳理了关于产业国际竞争力的测度工具，主要包括国际市场占有率（MSR）、产业内贸易指数（IIT）、显性比较优势指数

（RCA）、国际竞争力系数（ICC）和出口结构相似指数（SSI），测算中国工业部门 29 个行业的 RCA、ICC 和 IIT，并进行对比分析，结果显示不同计算方法结果存在差异，总体上国际竞争力得到提升的较多，比如纺织业和服装业、橡胶制品和塑料制品业、金属制品业，也有一些行业的国际竞争力有所下降，比如煤炭开采和洗选业、石油和天然气开采业、非金属矿采选业。本书分析了我国开征碳税以及关注碳税对碳密集度较高行业影响的必要性，然后对单区域生命周期投入产出模型进行逻辑推导和结构分解，推导出口贸易国内碳排放测算公式并计算不同行业出口贸易碳排放，预测分析碳税对我国不同碳密集度行业的影响，强调关注碳税敏感度较高出口行业的"排放强度渠道"和"要素回报渠道"的影响作用。

四　环境规制下中国外贸发展方式转变评估研究结论

第一，国际经济处于"后危机时期"和国内经济进入"新常态时期"。新时期下我国对外贸易发展方式转变具有新的内涵和新的内容，在新时期环境条件下国际国内经济注重环境规制强度、绿色科技革命等，资源和能源约束、环境规制成本应该成为新时期我国对外贸易发展方式转变的重要决定因素。因此，在理论探索上需要纳入环境要素禀赋、环境规制成本等影响因素，在实证研究中需要充分考虑环境规制要求以及构建生态环境评估指标，在政策建议中需要充分考虑"新时期"国际国内经济发展转型的环境规制要求及其所带来的路径选择。研究环境规制下我国外贸发展方式转变的成功与不足，构建综合指标体系，进行定量分析评估，对探索我国对外贸易发展方式转变具有重要意义。

第二，已有研究尝试构建指标体系来定量评估我国外贸发展方式转变的成效。一方面论证了定量评价我国对外贸易发展方式转变的重要性和可行性，另一方面可以评估我国对外贸易发展方式转变的成效以及不足，本书构建中国对外贸易发展方式转变评估指标体系，然后基于主成分分析法（PCA）进行中国外贸发展方式转变的测度与分析，结果显示中国对外贸易发展方式从 2003 年到 2015 年不断优化，说明我国较好地处理了环境规制要求下外贸发展方式转变进程，有效发挥了环境规制技术创新、收入再分配和要素流动等因素中对外贸发展的积极作用，取得较好转变成效，因此在新时期我国可以继续提高环境规制强度、实现环境规制下外贸发展方式转变；同时评估结果也反映2008 年和 2009 年受到国际金融危机影响，中国对外贸易发展方式优化趋势出现暂缓，这说明国际经济发展处于"后危机时期"和国内经济进入"新常态时期"，提高环境规制强度既是保护环境意识增强的必然要求，也是促进经济创新发展的新动力，在新时期环境规制下我国转变外贸发展方式具有必要性。

第二节　政策建议

　　本书理论研究结论和行业层面实证检验结果的差异，对政府制定环境规制政策以及判断环境规制实际效应、优化实施措施，提出了新的思路和新要求。本书提出需要深刻认识环境规制要求下中国对外贸易发展方式转变，合理设计环境规制下中国外贸发展方式转变的战略规划，并科学选择环境规制下中国外贸发展方式转变的具体措施。

一　深刻认识环境规制要求下中国对外贸易发展方式转变

（一）需求分析：基于国际国内新时期发展特征的分析

本书总结了我国对外贸易发展方式转变所处的新时期特征，国际经济发展处于"后危机时期",全球经济发展处于复苏阶段,许多国家都在努力寻找新的经济增长点,应对金融危机过程中提出"绿色新政"。一方面,这些国家调整贸易经济发展战略,在经济恢复缓慢、企业销售市场萎缩情况下趋向贸易保护主义,国外对中国的反倾销、技术性壁垒以及绿色贸易保护手段等频繁出现,中国长期以来以出口导向型经济增长方式为主,当前必须加强以绿色发展为导向的外贸发展方式转变。另一方面,期望通过环境规制和绿色发展要求来激发新一轮技术革命,可以说目前以环保技术创新为代表的科技革命及其产业化正在酝酿之中;而且一些主要发达国家为改善国际贸易失衡情况而开始鼓励出口,支持实体经济发展和吸引制造业回归,比如2017年7月富士康宣布将投资100亿美元在美国威斯康星州设立工厂,预计创造就业岗位13000个,因此在国际需求结构发生新变化的趋势下,我国需要主动转变对外贸易发展方式,形成新的竞争优势。

国内经济处于"新常态时期",前述国际贸易保护主义升温、贸易摩擦风险增大、传统外贸竞争优势弱化和出口波动甚至放缓,是我国经济发展面临的"新常态"情况,除此之外国内经济增长结构性减速、要素成本上升、汇率波动加剧、资源约束增强、环境成本上升等,也成为经济发展"新常态"。可见,中国对外贸易发展的国外需求侧和国内供给侧都面临改革的需求,迫切需要我国在"新常态"下加快转变外贸发展方式。在经济发展周期性矛盾和结构性矛盾并存的深度调整期,我国经济转型发展过程中需要重视对外贸易发展方式转变,通过提高环境规制强度,以绿色贸易为导向培育新的外贸发展模式,实现对外贸易可持续发展。

(二)供给分析:基于理论和实证研究的分析

关于外贸发展方式转变的理论推导分析,证实了我国外贸发展方式转变的可行性。本书第四章构建两要素理论模型,推导论证发展中国家提高环境规制强度,促使企业科技创新特别是企业治污减污技术及相关生产工艺技术创新，有助于发展中国家企业在全球价值链地位提升。本书第五章构建两要素、三部门理论模型，运用数学逻辑推导和求解过程分析要素回报率的影响原理和作用机制，解析内在化市场机制的作用路径和关键因素，证明环境税变动对不同行业产品竞争力的影响，不仅取决于不同行业部门单位产品污染排放量，而且与行业部门生产函数的要素产出弹性系数具有密切联系，因此提高环境规制强度影响对外贸易取决于"排放强度渠道"和"要素回报渠道"的综合作用。所以，我国积极推动环境规制下对外贸易发展方式转变，具有理论逻辑支持的基础。

关于中国外贸发展方式转变的实证研究，也证实了我国外贸发展方式转变的可行性。本书第二章测度中国工业行业贸易比较优势，结果显示部分行业的 NEX 值、MIC 值从负值变化为正值，主要污染密集型行业贸易比较优势同样存在差异性，无法确定中国工业部门污染密集型行业成为其他国家的"污染避难所"；而实证检验结果显示，中国工业行业环境规制强度提高了工业部门整体的贸易比较优势，针对污染密集型行业的回归证实了环境规制强度对其贸易比较优势的影响是先降低后提升。本书第三章测度分析结果显示我国近年来技术创新和出口结构都有提升优化趋势，计量实证检验证实了 R&D 经费内部支出增加和国外技术引进合同金额增加，可以改善我国价值链上产品出口结构，交叉项回归结果显示环境规制确实通过科技创新促进出口产业结构优化和价值链地位提升。而且，本书第六章构建环境规制下中国对外贸易发展方式转变评估指标体系进行测度评估，发现我国近年来外贸发展方式的转变在可控情况下取得了很好的成效。可见，我国积极推动环境规制下对外贸易发展方式转变，具有实证研究证实可行性的基础。

二　合理设计环境规制下中国外贸发展方式转变的战略规划

（一）分享全球化利益，制定战略引领国际规则制定

后危机时代世界经济出现了新特点和新态势，全球经济治理改革成为经济全球化新的利益诉求（裴长洪，2010），我国在国际经济、金融、贸易、应对气候变化等领域的改革过程中承担大国的责任、树立大国形象，同时也要努力引领和主导国际规则的制定，这是保护发展中国家应有利益的重要保障。欧美等发达国家在长期实践中已经形成了较为完整的环境规制体系，本书研究结论证实它们实施严格环境规制未必一定会降低其产品国际竞争力，近期部分发达国家倡导推行包括环境标准在内的新贸易标准，施压于其他国家、巩固其国际规则制定者的地位，正如杯伯强和李爱军（2012）所言，国际上碳关税已开始付诸实践，从"莫斯科会议宣言"到"最后期限"的提出表明中国绝对不可能作为旁观者。

在2015年12月巴黎气候大会上中国已经展示了承担应对气候变化的大国形象，而亚投行的成立也彰显了我国引领和主导国际规则制定的能力。因此，在对外贸易发展方式转变过程中，在国际经贸制度环境愈加复杂化、贸易与环境协调日益"规则化"情况下，我国需要合理设计战略规划和科学制定路径措施，注重参与国际经贸规则和环境标准制定。我国可以根据已有转变对外贸易发展方式的成功经验，积极提高环境规制强度以及进行环境压力测试，分享全球化利益、引领实施环境规制措施，增强发展中国家污染密集型产业产品的国际竞争力，应对部分西方国家力图修改贸易规则来实现其自身利益的策略；同时，结合理论指导和规律总结，注重营造国际化、法制化的营商环境，培育新的国际贸易商业模式，联合其他国家共同制定环境规制要求下的国际贸易新规则。

（二）实施供给侧结构性改革，制定战略适应全球"再工业化"

由本书分析新时期我国外贸发展方式转变需求可知，外贸发展方式转变原因既有需求侧的也有供给侧的，但就我国目前外贸发展所面临增长趋缓问题看，供给侧原因是主要矛盾。我国居民到海外疯狂扫货以及积极参与海淘代购，就说明我国目前低端供给无法适应高端需求。在生态环境日渐成为政府和大众所期待的发展理念情况下，经济贸易发展中供给侧的周期性和结构性矛盾亟须进行深度调整。重视对外贸易发展方式转变进程与外贸供给侧结构性改革的深入推进，是实现经济和贸易发展转型的有效途径之一（戴翔、张二震，2016）。我国在满足外贸需求侧变化的情况下，加快推进外贸供给侧结构性改革，才会有效解决外贸需求侧所面临的问题。

在国际金融危机压力和"绿色新政"刺激下，全球许多国家都在倡导实施"再工业化"战略，这个新型工业化不是扩大和重复传统制造业，而是通过供给侧结构性改革道路占领全球产业链高端，特别是占据绿色环保产业科技创新和扩大出口的主动地位。党的十九大报告指出，在中高端消费、创新引领、绿色低碳、共享经济、现代供应链、人力资本服务等领域培育新增长点、形成新动能。在环境规制要求下，我国要实施供给侧结构性改革，制定符合实际的战略，以适应全球"再工业化"，注重对外贸易的长期和可持续发展，推动外贸发展模式从要素驱动和投资驱动转变为创新驱动，尽快实现外贸发展方式成功转变。供给侧结构性改革包括供给内容结构和供给方式结构的优化，在供给层面上优化外贸产业结构、提升全球价值链地位、拓展新型贸易业态、提高产业产品品质、减少"产能过剩"而实现有效供给等。

（三）发挥政府组织优势，制定战略主导全球产业价值链构建

环境规制要求下的中国外贸发展方式转变，还需要注重发挥政府的组织作用。生态环境和环境规制都具有公共物品的性质，短时期内完全依靠市场机制自觉作用很难实现最优结果；而且外贸发展还涉及

资源配置的跨国界流动，经常出现市场力量无法有效推进并取得理想效果的现象。斯蒂格利茨提出政府组织具有统一性和强制性的特点，发挥政府具有强制约束力和统一协调性的制度化合作作用，可以更好地推进环境规制下我国外贸发展方式转变。本书第五章的研究指出，环境规制强度提高在"排放强度渠道"作用下，对污染密集型行业直接效应是增加要素流出、提高适应性成本、降低国际竞争力，而技术创新、收入再分配以及"要素回报渠道"作用则会改善各行业对外贸易，因此需要政府发挥参与甚至主导作用，进行政策综合评估，调整优化制度设计和推进速度。除了对内发挥作用之外，政府还可以发挥国际影响作用，引导和争取构架我国主导的全球产业价值链。

本书第四章分析了国际上美欧日主导的国际贸易新规则对环境标准提出的新要求，而我国出口产品中高能耗高污染产品比重较大，有可能形成新的贸易壁垒，会进一步削弱我国出口成本优势；国内由于受到土地、劳动力、环境等资源要素的压力，一些劳动和资源密集型产业开始向东南亚国家转移，挤占了我国外贸份额。党的十九大报告提出要促进我国产业迈向全球价值链中高端，培育若干世界级先进制造业集群。面对制造业 4.0 改变全球产业链分工格局的挑战和机遇，我国需要大力发展战略新兴产业，着力构建自己主导的全球产业价值链。目前启动的"一带一路"建设以及高铁、航空行业已经具有很好的引导和示范效应，特别是"一带一路"倡议下中国高铁已经成为走向全球的名片。考虑到我国经济贸易发展受到的资源和环境约束日益增强，转变外贸发展方式需要特别关注环境资源约束，需要发挥政府组织作用。聚焦发展低碳产业、提高低碳产品出口竞争力，通过技术创新实现经济产业结构低碳转型，争取在低碳和绿色发展产业链构建中发挥主导作用。

三 科学选择环境规制下中国外贸发展方式转变的具体措施

（一）注重行业和地区结构差异，实施差异化环境规制措施

本书测度中国工业行业的贸易比较优势，部分行业如煤炭开采和洗选业、非金属矿采选业等的 NEX 值从正值变为负值，而部分行业如造纸及纸制品业，石油加工、炼焦及核燃料加工业，化学纤维制造业，通用和专用设备制造业等行业的 NEX 值从负值变为正值。显然中国不同行业部门的外贸发展面临的问题存在较大差异，甚至处于完全相反的状况。针对污染密集型行业的测度分析，同样显示不同行业贸易比较优势存在较大差异。有学者结合新新贸易理论，从产品层面对我国出口贸易进行扩展边际、数量边际和价格边际分解，证实环境规制的出口贸易三元边际效应呈明显的行业差异（孙濛，2017）。因此，提高环境规制强度可以更多地基于行业层面实际变化来分析判断和优化调整，优化我国出口贸易结构，助推外贸发展方式转变，培育和形成新的贸易比较优势。本书在第六章还提出，各个地区经济贸易发展水平也不平衡，所以我国在实施环境税、循序渐进地提高环境规制强度的过程中还需要考虑行业差异化和地区差异化的制度设计，破解污染密集型行业或落后地区可能会形成的"污染避难所"问题。邵帅（2017）指出需要因地制宜，运用与区域产业分布相适宜的环境规制，东部地区高技术产业密集，是投资型环境规制发挥主导作用的"良田"，中西部地区传统污染密集型产业聚集，应适当提高费用型环境规制水平，净化出口环境。

（二）注重科技创新作用，实施优化人力资源配置措施

理论模型推导证实发展中国家环境规制强度提高如果促进企业科技创新，将有助于发展中国家企业在全球价值链地位提升，本书第四章实证检验也证实了我国工业部门整体的科技创新（自主创新和技术

引进）改善了全球价值链上我国出口产品结构。我国需要加强清洁能源技术和减排技术开发，引进国外先进技术与自主创新相结合，促进产业结构优化和产品结构绿化，提升出口产品国际竞争力（李秀珍、唐海燕，2013）。在提高环境规制强度过程中，我国可以进一步发挥以研发为代表的人力资本质量提高对增强贸易比较优势的有利作用，实现对外贸易发展方式顺利转变；同时注意规避中国工业企业新建厂房、购买新机器设备等的资本投入对贸易比较优势及外贸发展转型的负面影响。本书第三章实证检验发现我国部分污染密集型行业的物质资本甚至人力资本有可能减少贸易比较优势，因此需要深入分析原有发展方式存在问题的内在原因，寻找激发研发投入和调整产业资本投入增加贸易比较优势的方法，实现外贸发展方式转变。

（三）注重要素流动作用，实施"恰当设计"环境规制措施

本书对环境规制下要素流动进行理论模型推导分析，证实某个行业环境规制提高以后本行业内部要素流动增加治污投入，而且本行业要素还可能流入到其他相对清洁行业，要素流动是决定产出规模进而影响价格和出口贸易的主要因素，环境规制下要素流动会形成"要素回报渠道"。因此，我国提高环境规制强度需要关注高污染密集型行业内以及高低污染密集型行业间的要素变动。要素流出和利润下降对高污染排放部门形成减排压力，长期效应就是推动技术创新和产业转型，环境规制发挥积极作用的支持理论之一就是"波特假说"，设计合理的环境规制可以激发被规制企业生产技术和工艺的创新，进而形成技术领先的竞争优势，本书实证研究发现我国环境规制强度提升工业部门贸易比较优势的部分原因可能在于"波特假说"作用，但只有合适的环境规制才不会阻碍国际竞争力（Porter et al.，1995），因此实施"恰当设计"的环境规制措施极为重要。

（四）注重转变的综合评估，实施循序渐进改革措施

本书构建了环境规制下中国对外贸易发展方式转变评估指标体系，

经过测量发现中国近年来对外贸易发展方式转变取得了长足进步，但是在新的国际国内经济社会背景下对外贸易发展方式转变面临新的形势和决定因素，对外贸易发展方式转变处于一个不断优化调整的过程，比如中国外贸结构优化应着眼于动态的内生比较优势，依据自身经济发展水平调整我国在国际分工中的比较利益结构，促使比较优势转化为竞争优势。本书第五章提出我国环境规制强度提升需要有阶段性"度"的控制，开征或提高环境税需要设计一个公平合理的税收征收体系以及循序渐进的推进策略，因为理性企业在环境规制强度循序渐进提高过程中进行科学分析和预判，采取针对性调解措施，而行业部门则会呈现有计划地不断优化要素投入情况。实施环境税、循序渐进地提高环境规制强度的过程，需要通过评估指标体系等方法综合评估环境规制效果，继而优化调整，使经济主体能够根据自身情况选择最优的转型路径。

参考文献

［1］阿不都斯力木·阿不力克木：《我国少数民族地区资源优势与对外贸易发展分析——以新疆维吾尔自治区为例》，《生态经济》2012 年第 11 期。

［2］白杨：《标准化对我国高技术产业出口结构影响的实证研究》，硕士学位论文，湖南大学，2016 年。

［3］白福臣、张苇锟、廖泽芳：《进出口贸易与环境效率的异质性——基于中国省际面板数据的实证研究》，《经济问题探索》2016 年第 6 期。

［4］鲍银胜：《比较优势贸易理论在中国对外贸易发展中的运用缺陷及其解决对策》，《当代经济管理》2013 年第 5 期。

［5］曹彩虹、韩立岩：《进出口贸易中隐含碳量对环境影响的度量及中美比较》，《国际贸易问题》2014 年第 6 期。

［6］蔡风景、李元：《基于图模型方法的我国二氧化碳排放的 EKC 曲线检验及影响因素分析》，《数理统计与管理》2016 年第 4 期。

［7］蔡中华、王一帆、董广巍：《中国在"一带一路"国家专利与出口结构关系的研究——基于行业层面相似度指数的分析》，《国际贸易问题》2016 年第 7 期。

［8］曹婧甜：《京都议定书下的碳泄漏法律规制问题研究》，硕士学位

论文，大连海事大学，2015 年。

[9] 曹霞、张路蓬：《企业绿色技术创新扩散的演化博弈分析》，《中国人口·资源与环境》2015 年第 7 期。

[10] 曹勇、蒋振宇、孙合林、熊素莹：《环境规制与企业技术创新绩效：政府支持的调节效应》，《中国科技论坛》2015 年第 12 期。

[11] 陈红蕾：《自由贸易的环境效应研究——基于中国工业进出口贸易的实证分析》，博士学位论文，暨南大学，2010 年。

[12] 陈红梅：《国内外环境规制对我国进出口贸易的影响——基于引力模型的分析》，硕士学位论文，江西财经大学，2014 年。

[13] 陈虹、李伟琳：《东亚 FTA：环境、贸易模式与结算货币》，《国际金融》2015 年第 10 期。

[14] 陈虹、杨巧：《基于地方政府竞争视角的环境规制对出口的影响研究》，《国际商务》（对外经济贸易大学学报）2018 年第 1 期。

[15] 陈海波、朱华丽：《我国外贸发展方式转变的实证研究——基于全球价值链视角》，《国际贸易问题》2012 年第 12 期。

[16] 陈牧：《碳排放比较优势视角下环境和贸易关系的研究》，《中国人口·资源与环境》2015 年第 6 期。

[17] 陈强远、李晓萍、曹晖：《地区环境规制政策为何趋异？——来自省际贸易成本的新解释》，《中南财经政法大学学报》2018 年第 1 期。

[18] 陈雯、赵萍、房晶晶、郑莹：《中国在全球价值链的地位、贸易收益与竞争力分析——基于增加值贸易核算方法》，《国际商务研究》2017 年第 4 期。

[19] 陈晓峰：《长三角地区 FDI 与环境污染关系的实证研究——基于 1985—2009 年数据的 EKC 检验》，《国际贸易问题》2011 年第 4 期。

[20] 陈贻健：《论碳泄漏的法律规制及其协调》，《学海》2016 年

第 6 期。

[21] 陈玉宇：《阵痛转型，孕育一片生机》，《解放军报》2014 年 11
月 6 日第 7 版。

[22] 程名望、王莉：《环境对国际贸易的积极作用和消极影响》，《国
际经贸探索》2008 年第 3 期。

[23] 成喜玲、刘淞延：《环境规制与区域经济一体化——基于三大自由
贸易区面板数据的实证研究》，《经济问题探索》2018 年第 11 期。

[24] 迟诚：《我国贸易与环境问题研究》，博士学位论文，南开大学，
2010 年。

[25] 崔远淼、谢识予：《环境规制对中国对外贸易竞争力的影响研
究——基于中国省际面板数据的实证检验》，《国际商务研究》
2014 年第 6 期。

[26] 大卫·皮尔斯（David Pierce）：《绿色经济的蓝图》，北京师范
大学出版社 1996 年版。

[27] 代丽华：《国际贸易对中国环境污染的影响研究》，博士学位论
文，中央财经大学，2015 年。

[28] 代丽华：《贸易开放如何影响 PM2.5——基于淮河两岸供暖政策
差异的因果效应研究》，《管理评论》2017 年第 5 期。

[29] 代丽华、林发勤：《贸易开放对中国环境污染的程度影响——基于
动态面板方法的检验》，《中央财经大学学报》2015 年第 5 期。

[30] 代丽华、金哲松、林发勤：《贸易开放是否加剧了环境质量恶
化——基于中国省级面板数据的检验》，《中国人口·资源与环
境》2015 年第 7 期。

[31] 代玉簪、王春艳：《新常态下中国对外贸易发展思路分析》，《中
国人口·资源与环境》2016 年第 8 期。

[32] 邓柏盛、宋德勇：《我国对外贸易、FDI 与环境污染之间关系的
研究：1995—2005》，《国际贸易问题》2008 年第 4 期。

［33］邓创、李雨林：《新常态时期中国对外贸易仍能促进经济增长吗——基于分类进出口贸易的动态计量分析》，《国际经贸探索》2016 年第 6 期。

［34］邓小华、周婧：《"低碳"内涵的国际贸易相关问题研究》，《国际商务》（对外经济贸易大学学报）2011 年第 5 期。

［35］丁焕峰、李佩仪：《中国区域污染影响因素：基于 EKC 曲线的面板数据分析》，《中国人口·资源与环境》2010 年第 10 期。

［36］董楠楠、钟昌标：《我国贸易与环境的问题研究》，《生态经济》2009 年第 2 期。

［37］董直庆、焦翠红：《环境规制能有效激励清洁技术创新吗？——源于非线性门槛面板模型的新解释》，《东南大学学报》（哲学社会科学版）2015 年第 2 期。

［38］董颖、石磊：《"波特假说"——生态创新与环境管制的关系研究述评》，《生态学报》2013 年第 34 期。

［39］董琴：《加快转变辽宁对外贸易发展方式的路径选择研究》，《辽宁工业大学学报》（社会科学版）2015 年第 3 期。

［40］董琨、白彬：《中国区域间产业转移的污染天堂效应检验》，《中国人口·资源与环境》2015 年第 12 期。

［41］邸玉娜：《欧盟对中国碳泄漏的测度与影响——基于世界投入产出表的分析》，《资源科学》2016 年第 12 期。

［42］邸玉娜：《中国碳密集型产业的出口战略研究——基于欧盟碳泄漏的视角》，《软科学》2016 年第 11 期。

［43］独孤昌慧：《我国对外贸易与环境污染问题研究》，博士学位论文，吉林大学，2015 年。

［44］范钰、张如庆：《全球价值链下中国制造业的出口环境代价研究》，《重庆科技学院学报》（社会科学版）2017 年第 1 期。

［45］范立祥：《关于贸易自由化与环境污染关系的文献述评》，《金融

经济》2016 年第 4 期。

[46] 范爱军、刘云英 《外贸增长方式评价指标体系的构建及实际运用——以山东省为例》,《国际贸易问题》2007 年第 8 期。

[47] 封进:《国际贸易中的环境成本及其对比较优势的影响》,《国际贸易问题》1998 年第 9 期。

[48] 傅京燕:《国外有关环境与贸易问题研究的进展及其启示》,《财贸经济》2005 年第 8 期。

[49] 傅京燕:《贸易与环境问题的研究动态与述评》,《国际贸易问题》2005 年第 10 期。

[50] 傅京燕、李丽莎:《环境规制、要素禀赋与产业国际竞争力的实证研究——基于中国制造业的面板数据》,《管理世界》2010 年第 10 期。

[51] 傅京燕、张春军:《国际贸易、碳泄漏与制造业 CO_2 排放》,《中国人口·资源与环境》2014 年第 3 期。

[52] 傅京燕、赵春梅 《环境规制会影响污染密集型行业出口贸易吗?——基于中国面板数据和贸易引力模型的分析》,《经济学家》2014 年第 2 期。

[53] 傅秋叶:《产品内分工视角下中国对外贸易发展》,硕士学位论文,福建师范大学,2012 年。

[54] 付瑞鹏:《国际贸易中的环境标准研究》,硕士学位论文,中共中央党校,2015 年。

[55] 傅帅雄、张可云、张文彬:《环境规制与中国工业区域布局的"污染天堂"效应》,《山西财经大学学报》2011 年第 7 期。

[56] 龚轶、王铮、顾高翔:《技术创新与产业结构优化——一个基于自主体的模拟》,《科研管理》2015 年第 8 期。

[57] 龚秀国:《中国式"荷兰病"影响中国财政收支格局的实证分析》,《财经科学》2010 年第 8 期。

［58］高鹏飞、陈文颖：《碳税与碳排放》，《清华大学学报》（自然科学版）2002 年第 10 期。

［59］高秋杰、田明华、吴红梅：《贸易与环境问题的研究进展与述评》，《世界贸易组织动态与研究》2011 年第 1 期。

［60］高静、刘国光：《要素禀赋、环境规制与污染品产业内贸易模式的转变——基于 54 个国家 352 对南北贸易关系的实证研究》，《国际贸易问题》2014 年第 10 期。

［61］高雪、李惠民、齐晔：《中美贸易的经济溢出效应及碳泄漏研究》，《中国人口·资源与环境》2015 年第 5 期。

［62］高兴民、孙涛：《简论国际贸易与环境保护的关系》，《世界经济》1996 年第 10 期。

［63］高煜、刘志彪：《我国外资经济发展模式转变中 FDI 升级的困境与突破》，《福建论坛》（人文社会科学版）2008 年第 6 期。

［64］耿利敏：《碳关税背景下我国对外贸易发展模式的转变》，《南京林业大学学报》（人文社会科学版）2012 年第 1 期。

［65］顾阿伦、周玲玲：《转移排放与碳泄漏概念辨析》，《中国经贸导刊》2016 年第 2 期。

［66］顾露露、岑怡、郭三、张凯歌：《股权结构、价值链属性与技术创新——基于中国信息技术企业的实证分析》，《证券市场导报》2015 年第 10 期。

［67］顾唯玉：《我国对外贸易新常态的表现与转型发展的路径探索》，《生产力研究》2016 年第 6 期。

［68］谷志红、牛东晓、王会青：《对外贸易可持续发展的评价指标体系及模型》，《统计与决策》2005 年第 9 期。

［69］郭际、张扎根：《环境规制强度对技术创新影响的差异性研究——基于 2003—2012 年省级数据的实证分析》，《工业技术经济》2015 年第 3 期。

［70］郭周明：《新形势下我国对外贸易发展面临的困境及其对策》，《当代财经》2013 年第 5 期。

［71］郭志远：《非对称性区域生态补偿的多目标设计模型——基于 EKC 非对称性的分析》，《区域经济评论》2015 年第 2 期。

［72］郭熙保、陈志刚：《论后危机时期中国外贸发展方式转变——基于世界经济结构调整的视角》，《经济学家》2013 年第 5 期。

［73］郭浩淼：《中国出口产品结构优化路径研究——基于要素禀赋结构演进的理论与实证》，博士学位论文，辽宁大学，2013 年。

［74］韩晶、陈超凡、冯科：《环境规制促进产业升级了吗？——基于产业技术复杂度的视角》，《北京师范大学学报》（社会科学版）2014 年第 1 期。

［75］韩剑、严兵：《中国企业为什么缺乏创造性破坏——基于融资约束的解释》，《南开管理评论》2013 年第 4 期。

［76］郝海波：《环境规制是否会影响企业国际竞争力？——关于波特假说的新思考》，《山东财政学院学报》2008 年第 3 期。

［77］侯本乾：《新常态下我国对外贸易发展的现状及对策》，《经营管理者》2016 年第 13 期。

［78］侯学娟、江激宇：《对外贸易发展对产业结构升级的影响》，《安徽农业大学学报》（社会科学版）2012 年第 1 期。

［79］侯为民、胡乐明：《新开放策论：西方金融经济危机与中国转变对外经济发展方式》，《马克思主义研究》2010 年第 8 期。

［80］何知：《环境规制对我国各地区贸易竞争力的影响研究》，硕士学位论文，湖南大学，2014 年。

［81］何少琛：《欧盟碳排放交易体系发展现状、改革方法及前景》，博士学位论文，吉林大学，2016 年。

［82］何小钢：《能源约束、绿色技术创新与可持续增长——理论模型与经验证据》，《中南财经政法大学学报》2015 年第 4 期。

［83］贺文华：《FDI 的"污染天堂假说"检验：基于中国东部和中部的证据》，《当代财经》2010 年第 6 期。

［84］贺亚琴、冯中朝：《中国出口结构优化——基于碳排放的视角》，《中国科技论坛》2015 年第 1 期。

［85］洪丽明、吕小锋：《贸易自由化、南北异质性与战略性环境政策》，《世界经济》2017 年第 7 期。

［86］洪丽明、黄伟、郑宵鹏：《贸易自由化背景下战略性环境政策理论研究脉络——基于模型构建视角的文献综述》，《国际贸易问题》2016 年第 4 期。

［87］胡宗义、唐李伟、苏静：《碳排放与经济增长：空间动态效应与EKC 再检验》，《山西财经大学学报》2013 年第 12 期。

［88］胡妍斌、陈晓红：《贸易自由化对我国环境状况的影响》，《财经科学》2003 年第 1 期。

［89］胡涛、吴玉萍、沈晓悦、毛显强、李丽平、俞海、国冬梅：《我国对外贸易的资源环境逆差分析》，《中国人口·资源与环境》2008 年第 2 期。

［90］黄安：《新时期中国外贸转型发展研究》，博士学位论文，福建师范大学，2014 年。

［91］黄小峰：《我国外贸增长方式转型的综合评价研究》，《安徽工业大学学报》（社会科学版）2008 年第 4 期。

［92］黄德春、刘志彪：《环境规制与企业自主创新——基于波特假设的企业竞争优势构建》，《中国工业经济》2006 年第 3 期。

［93］黄蕙萍、王毅成：《论国际贸易中的环境成本内在化问题》，《武汉工业大学学报》2000 年第 6 期。

［94］黄佳琦：《中国对外贸易发展与环境问题关系的实证研究——基于 1998—2014 年分地区的省际面板数据》，《对外经贸》2017 年第 3 期。

［95］黄德春、刘志彪：《环境规制与企业自主创新——基于波特假设的企业竞争优势构建》，《中国工业经济》2006 年第 3 期。

［96］黄晓亮：《全球价值链、经济深度调整与我国外贸增速变化的应对》，《商业经济研究》2018 年第 18 期。

［97］霍强、罗卫：《我国对外贸易增长方式评价指标体系的构建及应用》，《现代经济信息》2008 年第 3 期。

［98］霍伟东、陈若愚、林帆：《论全球价值链分工下中国外贸之供给侧改革》，《国际贸易》2018 年第 3 期。

［99］贾军、张伟：《绿色技术创新中路径依赖及环境规制影响分析》，《科学学与科学技术管理》2014 年第 5 期。

［100］贾军：《贸易开放、环境创新与中国经济绿色增长》，《软科学》2016 年第 2 期。

［101］简新华、张浩：《论中国外贸增长方式的转变》，《中国工业经济》2007 年第 8 期。

［102］蒋雅真、毛显强、宋鹏、刘峥延：《货物进口贸易对中国的资源环境效应研究》，《生态经济》2015 年第 10 期。

［103］蒋清华：《国际贸易、国内贸易与环境污染——基于中国省际数据的研究》，硕士学位论文，浙江大学，2014 年。

［104］蒋为：《环境规制是否影响了中国制造业企业研发创新？——基于微观数据的实证研究》，《财经研究》2015 年第 2 期。

［105］蒋伏心、王竹君、白俊红：《环境规制对技术创新影响的双重效应——基于江苏制造业动态面板数据的实证研究》，《中国工业经济》2013 年第 7 期。

［106］焦芳：《低碳经济与中国对外贸易发展》，《贵州财经学院学报》2011 年第 2 期。

［107］阚大学、吕连菜：《进出口贸易对环境污染的非线性影响——基于面板平滑转换回归模型》，《国际商务》（对外经济贸易大

学学报）2016 年第 2 期。

[108] 康志勇、张宁、汤学良、刘馨：《"减碳"政策制约了中国企业出口吗》，《中国工业经济》2018 年第 9 期。

[109] 孔雪：《经济全球化背景下我国民营企业对外贸易发展问题研究》，《商场现代化》2016 年第 14 期。

[110] 兰天、陈昊：《基于聚类污染的"环境—贸易"库兹涅茨理论及验证：来自 21 个代表性国家的证据》，《金融经济》2013 年第 10 期。

[111] 李勃昕、韩先锋、宋文飞：《环境规制影响清洁生产型产业技术的创新效率吗?》，《中国科技论坛》2013 年第 5 期。

[112] 李丹、杨建君：《国内绿色技术创新文献特色及前沿探究》，《科研管理》2015 年第 6 期。

[113] 李钢：《推动贸易强国建设的战略路径》，《国际贸易》2018 年第 4 期。

[114] 李钢、白明、李俊、崔卫杰：《后危机时代中国外贸发展战略之抉择》，《国际贸易》2010 年第 1 期。

[115] 李国祥、张伟：《环境规制条件下绿色技术创新的国际资本和贸易渠道研究》，《科技管理研究》2016 年第 12 期。

[116] 李国志、李宗植：《二氧化碳排放与经济增长关系的 EKC 检验——对我国东、中、西部地区的一项比较》，《产经评论》2011 年第 6 期。

[117] 李汉君：《后 WTO 时代中国对外贸易发展战略的选择》，博士学位论文，吉林大学，2009 年。

[118] 李宏兵、赵春明：《环境规制影响了我国中间品出口吗——来自中美行业面板数据的经验分析》，《国际经贸探索》2013 年第 6 期。

[119] 李怀政：《环境规制、技术进步与出口贸易扩张——基于我国

28 个工业大类 VAR 模型的脉冲响应与方差分解》,《国际贸易问题》2011 年第 12 期。

[120] 李怀政:《国际贸易与环境问题溯源及其研究进展》,《国际贸易问题》2009 年第 4 期。

[121] 李怀政:《中国环境规制的出口效应及其行业差异》,《商业经济与管理》2013 年第 5 期。

[122] 李季、王宇:《边境碳调节对中国 EITE 产业竞争力和碳泄漏的影响》,《中国人口·资源与环境》2016 年第 12 期。

[123] 李计广、张汉林、桑百川:《改革开放三十年中国对外贸易发展战略回顾与展望》,《世界经济研究》2008 年第 6 期。

[124] 李健、刘雪琴、金柏松、张莉、李俊、肖新艳、章海源:《加快转变外贸发展方式的理论与实践》,《国际贸易》2012 年第 6 期。

[125] 李静、沈伟:《环境规制对中国工业绿色生产率的影响——基于波特假说的再检验》,《山西财经大学学报》2012 年第 2 期。

[126] 李锴、齐绍洲:《贸易开放、经济增长与中国二氧化碳排放》,《经济研究》2011 年第 11 期。

[127] 李玲:《环境规制程度与企业绿色技术创新绩效——基于结构方程模型的实证研究》,《经济论坛》2017 年第 4 期。

[128] 李玲、陶锋:《中国制造业最优环境规制强度的选择——基于绿色全要素生产率的视角》,《中国工业经济》2012 年第 5 期。

[129] 李玲玲、张耀辉:《我国经济发展方式转变测评指标体系构建及初步测评》,《中国工业经济》2011 年第 4 期。

[130] 李慢:《低碳经济条件下我国对外贸易发展方式的转变》,《时代金融》2015 年第 21 期。

[131] 李梦洁、杜威剑:《环境规制与企业出口产品质量:基于制度环境与出口持续期的分析》,《研究与发展管理》2018 年第 3 期。

[132] 李苗苗、肖洪钧、赵爽:《金融发展、技术创新与经济增长的关

系研究——基于中国的省市面板数据》，《中国管理科学》2015 年第 2 期。

[133] 李胜兰、初善冰、申晨：《地方政府竞争、环境规制与区域生态效率》，《世界经济》2014 年第 4 期。

[134] 李通：《碳交易市场的国际比较研究》，博士学位论文，吉林大学，2012 年。

[135] 李婉红：《排污费制度驱动绿色技术创新的空间计量检验——以 29 个省域制造业为例》，《科研管理》2015 年第 6 期。

[136] 李平、慕绣如：《波特假说的滞后性和最优环境规制强度分析——基于系统 GMM 及门槛效果的检验》，《产业经济研究》2013 年第 4 期。

[137] 李倩：《上海环境库兹涅茨曲线——基于 1981—2007 年六类污染指标的实证研究》，《世界经济情况》2009 年第 3 期。

[138] 李琼：《我国环境规制对出口贸易结构的影响研究》，硕士学位论文，南京师范大学，2015 年。

[139] 李胜兰、初善冰、申晨：《地方政府竞争、环境规制与区域生态效率》，《世界经济》2014 年第 4 期。

[140] 李伟舵：《国际贸易对环境影响的实证分析——以 OECD 国家为例》，《内蒙古社会科学》（汉文版）2014 年第 3 期。

[141] 李小平、卢现祥、陶小琴：《环境规制强度是否影响了中国工业行业的贸易比较优势》，《世界经济》2012 年第 4 期。

[142] 李秀珍、林基：《基于要素流动的环境规制贸易效应与政策研究——TPP〈环境合作协议〉的启示》，《上海财经大学学报》2014 年第 3 期。

[143] 李秀珍、林基：《环境规制贸易效应下中国对外经济发展方式转变》，《会计与经济研究》2014 年第 2 期。

[144] 李秀珍、唐海燕：《环境规制新要求下中国工业部门对外经济

政策研究——采自外商投资和贸易开放的经验证据》,《世界经济研究》2016 年第 5 期。

[145] 李秀珍、唐海燕、郑国姣:《环境规制对污染密集型行业出口竞争力影响——要素产出弹性系数影响分析》,《国际贸易问题》2014 年第 7 期。

[146] 李秀珍、徐芳娜:《技术创新与中国外贸发展方式转变——价值链视角下出口结构优化研究》,《华东师范大学学报》(哲学社会科学版)2015 年第 4 期。

[147] 李阳、党兴华、韩先锋、宋文飞:《环境规制对技术创新长短期影响的异质性效应——基于价值链视角的两阶段分析》,《科学学研究》2014 年第 6 期。

[148] 李玉婷:《气候政策的绿色悖论文献述评》,《现代经济探讨》2015 年第 8 期。

[149] 李玉楠、李廷:《环境规制、要素禀赋与出口贸易的动态关系——基于我国污染密集产业的动态面板数据》,《国际经贸探索》2012 年第 2 期。

[150] 李祝平、欧阳强:《资源与环境约束下绿色贸易政策转型研究》,《求索》2014 年第 2 期。

[151] 廖涵、谢靖:《环境规制对中国制造业贸易比较优势的影响——基于出口增加值的视角》,《亚太经济》2017 年第 4 期。

[152] 林伯强、李爱军:《碳关税的合理性何在?》,《经济研究》2012 年第 11 期。

[153] 林伯强、刘泓汛:《对外贸易是否有利于提高能源环境效率——以中国工业行业为例》,《经济研究》2015 年第 9 期。

[154] 林桂军、何武:《全球价值链下我国装备制造业的增长特征》,《国际贸易问题》2015 年第 6 期。

[155] 林桂军、何武:《中国装备制造业在全球价值链的地位及升级

趋势》，《国际贸易问题》2015 年第 4 期。

[156] 林季红、刘莹：《内生的环境规制："污染天堂假说"在中国的再检验》，《中国人口·资源与环境》2013 年第 1 期。

[157] 林毅夫、张鹏飞：《适宜技术、技术选择和发展中国家的经济增长》，《经济学》（季刊）2006 年第 3 期。

[158] 林毅夫、蔡昉、李周：《比较优势与发展战略——对"东亚奇迹"的再解释》，《中国社会科学》1999 年第 5 期。

[159] 刘昌年、马志强、张银银：《全球价值链下中小企业技术创新能力影响因素研究——基于文献分析视角》，《科技进步与对策》2015 年第 4 期。

[160] 刘国晖、张如庆：《论困境倒逼下的我国对外贸易发展方式转变》，《经济学家》2014 年第 2 期。

[161] 陆建明：《环境技术改善的不利环境效应：另一种"绿色悖论"》，《经济学动态》2015 年第 11 期。

[162] 陆建明、王文治：《要素禀赋、污染转移与中国制造业的贸易竞争力——对污染天堂与要素禀赋假说的检验》，《中国人口·资源与环境》2012 年第 12 期。

[163] 刘家悦、谢靖：《环境规制与制造业出口质量升级——基于要素投入结构异质性的视角》，《中国人口·资源与环境》2018 年第 2 期。

[164] 刘林青、谭畅：《国际贸易中出口结构对经济绩效的影响——基于国家空间的社会网络分析》，《国际贸易问题》2016 年第 6 期。

[165] 卢荣忠：《环境成本内在化对国际贸易的影响》，《国际贸易问题》1999 年第 7 期。

[166] 刘萍萍：《环境规制与技术创新——基于世行中国企业调查数据》，《中国人口·资源与环境》2016 年第 1 期。

[167] 卢宁、李国平：《基于 EKC 框架的社会资本水平对环境质量的

影响研究——来自中国 1995—2007 年面板数据》,《统计研究》2009 年第 5 期。

[168] 陆旸:《环境规制影响了污染密集型商品的贸易比较优势吗?》,《经济研究》2009 年第 4 期。

[169] 路正南、冯阳:《技术进步视角下环境规制对碳排放绩效的影响》,《科技管理研究》2016 年第 17 期。

[170] 刘婧:《一般贸易与加工贸易对我国环境污染影响的比较分析》,《世界经济研究》2009 年第 6 期。

[171] 刘力:《国际贸易的环境效应分析及相关研究综述》,《国际经贸探索》2005 年第 1 期。

[172] 刘慧君、洪泳:《新常态下我国外贸发展的思考及建议》,《宏观经济管理》2015 年第 2 期。

[173] 刘伟、薛景:《环境规制与技术创新:来自中国省际工业行业的经验证据》,《宏观经济研究》2015 年第 10 期。

[174] 刘伟:《考虑环境因素的高新技术产业技术创新效率分析——基于 2000—2007 年和 2008—2014 年两个时段的比较》,《科研管理》2016 年第 11 期。

[175] 刘晓峰:《我国对外贸易产业梯度转移环境保护问题研究——基于 ISO 环境管理标准和发达国家经验视角》,《国际贸易》2014 年第 6 期。

[176] 刘祥霞、王锐、陈学中:《中国外贸生态环境分析与绿色贸易转型研究——基于隐含碳的实证研究》,《资源科学》2015 年第 2 期。

[177] 刘亚飞、孙永平:《碳泄漏:理论与政策综述》,《湖北经济学院学报》2014 年第 5 期。

[178] 刘燕:《德国对外贸易发展的分析与借鉴》,硕士学位论文,广西大学,2012 年。

［179］ 罗丽英、齐月：《技术创新效率对我国制造业出口产品质量升级的影响研究》，《国际经贸探索》2016 年第 4 期。

［180］ 娄昌龙、冉茂盛：《融资约束下环境规制对企业技术创新的影响》，《系统工程》2016 年第 12 期。

［181］ 娄昌龙：《环境规制、技术创新与劳动就业》，博士学位论文，重庆大学，2016 年。

［182］ 马晶梅、王新影、贾红宇：《中日贸易隐含碳失衡研究》，《资源科学》2016 年第 3 期。

［183］ 马晶梅、王新影：《基于 MRIO 模型的中美贸易内涵碳转移研究》，《统计与信息论坛》2015 年第 9 期。

［184］ 马翠萍、史丹：《开放经济下单边碳减排措施加剧全球碳排放吗——对碳泄漏问题的一个综述》，《国际经贸探索》2014 年第 5 期。

［185］ 马健美：《中国对外贸易发展现状及对策研究》，《对外经贸》2014 年第 5 期。

［186］ 马涛：《中国对外贸易绿色发展的挑战和应对》，《生态经济》2015 年第 7 期。

［187］ 闵云：《试析边境碳调节的合法性、有效性与公平性》，硕士学位论文，南京大学，2016 年。

［188］ 慕绣如：《发展中国家环境规制对技术创新的影响》，硕士学位论文，山东理工大学，2013 年。

［189］ 莫莎：《贸易与环境问题的多边及区域协调》，《世界经济与政治》2006 年第 1 期。

［190］ 倪薇芬：《浅析环境管制对贸易的影响》，《国际贸易》1994 年第 4 期。

［191］ 潘安：《全球价值链分工对中国对外贸易隐含碳排放的影响》，《国际经贸探索》2017 年第 3 期。

［192］潘安、魏龙：《中国对外贸易隐含碳：结构特征与影响因素》，《经济评论》2016 年第 4 期。

［193］潘文卿：《碳税对中国产业与地区竞争力的影响：基于 CO_2 排放责任的视角》，《数量经济技术经济研究》2015 年第 6 期。

［194］潘晓滨、史学瀛：《碳排放交易中配额无偿分配的制度构建》，《天津大学学报》（社会科学版）2016 年第 2 期。

［195］潘昱霖：《"一带一路"建设为促进我国对外贸易发展创造的机遇》，《现代商业》2016 年第 11 期。

［196］彭海珍：《关于贸易自由化对中国环境影响的分析》，《财贸研究》2006 年第 4 期。

［197］裴长洪、彭磊、郑文：《转变外贸发展方式的经验与理论分析——中国应对国际金融危机冲击的一种总结》，《中国社会科学》2011 年第 1 期。

［198］裴长洪：《后危机时代经济全球化趋势及其新特点、新态势》，《国际经济评论》2010 年第 4 期。

［199］卜茂亮、李双、张三峰：《环境规制与出口：来自三维面板数据的证据》，《国际经贸探索》2017 年第 9 期。

［200］蒲艳萍、王玲：《我国对外贸易可持续发展能力的综合评价》，《国际贸易问题》2007 年第 7 期。

［201］蒲晓晔、赵守国：《我国经济发展方式转变的动力结构分析》，《经济问题》2010 年第 4 期。

［202］祁春凌、徐丽：《我国对外贸易新常态的表现与转型发展的路径选择》，《经济纵横》2015 年第 8 期。

［203］齐绍洲、徐佳：《环境规制与制造业低碳国际竞争力——基于二十国集团"波特假说"的再检验》，《武汉大学学报》（哲学社会科学版）2018 年第 1 期。

［204］乔真真：《产业结构变迁与中国对外贸易发展》，硕士学位论文，

西南交通大学，2007 年。

［205］钱丽、肖仁桥、陈忠卫：《我国工业企业绿色技术创新效率及其区域差异研究——基于共同前沿理论和 DEA 模型》，《经济理论与经济管理》2015 年第 1 期。

［206］秦鹏：《环境保护下的贸易限制——国际贸易中 PPMs 标准的法律问题探析》，《国际贸易》2005 年第 6 期。

［207］邱磊：《基于经济效率的碳税与碳排放权交易的研究》，硕士学位论文，中国海洋大学，2013 年。

［208］任优生、任保全：《环境规制促进了战略性新兴产业技术创新了吗？——基于上市公司数据的分位数回归》，《经济问题探索》2016 年第 1 期。

［209］任力、黄崇杰：《国内外环境规制对中国出口贸易的影响》，《世界经济》2015 年第 5 期。

［210］任建兰、尹海伟、王立红、孔繁花：《环境管制措施对区域环境与贸易的约束效应》，《人文地理》2003 年第 2 期。

［211］任胜钢、胡兴、袁宝龙：《中国制造业环境规制对技术创新影响的阶段性差异与行业异质性研究》，《科技进步与对策》2016 年第 12 期。

［212］尚宇红、罗浩：《中国出口结构对其世界市场份额的影响：2001—2012——基于 CMSA 模型的实证分析》，《上海对外经贸大学学报》2015 年第 6 期。

［213］佘群芝：《"污染天堂"假说与现实》，《中南财经政法大学学报》2004 年第 3 期。

［214］邵帅：《环境规制如何影响货物贸易的出口商品结构》，《南方经济》2017 年第 10 期。

［215］沈荣珊、任荣明：《贸易自由化环境效应的实证研究》，《国际贸易问题》2006 年第 7 期。

［216］沈能、刘凤朝：《高强度的环境规制真能促进技术创新吗？——基于"波特假说"的再检验》，《中国软科学》2012 年第 4 期。

［217］石华平、易敏利：《环境规制对企业出口贸易影响的实证研究——基于 2004—2015 年中国企业出口的省际面板数据》，《西华大学学报》（哲学社会科学版）2018 年第 3 期。

［218］史智宇：《出口相似度与贸易竞争：中国与东盟的比较研究》，《财贸经济》2003 年第 9 期。

［219］史智宇：《东亚产业内贸易发展趋势的实证研究——对发展我国与东亚产业内贸易的政策思考》，《财经研究》2003 年第 9 期。

［220］宋马林、王舒鸿：《环境规制、技术进步与经济增长》，《经济研究》2013 年第 3 期。

［221］苏梽芳、廖迎、李颖：《是什么导致了"污染天堂"：贸易还是FDI？——来自中国省级面板数据的证据》，《经济评论》2011 年第 3 期。

［222］苏为华、张崇辉：《关于异质性假说的中国 EKC 再检验》，《统计研究》2011 年第 12 期。

［223］孙永平、王磊、王成：《碳排放权交易、行业竞争力与配额分配》，《环境经济研究》2016 年第 1 期。

［224］孙强：《中国对外贸易发展方式转变评价指标构建与实证研究》，《价格月刊》2017 年第 3 期。

［225］孙濛：《中国环境规制的出口贸易三元边际效应研究》，硕士学位论文，浙江工商大学，2017 年。

［226］孙纲、黄志斌：《环境经济政策对贸易的影响分析》，《生态经济》2009 年第 4 期。

［227］谭秀杰、齐绍洲：《气候政策是否影响了国际投资和国际贸易——京都承诺期碳泄漏实证研究》，《世界经济研究》2014 年第 8 期。

［228］唐钊：《碳排放规制竞争衡平研究》，《学术交流》2016 年第 5 期。

［229］唐海涛：《贸易与环境问题的嬗变及我国对策：多边视角》，《重庆工商大学学报》（社会科学版）2016 年第 3 期。

［230］唐海燕、毕玉江、贾德奎：《后危机时代加快转变对外经济发展方式的若干问题》，《华东师范大学学报》（哲学社会科学版）2011 年第 1 期。

［231］唐海燕、张会清：《产品内国际分工与发展中国家的价值链提升》，《经济研究》2009 年第 9 期。

［232］唐海燕、张会清：《中国在新型国际分工体系中的地位——基于价值链视角的分析》，《国际贸易问题》2009 年第 2 期。

［233］唐海燕：《进出口贸易与经济增长：作用机制与风险度量》，《华东师范大学学报》（哲学社会科学版）2008 年第 6 期。

［234］唐剑、周雪莲：《中国对外贸易的环境影响综合效应分析》，《中国人口·资源与环境》2017 年第 4 期。

［235］唐杰英：《环境规则、外资参与程度和贸易竞争力——来自中国工业的实证研究》，《世界经济研究》2014 年第 5 期。

［236］汤澜：《环境规制对我国出口贸易结构的影响分析》，硕士学位论文，湖南大学，2014 年。

［237］唐钊：《碳排放规制竞争衡平研究》，《学术交流》2016 年第 5 期。

［238］汤维祺、吴力波、钱浩祺：《从"污染天堂"到绿色增长——区域间高耗能产业转移的调控机制研究》，《经济研究》2016 年第 6 期。

［239］汤二子、孙振：《制造业企业污染排放与产出关系实证研究——企业层面是否存在环境库兹涅茨曲线?》，《财经科学》2012 年第 8 期。

［240］唐小我、慕银平、马永开：《柯布—道格拉斯生产函数条件下成本函数的进一步分析》，《中国管理科学》2005 年第 4 期。

[241] 陶长琪、周璇：《环境规制与技术溢出耦联下的省域技术创新能力评价研究》，《科研管理》2016 年第 9 期。

[242] 陶长琪、琚泽霞：《金融发展视角下环境规制对技术创新的门槛效应——基于价值链理论的两阶段分析》，《研究与发展管理》2016 年第 1 期。

[243] 陶长琪、琚泽霞：《金融发展、环境规制与技术创新关系的实证分析——基于面板门槛回归模型》，《江西师范大学学报》（自然科学版）2015 年第 1 期。

[244] 田立新、姚洪兴、黄苏海：《经济增长条件下环境库兹涅兹曲线方案的改进》，《江苏大学学报》（社会科学版）2004 年第 5 期。

[245] 田野、程婷：《新贸易理论框架下我国对外贸易的环境效应研究》，《统计与决策》2017 年第 3 期。

[246] 童伟伟：《环境规制影响了中国制造业企业出口吗？》，《中南财经政法大学学报》2013 年第 3 期。

[247] 童霞、高申荣、范聪慧：《基于低碳经济的中国出口结构调整的统计分析》，《统计与决策》2015 年第 24 期。

[248] 涂颖清：《全球价值链下我国制造业升级研究》，博士学位论文，复旦大学，2010 年。

[249] 王传宝、刘林奇：《我国环境管制出口效应的实证研究》，《国际贸易问题》2009 年第 6 期。

[250] 王动、王国印：《环境规制对企业技术创新影响的实证研究——基于波特假说的区域比较分析》，《中国经济问题》2011 年第 1 期。

[251] 王放：《国际金融危机与我国出口企业外贸发展方式转变研究》，《现代商贸工业》2009 年第 5 期。

[252] 王锋正、姜涛：《环境规制对资源型产业绿色技术创新的影响——基于行业异质性的视角》，《财经问题研究》2015 年第 8 期。

［253］王锋正、郭晓川：《环境规制强度对资源型产业绿色技术创新的影响——基于 2003—2011 年面板数据的实证检验》，《中国人口·资源与环境》2015 年第 1 期。

［254］王海龙、连晓宇、林德明：《绿色技术创新效率对区域绿色增长绩效的影响实证分析》，《科学学与科学技术管理》2016 年第 6 期。

［255］王佳菲：《提高劳动者报酬的产业结构升级效应及其现实启示》，《经济学家》2010 年第 7 期。

［256］王杰、刘斌：《环境规制与企业全要素生产率——基于中国工业企业数据的经验分析》，《中国工业经济》2014 年第 3 期。

［257］王美昌、徐康宁：《贸易开放、经济增长与中国二氧化碳排放的动态关系——基于全球向量自回归模型的实证研究》，《中国人口·资源与环境》2015 年第 11 期。

［258］王书斌、徐盈之：《环境规制与雾霾脱钩效应——基于企业投资偏好的视角》，《中国工业经济》2015 年第 4 期。

［259］汪素芹：《中国经济发展方式转变与外贸发展方式转变相互影响的实证分析》，《国际贸易问题》2014 年第 1 期。

［260］汪素芹：《中国区域外贸发展方式转变的实证分析——基于全国 15 个主要省（市）的数据与比较》，《财贸经济》2013 年第 12 期。

［261］汪素芹、孙佳佳、耿欣娟：《中国外贸增长方式转变的评价指标体系与实证研究》，《成都理工大学学报》（社会科学版）2011 年第 5 期。

［262］汪素芹、周健：《技术创新对中国外贸发展方式转变影响的实证研究》，《财贸研究》2012 年第 6 期。

［263］王宇华：《基于 AHP 的外贸增长方式转变实证研究——以浙江为例》，《国际商务研究》2010 年第 4 期。

［264］ 王文普：《污染溢出与区域环境技术创新》，《科研管理》2015
年第 9 期。

［265］ 王跃生、焦芳：《低碳经济背景下我国对外贸易发展模式的转
变》，《河北经贸大学学报》2010 年第 6 期。

［266］ 王勇、俞海、张永亮、杨超、张燕：《中国环境质量拐点：基
于 EKC 的实证判断》，《中国人口·资源与环境》2016 年第
10 期。

［267］ 王威：《中美贸易不平衡及中美贸易摩擦的发展趋势分析》，
《现代经济探讨》2013 年第 1 期。

［268］ 王宇华：《基于 AHP 的外贸增长方式转变实证研究——以浙江
为例》，《国际商务研究》2010 年第 4 期。

［269］ 魏彩慧、张开旺：《后危机时代我国对外贸易发展问题研究》，
《北京市经济管理干部学院学报》2013 年第 4 期。

［270］ 魏涛远、格罗姆斯洛德：《征收碳税对中国经济与温室气体排
放的影响》，《世界经济与政治》2002 年第 8 期。

［271］ 魏浩、何晓琳、赵春明：《制度水平、制度差距与发展中国家
的对外贸易发展——来自全球 31 个发展中国家的国际经验》，
《南开经济研究》2010 年第 5 期。

［272］ 魏浩、李翀：《超比较优势与中国梯形对外贸易发展战略的构
建》，《世界经济与政治论坛》2014 年第 1 期。

［273］ 魏龙、潘安：《出口贸易和 FDI 加剧了资源型城市的环境污染
吗？——基于中国 285 个地级城市面板数据的经验研究》，《自
然资源学报》2016 年第 1 期。

［274］ 卫兴华：《转变对外贸易发展方式究竟该转什么》，《北京日报》
2010 年 8 月 23 日。

［275］ 邬彩霞：《碳减排目标下边境调整政策的政治经济学分析》，《理
论学刊》2016 年第 3 期。

［276］ 吴飞飞、邱斌：《金融成长、外商投资与出口结构优化——基于
　　　　我国省级面板数据的实证分析》，《经济经纬》2015 年第 5 期。

［277］ 吴力波、于畅：《国际贸易与国内贸易环境效应的差异性研究》，
　　　　《环境经济研究》2017 年第 2 期。

［278］ 吴泰伟：《以质量提升推动形成全面开放新格局》，《湖南日报》
　　　　2017 年 11 月 14 日第 10 版。

［279］ 吴玮：《提升开放型经济转变传统对外贸易发展方式》，《中国
　　　　工业报》2013 年 1 月 7 日。

［280］ 肖红、郭丽娟：《中国环境保护对产业国际竞争力的影响分析》，
　　　　《国际贸易问题》2006 年第 12 期。

［281］ 谢锐、赵果梅：《GMRIO 模型视角下中国对外贸易环境效应研
　　　　究》，《数量经济技术经济研究》2016 年第 5 期。

［282］ 邢斐、何欢浪：《贸易自由化、纵向关联市场与战略性环境政
　　　　策——环境税对发展绿色贸易的意义》，《经济研究》2011 年第
　　　　5 期。

［283］ 邢丽：《碳税国际协调的理论综述》，《经济研究参考》2010 年
　　　　第 44 期。

［284］ 徐圆：《从中国进口高污染品是否改善了发达国家的国内环
　　　　境？——基于细分行业贸易数据的经验分析》，《财经论丛》2014
　　　　年第 9 期。

［285］ 徐浩、温军、冯涛：《制度环境、金融发展与技术创新》，《山
　　　　西财经大学学报》2016 年第 6 期。

［286］ 徐春祥、郭宗旗、韩召龙：《自由贸易协定对我国货物贸易出
　　　　口规模与出口结构变动的影响》，《亚太经济》2015 年第 2 期。

［287］ 徐元：《打造外贸发展战略升级版——新形势下我国外贸发展
　　　　从"科技兴贸"向"创新强贸"转变的思考》，《国际贸易》
　　　　2013 年第 12 期。

［288］许统生、梁肖：《中国加总贸易成本的测算及对制造业出口结构的影响》，《财贸经济》2016 年第 3 期。

［289］许源、顾海英、钟根元：《环境规制对中国碳密集型行业出口贸易的影响——基于碳排放视角的污染避难所效应检验》，《生态经济》2014 年第 9 期。

［290］许卫华、王锋正：《环境规制与技术创新能力——基于资源型企业的实证研究》，《科学决策》2015 年第 9 期。

［291］许启琪：《环境规制下绿色技术创新数理模型构建与实证检验》，硕士学位论文，吉林大学，2015 年。

［292］许士春：《环境管制与企业竞争力——基于"波特假说"的质疑》，《国际贸易问题》2007 年第 5 期。

［293］许士春：《贸易与环境问题的研究现状与启示》，《国际贸易问题》2006 年第 7 期。

［294］许士春：《贸易对我国环境影响的实证分析》，《世界经济研究》2006 年第 3 期。

［295］夏海霞、何沅宁：《"一带一路"倡议背景下如何提升广东外贸竞争力》，《上海市经济管理干部学院学报》2018 年第 3 期。

［296］夏李莹：《我国进出口贸易对生态环境的影响研究》，硕士学位论文，河北大学，2009 年。

［297］夏勇、钟茂初：《经济发展与环境污染脱钩理论及 EKC 假说的关系——兼论中国地级城市的脱钩划分》，《中国人口·资源与环境》2016 年第 10 期。

［298］肖雁飞、万子捷、刘红光：《我国区域产业转移中"碳排放转移"及"碳泄漏"实证研究——基于 2002 年、2007 年区域间投入产出模型的分析》，《财经研究》2014 年第 2 期。

［299］肖鹏、胡许萍、刘金培、李林：《环境规制差异对我国跨国企业技术创新的影响——基于海尔的探索性案例研究》，《经济经

纬》2015 年第 1 期。

［300］项义军、吕文：《黑龙江省对外贸易发展方式转变的实证研究》，《商业经济》2013 年第 22 期。

［301］谢靖、廖涵：《技术创新视角下环境规制对出口质量的影响研究——基于制造业动态面板数据的实证分析》，《中国软科学》2017 年第 8 期。

［302］熊珍琴、吴迪、肖新成：《低碳经济发展背景下中国对外贸易发展方式的转变》，《宜春学院学报》2016 年第 11 期。

［303］闫云凤、赵忠秀：《中国对外贸易隐含碳的测度研究——基于碳排放责任界定的视角》，《国际贸易问题》2012 年第 1 期。

［304］杨丹萍：《我国出口贸易环境成本内在化效应的实证分析与政策建议》，《财贸经济》2011 年第 6 期。

［305］杨来科、张云：《基于环境要素的"污染天堂假说"理论和实证研究——中国行业 CO_2 排放测算和比较分析》，《商业经济与管理》2012 年第 4 期。

［306］杨恺钧、唐玲玲、陆云磊：《经济增长、国际贸易与环境污染的关系研究》，《统计与决策》2017 年第 7 期。

［307］杨汝岱、朱诗娥：《中国对外贸易结构与竞争力研究：1978—2006》，《财贸经济》2008 年第 2 期。

［308］杨涛：《环境规制对中国对外贸易影响的实证分析》，《当代财经》2003 年第 10 期。

［309］杨万平、袁晓玲：《对外贸易、FDI 对环境污染的影响分析——基于中国时间序列的脉冲响应函数分析：1982—2006》，《世界经济研究》2008 年第 12 期。

［310］杨振兵、马霞、蒲红霞：《环境规制、市场竞争与贸易比较优势——基于中国工业行业面板数据的经验研究》，《国际贸易问题》2015 年第 3 期。

［311］杨绪彪、朱丽萍：《基于市场的解决全球航空碳减排的措施方案：困境与前景》，《宏观经济研究》2015 年第 1 期。

［312］杨东、柴慧敏：《企业绿色技术创新的驱动因素及其绩效影响研究综述》，《中国人口·资源与环境》2015 年第 12 期。

［313］杨玉华、魏莹莹：《我国"价格竞争型"对外贸易发展方式的困境与对策分析》，《价格月刊》2015 年第 7 期。

［314］杨迎春：《能源消费与对外贸易发展关系研究综述》，《现代管理科学》2012 年第 6 期。

［315］杨子晖、田磊：《"污染天堂"假说与影响因素的中国省际研究》，《世界经济》2017 年第 5 期。

［316］严宝玉：《对外贸易发展金融支持分析——以北京地区为例》，《金融研究》2006 年第 4 期。

［317］易先忠、欧阳峣：《大国如何出口：国际经验与中国贸易模式回归》，《财贸经济》2018 年第 3 期。

［318］易信、刘凤良：《金融发展、技术创新与产业结构转型——多部门内生增长理论分析框架》，《管理世界》2015 年第 10 期。

［319］殷琪、张金玲：《"污染天堂"假说研究综述》，《当代经济》2015 年第 12 期。

［320］尹似雪：《污染产品贸易会诱使环境规制"向底线赛跑"?》，硕士学位论文，湖南大学，2015 年。

［321］尹显萍：《环境规制对贸易的影响——以中国与欧盟商品贸易为例》，《世界经济研究》2008 年第 7 期。

［322］尹显萍、李茹君：《我国工业制成品对外贸易对环境的影响》，《国际贸易问题》2008 年第 2 期。

［323］尹栾玉、王静媛：《加快转变对外经济发展方式的路径选择》，《河北经贸大学学报》2014 年第 6 期。

［324］印萍：《安徽省对外贸易发展方式转变研究》，硕士学位论文，

安徽财经大学，2015 年。

[325] 尤济红、王鹏：《环境规制能否促进 R&D 偏向于绿色技术研发？——基于中国工业部门的实证研究》，《经济评论》2016 年第 3 期。

[326] 余道先、刘海云：《我国自主创新能力对出口贸易的影响研究——基于专利授权量的实证》，《国际贸易问题》2008 年第 3 期。

[327] 余伟、陈强、陈华：《环境规制、技术创新与经营绩效——基于 37 个工业行业的实证分析》，《科研管理》2017 年第 2 期。

[328] 余伟、陈强、陈华：《不同环境政策工具对技术创新的影响分析——基于 2004—2011 年我国省级面板数据的实证研究》，《管理评论》2016 年第 1 期。

[329] 余伟、陈强：《"波特假说" 20 年——环境规制与创新、竞争力研究述评》，《科研管理》2015 年第 5 期。

[330] 余子鹏、王今朝：《我国企业技术创新选择影响因素的实证分析》，《科研管理》2015 年第 7 期。

[331] 余东华、张明志：《"异质性难题" 化解与碳排放 EKC 再检验——基于门限回归的国别分组研究》，《中国工业经济》2016 年第 7 期。

[332] 俞海山：《环境成本内在化的贸易效应分析——兼论近年我国出口关税调整政策》，《财贸经济》2009 年第 1 期。

[333] 俞海山：《国际贸易外部效应的表现、特点及消减对策》，《国际贸易问题》2004 年第 2 期。

[334] 袁永友、刘建明：《创建我国对外贸易可持续发展评价指标体系的思考》，《国际贸易问题》2004 年第 1 期。

[335] 袁建国、程晨、后青松：《环境不确定性与企业技术创新——基于中国上市公司的实证研究》，《管理评论》2015 年第 10 期。

[336] 原毅军、谢荣辉：《环境规制的产业结构调整效应研究——基

于中国省际面板数据的实证检验》，《中国工业经济》2014 年第 8 期。

［337］原毅军、谢荣辉：《产业集聚、技术创新与环境污染的内在联系》，《科学学研究》2015 年第 9 期。

［338］原毅军、谢荣辉：《环境规制与工业绿色生产率增长——对“强波特假说”的再检验》，《中国软科学》2016 年第 7 期。

［339］占佳、李秀香：《环境规制工具对技术创新的差异化影响》，《广东财经大学学报》2015 年第 6 期。

［340］占华：《贸易开放对中国碳排放影响的门槛效应分析》，《世界经济研究》2017 年第 2 期。

［341］臧传琴、张菡：《环境规制技术创新效应的空间差异——基于2000—2013 年中国面板数据的实证分析》，《宏观经济研究》2015 年第 11 期。

［342］臧传琴、王静：《环境规制对贸易的影响——基于中国与美国、欧盟、日本的数据》，《山东财政学院学报》2012 年第 2 期。

［343］张成、郭炳南、于同申：《FDI 国别属性、门槛特征和技术效率外溢》，《科研管理》2016 年第 9 期。

［344］张成、郭炳南、于同申：《污染异质性、最优环境规制强度与生产技术进步》，《科研管理》2015 年第 3 期。

［345］张成、于同申：《环境规制会影响产业集中度吗？——一个经验研究》，《中国人口·资源与环境》2012 年第 3 期。

［346］张成、陆旸、郭路、于同申：《环境规制强度和生产技术进步》，《经济研究》2011 年第 2 期。

［347］张成、于同申、郭路：《环境规制影响了中国工业的生产率吗——基于 DEA 与协整分析的实证检验》，《经济理论与经济管理》2010 年第 3 期。

［348］张弛、任剑婷：《基于环境规制的我国对外贸易发展策略选择》，

《生态经济》2005 年第 10 期。

［349］张根能、张路雁、秦文杰：《出口贸易对我国环境影响的实证分析——以 SO_2 为例》，《宏观经济研究》2014 年第 9 期。

［350］张海玲：《环境管制下中国出口贸易的 CO_2 排放效应研究》，《东岳论丛》2015 年第 4 期。

［351］张华、魏晓平：《绿色悖论抑或倒逼减排——环境规制对碳排放影响的双重效应》，《中国人口·资源与环境》2014 年第 9 期。

［352］张洪胜：《贸易自由化、融资约束与中国外贸转型升级》，博士学位论文，浙江大学，2017 年。

［353］张建中、梁珊：《后危机时代中国对外贸易发展趋势及其政策措施》，《云南财经大学学报》2011 年第 6 期。

［354］张景华：《碳税的产业竞争力效应分析》，《财经科学》2011 年第 6 期。

［355］张明志：《我国制造业细分行业的碳排放测算——兼论 EKC 在制造业的存在性》，《软科学》2015 年第 9 期。

［356］张明喜：《我国开征碳税的 CGE 模拟与碳税法条文设计》，《财贸经济》2010 年第 3 期。

［357］张平、张鹏鹏、蔡国庆：《不同类型环境规制对企业技术创新影响比较研究》，《中国人口·资源与环境》2016 年第 4 期。

［358］张倩：《环境规制对技术创新的非线性影响研究——基于中国 2003—2011 年省际面板数据分析》，《北京交通大学学报》（社会科学版）2016 年第 1 期。

［359］张倩：《环境规制对绿色技术创新影响的实证研究——基于政策差异化视角的省级面板数据分析》，《工业技术经济》2015 年第 7 期。

［360］张文彬、张理芃、张可云：《中国环境规制强度省际竞争形态及其演变——基于两区制空间 Durbin 固定效应模型的分析》，《管

理世界》2010 年第 12 期。

［361］张燕平：《中国出口结构的国际竞争力研究》，《海峡科技与产业》2016 年第 11 期。

［362］张扎根：《环境规制对技术创新的影响》，硕士学位论文，南京信息工程大学，2016 年。

［363］张会清：《人民币升值、商品异质性与出口结构调整》，《国际贸易问题》2015 年第 2 期。

［364］张琴、张志辉：《国际贸易与环境——相关假说的评述》，《国际贸易问题》2005 年第 9 期。

［365］张彩兰：《新常态经济背景下我国对外贸易发展问题研究》，《商场现代化》2015 年第 9 期。

［366］张三峰、曹杰、杨德才：《环境规制对企业生产率有好处吗？——来自企业层面数据的证据》，《产业经济研究》2011 年第 5 期。

［367］张文城、彭水军：《不对称减排、国际贸易与能源密集型产业转移——碳泄漏的研究动态及展望》，《国际贸易问题》2014 年第 7 期。

［368］张文城、彭水军、曹毅：《贸易开放的结构效应是否加剧了中国的环境污染——基于地级城市动态面板数据的经验证据》，《国际贸易问题》2013 年第 8 期。

［369］张伟：《我国对外贸易发展策略研究》，硕士学位论文，武汉工程大学，2013 年。

［370］张锡、周新苗：《浙江省对外贸易发展与环境污染的 EKC 曲线分析》，《生态经济》2016 年第 3 期。

［371］张晓堂、张屹宇、宁修齐：《欧盟排放交易体系对中国碳密集型产业进出口贸易的影响》，《西部论坛》2016 年第 5 期。

［372］张晓莹：《国际生产分割视角下中国对外贸易环境效应研究》，《经济与管理评论》2017 年第 2 期。

［373］张晓莹：《环境规制对中国国际竞争力的影响效应》，博士学位论文，山东大学，2014 年。

［374］张衍、赵诗琴：《对外贸易发展与我国地区间收入差距的关联研究》，《经济问题》2011 年第 12 期。

［375］张彦博、潘培尧、鲁伟、梁婷婷：《中国工业企业环境技术创新的政策效应》，《中国人口·资源与环境》2015 年第 9 期。

［376］张远：《试论我国对外经济发展方式转变的制约因素》，《南京政治学院学报》2007 年第 6 期。

［377］张云、唐海燕：《经济新常态下实现碳排放峰值承诺的贸易开放政策——中国贸易开放环境效应与碳泄漏存在性实证检验》，《财贸经济》2015 年第 7 期。

［378］赵霄伟：《环境规制、环境规制竞争与地区工业经济增长——基于空间 Durbin 面板模型的实证研究》，《国际贸易问题》2014 年第 7 期。

［379］赵细康：《环境保护与国际竞争力》，《中国人口·资源与环境》2001 年第 4 期。

［380］赵伟、何莉：《中国对外贸易发展地区差异的收敛性分析》，《财贸经济》2006 年第 9 期。

［381］赵艳伟：《吉林省对外贸易发展活力评价研究》，硕士学位论文，吉林大学，2006 年。

［382］赵忠秀、王苒、闫云凤：《贸易隐含碳与污染天堂假说——环境库兹涅茨曲线成因的再解释》，《国际贸易问题》2013 年第 7 期。

［383］赵玉焕：《贸易自由化对环境的影响》，《国际贸易问题》2003 年第 5 期。

［384］张悦：《环境约束对技术进步的影响》，硕士学位论文，山西财经大学，2016 年。

［385］张彰：《新常态下我国对外贸易转型问题研究》，硕士学位论

文，郑州大学，2017 年。

［386］张昭利、任荣明、朱晓明：《我国环境库兹涅茨曲线的再检验》，《当代经济科学》2012 年第 5 期。

［387］郑铁桥、张建牛：《我国出口贸易：新常态转换、宏观影响因素及发展新思路》，《对外经贸》2015 年第 11 期。

［388］郑伟腾、赵涤非：《中国对外贸易的环境效应及其路径实证分析》，《亚太经济》2009 年第 6 期。

［389］郑晓凡：《基于政府补贴与环境规制下企业技术创新之间关系的理论研究》，《商》2016 年第 10 期。

［390］郑晓博、苗韧、雷家骕：《应对气候变化措施对贸易竞争力影响的研究》，《中国人口·资源与环境》2010 年第 11 期。

［391］郑奕君：《广东省对外贸易发展水平的评价与预测》，硕士学位论文，暨南大学，2007 年。

［392］郑展鹏：《中国对外贸易结构及出口竞争优势的实证研究》，《国际贸易问题》2010 年第 7 期。

［393］钟山：《加快我国对外贸易发展方式转型》，《国际经济合作》2010 年第 6 期。

［394］钟山：《关于当前对外贸易形势及加快转变对外贸易发展方式的思考》，《中国对外贸易》2010 年第 5 期。

［395］钟山：《认清当前形势，加快我国对外贸易发展方式的转型》，《中国经贸》2010 年第 5 期。

［396］钟凯扬：《对外贸易、FDI 与环境污染的动态关系——基于 PVAR 模型的研究》，《生态经济》2016 年第 12 期。

［397］邹庆：《基于面板门限回归的中国碳排放 EKC 研究》，《中国经济问题》2015 年第 4 期。

［398］邹庆、陈迅、吕俊娜：《我国经济增长与环境协调发展研究——基于内生增长模型和 EKC 假说的分析》，《中央财经大学学报》

2014 年第 9 期。

［399］朱珍：《论我国对外贸易发展方式的转变——基于全球产业价值链的视角》，《太原理工大学学报》（社会科学版）2013 年第4 期。

［400］朱红根、卞琦娟、王玉霞：《中国出口贸易与环境污染互动关系研究——基于广义脉冲响应函数的实证分析》，《国际贸易问题》2008 年第 5 期。

［401］朱平芳、徐大丰：《中国城市人力资本的估算》，《经济研究》2007 年第 9 期。

［402］朱平芳、李磊：《两种技术引进方式的直接效应研究——上海市大中型工业企业的微观实证》，《经济研究》2006 年第 3 期。

［403］朱启荣：《我国出口贸易与工业污染、环境规制关系的实证分析》，《世界经济研究》2007 年第 8 期。

［404］祝树金、尹似雪：《污染产品贸易会诱使环境规制"向底线赛跑"？——基于跨国面板数据的实证分析》，《产业经济研究》2014 年第 4 期。

［405］周辰、石毅：《中美达成气候协议，外媒称此为迄今为止最重要的双边气候公告》，《澎湃新闻》2014 年 11 月 12 日。

［406］周屹、郑兰平：《欧盟国家"碳泄漏"的讨论与争议》，《现代商贸工业》2014 年第 23 期。

［407］周慧、盛济川：《EU-ETS 是否导致欧盟碳密集型行业发生碳泄漏》，《中国人口·资源与环境》2014 年第 1 期。

［408］周晶森、武春友、肖贵蓉：《绿色增长视角下环境规制强度对导向性技术创新的影响研究》，《系统工程理论与实践》2016 年第 10 期。

［409］周晓利：《环境规制与企业技术创新的互动机制研究》，《大连理工大学学报》（社会科学版）2016 年第 2 期。

［410］周默涵：《企业异质性、贸易自由化与环境污染》，《中南财经政法大学学报》2017 年第 4 期。

［411］周茂荣、周念利：《中国出口贸易可持续发展水平实证研究——基于 1985—2003 年的时间序列数据分析》，《数量经济技术经济研究》2005 年第 11 期。

［412］Ambec S. , Barla P. , Can Environmental Regulations be Good for Business? An Assessment of the Porter Hypothesis, *Energy Studies Review*, 2005, 14 (2): 601 – 610.

［413］Ambec S. , Barla P. , A Theoretical Foundation of the Porter Hypothesis, *Economics Letters*, 2001, 75 (3): 355 – 360.

［414］Antweiler W. , Copeland B R, Taylor M S. , Is Free Trade Good for the Environment?, *Nber Working Papers*, 2001, 91 (4): 877 – 908.

［415］Balassa B. , Trade Liberalisation and "Revealed" Comparative Advantage, *Manchester School*, 1965, 33 (2): 99 – 123.

［416］Barrett S. , Strategic Environmental Policy and International Trade, *Journal of Public Economics*, 1994, 54 (3): 435 – 445.

［417］Beers C . V. , Van Den Bergh, An Empirical Multi-Country Analysis of the Impact of Environmental Regulations on Foreign Trade Flows, *Kyklos*, 1997, 50 (1): 29 – 46.

［418］Brunnermeier S. B. , Cohen M. A. , Determinants of Environmental Innovation in US Manufacturing Industries, *Journal of Environmental Economics & Management*, 2003, 45 (2): 278 – 293.

［419］Busse M. , *Trade, Environmental Regulations, and the World Trade Organization: New Empirical Evidence*, Social Science Electronic Publishing, 2004, 30 (2): 87 – 91.

［420］Cave L. A. , Blomquist G. C. , Environmental Policy in the European Union: Fostering the Development of Pollution havens?, *Ecological Economics*, 2008, 65 (2): 253 – 261.

[421] Carraro C., Siniscalco D., Environmental Innovation Policy and International Competition, *Environmental & Resource Economics*, 1992, 2 (2): 183 – 200.

[422] Creedy J., Sleeman C., Carbon Taxation, Prices and Welfare in New Zealand, *Ecological Economics*, 2006, 57 (3): 333 – 345.

[423] Cheng F. L., Lin S. J., Lewis C., Analysis of the Impacts of Combining Carbon Taxation and Emission Trading on Different Industry Sectors, *Energy Policy*, 2008, 36 (2): 722 – 729.

[424] Cole M. A., Elliott R. J. R., Do Environmental Regulations Influence Trade Patterns? Testing Old and New Trade Theories, *World Economy*, 2003, 26 (8): 1163 – 1186.

[425] Cole M. A., Elliott R. J. R., Determining the Trade-environment Composition Effect: the Role of Capital, Labor and Environmental Regulations, *Journal of Environmental Economics & Management*, 2003, 46 (3): 363 – 383.

[426] Cole M. A., Elliott R. J. R., Okubo T., Trade, Environmental Regulations and Industrial Mobility: An Industry-level Study of Japan, *Ecological Economics*, 2010, 69 (10): 1995 – 2002.

[427] Cole M. A., Elliott R., Shimamoto K., Why the Grass is not always Greener: the Competing Effects of Environmental Regulations and Factor Intensities on US Specialization, *Ecological Economics*, 2005, 54 (1): 95 – 109.

[428] Chua S., Does Tighter Environmental Policy Lead to a Comparative Advantage in Less Polluting Goods?, *Oxford Economic Papers*, 2003, 55 (1): 25 – 35.

[429] Corden W. M. , Neary J. P. , Booming Sector and De-Industrialisa-
tion in a Small Open Economy, *Economic Journal*, 1982, 92
(368): 825 – 848.

[430] Copeland B. R.　Taylor M. S. , Trade and Transboundary Pollu-
tion, *American Economic Review*, 1995, 85 (4): 716 – 737.

[431] Copeland B. R. , Taylor M. S. , North-South Trade and the Environ-
ment, *Quarterly Journal of Economics*, 1994, 109 (3): 755 –
787.

[432] Copeland B. R. , Taylor M. S. , Trade and the Environment: Theo-
ry and Evidence, *Journal of Environmental Assessment Policy &
Management*, 2013, 6 (3): 339 – 365.

[433] Domazlicky B. R. , Weber W. L. , Does Environmental Protection
Lead to Slower Productivity Growth in the Chemical Industry?, *En-
vironmental & Resource Economics*, 2004, 28 (3): 301 – 324.

[434] Ederington J. , Minier J. , Is Environmental Policy a Secondary
Trade Barrier? An Empirical Analysis, *Canadian Journal of Eco-
nomics*, 2003, 36 (1): 137 – 154.

[435] Esty D. C. , Dua A. , Sustaining the Asia Pacific Miracle: Environ-
mental Protection and Economic Integration, *Asia Pacific Journal of
Environmental Law*, 1997, 3 (1): 150 – 152.

[436] Feenstra R. C. , Hanson G. H. , *Foreign Investment, Outsourcing
and Relative Wages*, Social Science Electronic Publishing, 1995.

[437] Frankel J. A. , The Environment and Globalization, *Nber Working
Papers*, 2003, 55 (2): 161 – 210.

[438] Glick R. , Rose A. K. , Contagion and trade: Why Are Currency
Crises Regional?, *Journal of International Money & Finance*, 1999,
18 (4): 603 – 617.

[439] Greaker M., Strategic Environmental Policy, Eco-dumping or a Green Strategy?, *Journal of Environmental Economics & Management*, 2003, 45 (3): 692 – 707.

[440] Grossman G., Rossihansberg E., *The Rise of Offshoring: It Is Not Wine for Cloth Any More*, Proceedings, 2006, 2006: 59 – 102.

[441] Grossman G. M., Krueger A. B., *Environmental Impacts of a North American Free Trade Agreement*, Social Science Electronic Publishing, 1991, 8 (2): 223 – 250.

[442] Hummels D., Klenow P. J., The Variety and Quality of a Nation's Exports, *American Economic Review*, 2005, 95 (3): 704 – 723.

[443] Harris M. N., LászlÓ K., Modelling the Impact of Environmental Regulations on Bilateral Trade Flows: OECD 1990 – 1996, *World Economy*, 2010, 25 (3): 387 – 405.

[444] Jaffe A. B., Palmer K., Environmental Regulation and Innovation: A Panel Data Study, *Review of Economics & Statistics*, 1997, 79 (4): 610 – 619.

[445] Jaffe A. B., Peterson S. R., Portney P R, et al., Environmental Regulation and the Competitiveness of U. S. Manufacturing: What Does the Evidence Tell Us?, *Journal of Economic Literature*, 1995, 33 (1): 132 – 163.

[446] Joseph E. Aldy, William A., Pizer, Keigo Akimoto, *Comparing Emissions Mitigation Efforts across Countries*, Climate Policy, 2015: 1 – 15.

[447] Karp L., Sacheti S., Zhao J., Common Ground between Free-Traders and Environmentalists, *International Economic Review*, 2001, 42 (3): 617 – 648.

[448] Lall S., The Technological Structure and Performance of Develo-

ping Country Manufactured Exports: 1985—98, *Oxford Development Studies*, 2000, 28 (3): 337 – 369.

[449] Lall S. , Albaladejo M. , China's Competitive Performance: A Threat to East Asian Manufactured Exports?, *World Development*, 2004, 32 (9): 1441 – 1466.

[450] Lanoie P. , Patry M. , Lajeunesse R. , Environmental Regulation and Productivity: Testing the Porter Hypothesis, *Journal of Productivity Analysis*, 2008, 30 (2): 121 – 128.

[451] Larson B. A. , Nicolaides E. , Zu'Bi B. A. , et al. , The Impact of Environmental Regulations on Exports: Case Study Results from Cyprus, Jordan, Morocco, Syria, Tunisia, and Turkey, *World Development*, 2002, 30 (6): 1057 – 1072.

[452] Lanoie P. , Patry M. , Lajeunesse R. , Environmental Regulation and Productivity: Testing the Porter Hypothesis, *Journal of Productivity Analysis*, 2008, 30 (2): 121 – 128.

[453] Leiter A. M. , Farolini A. , Winner H. , Environmental Regulation and Investment: Evidence from European Industry Data, *Ecological Economics*, 2011, 70 (4): 759 – 770.

[454] Long N. V. , Siebert H. , Institutional Competition Versus Ex-Ante Harmonization: The Case of Environmental Policy, *Journal of Institutional and Theoretical Economics*, 1991, (147): 296 – 311.

[455] Linder S. B. , An Essay on Trade and Transformation, *Journal of Political Economy*, 1962 (1): 171 – 172.

[456] Melitz M. J. , The Impact of Trade on Intra-Industry Reallocations and Aggregate Industry Productivity, *Nber Working Papers*, 2003, 71 (6): 1695 – 1725.

[457] Mulatu A. , Florax R. J. G. M. , Withagen C. , Environmental

Regulation and International Trade: Empirical Results for Germany, The Netherlands and the US, 1977—1992, *Contributions in Economic Analysis & Policy*, 2004, 3 (2): 1276 – 1276.

[458] Markusen J. R., Morey E. R., Olewiler N. D., Environmental Policy when Market Structure and Plant Locations Are Endogenous, *Journal of Environmental Economics & Management*, 1993, 24 (1): 69 – 86.

[459] Palmer K., Oates W. E., Portney P. R., Tightening Environmental Standards: The Benefit-Cost or the No-Cost Paradigm?, *Journal of Economic Perspectives*, 1995, 9 (4): 119 – 132.

[460] Simpson R. D., Iii R. L. B., Taxing Variable Cost: Environmental Regulation as Industrial Policy, *Journal of Environmental Economics & Management*, 2004, 30 (3): 282 – 300.

[461] Sartzetakis E. S., Constantatos C., Environmental Regulation and International Trade, *Journal of Regulatory Economics*, 1995, 8 (1): 61 – 72.

[462] Panayotou T., Demystifying the Environmental Kuznets Curve: Turning a Black Box into a Policy Tool, *Environment & Development Economics*, 1997, 2 (4): 465 – 484.

[463] Palmer K. W., Oates, P Portney, Tightening Environmental Standards: The Benefit-Cost or the No-Cost Paradigm, *Journal of Economic Perspectives*, 1995, 9 (4): 119 – 132.

[464] Porter M. E., Claas V. D. L., Toward a New Conception of the Environment-Competitiveness Relationship, *Journal of Economic Perspectives*, 1995, 9 (4): 97 – 118.

[465] Siebert H., Environmental Quality and the Gains from Trade, *KYKLOS*, 1976, 30: 657 – 673.

[466] Siebert H. , Environmental Quality and the Gains from Trade, *Kyklos*, 1977, 30 (4): 657 – 673.

[467] Tobey J. A. , The Effects of Domestic Environmental Policies on Patterns of World Trade: an Empirical Test, *Kyklos*, 1990, 43 (2): 191 – 209.

[468] Thille J. E. , Common Ground between Free Traders and Environmentalists. *International Economic Review*, 2001, 42 (3): 617 – 628.

[469] Valluru S. R. K. , Peterson E. W. F. , The Impact of Environmental Regulations on World Grain Trade, *Agribusiness*, 1997, 13 (3): 261 – 272.

[470] Wearing S. , Buchmann A. , Jobberns C. , Market Access, Competitiveness, and Harmonization: Environmental Protection in Regional Trade Agreements, *Social Science Electronic Publishing*, 2004, 21 (2): 265 – 336.